# 罗晓晖
# 诗｜词｜课

## 朝向审美的奔赴

罗晓晖　著

四川人民出版社

图书在版编目（CIP）数据

罗晓晖诗词课 / 罗晓晖著. -- 成都：四川人民出版社，2022.9

ISBN 978-7-220-12793-9

Ⅰ.①罗… Ⅱ.①罗… Ⅲ.①古典诗歌—中国—中学—教学参考资料 Ⅳ.①G634.303

中国版本图书馆CIP数据核字(2022)第151524号

LUO XIAOHUI SHICI KE

## 罗晓晖诗词课

罗晓晖 著

| 策划组稿 | 李淑云 |
|---|---|
| 责任编辑 | 李京京 |
| 封面设计 | 李其飞 |
| 内文设计 | 戴雨虹 |
| 责任校对 | 朱雯馨 |
| 责任印制 | 周　奇 |

| 出版发行 | 四川人民出版社（成都市锦江区三色路238号） |
|---|---|
| 网　　址 | http://www.scpph.com |
| E-mail | scrmcbs@sina.com |
| 新浪微博 | @四川人民出版社 |
| 微信公众号 | 四川人民出版社 |
| 发行部业务电话 | （028）86361653　86361656 |
| 防盗版举报电话 | （028）86361653 |
| 照　　排 | 四川胜翔数码印务设计有限公司 |
| 印　　刷 | 四川五洲彩印有限责任公司 |
| 成品尺寸 | 170mm×240mm |
| 印　　张 | 19.25 |
| 字　　数 | 260千 |
| 版　　次 | 2022年9月第1版 |
| 印　　次 | 2022年9月第1次印刷 |
| 书　　号 | ISBN 978-7-220-12793-9 |
| 定　　价 | 49.80元 |

■版权所有·侵权必究

本书若出现印装质量问题，请与我社发行部联系调换

电话：（028）86361653

# 前　言

在我看来，古典诗歌是语文中"最语文"的部分，是母语教育中最重要的课程内容。它优雅的言语形式，有助于书面语言的建构；"意""象"一体的表达方式，有助于思维活性的保持和审美意趣的养成；它也具有明显的文化熏陶功能——中国古代即有"诗教"之说，诗歌在温柔人心、敦厚性情方面的作用，是首要的且不可替代的。

古典诗歌在语文课程中一直是不可忽视的部分；在当今强调学科素养的背景下，其在书面语言建构、审美品位提升、文化传承理解诸方面的功能将愈益凸显，地位将愈益重要。我认为，无论是从提升语文素养的层面还是从应对高考的角度，都有必要强化古典诗歌的教学。

本书来自我的语文课程改革尝试。我很早就意识到语文教材的局限，自发开始了教学的改革。在高中语文课中，我几乎不会讲说明文，因为说明文就是说得很明白的文章，根本无须讲授；我处理课文大刀阔斧，有心得则多讲，无心得则少讲。这就为教学省出了较多时间，来讲《论语》和古典诗词等我认为对学生更有营养的内容。《论语》与古典诗词，正好形成"思"与"诗"的完美匹配。2007年，我整理了自己在成都七中教授古典诗词的讲义，编写了这本书，供开设选修课之用，也可作为普通读者研习古典诗词的基础性读物。

成都七中学生的水平相对较高，我教书和写书的立意也较高。我很早就形成了一个观点：不具备审美能力和价值判断能力，就不会有格调与品位；不具备格调与品位，语文再好也好不到哪里去。最好的应试教育就是素质教育——如果一个学生在学科上具有高素质，哪有连考试都无法应对的。在这种观念下，教学当然不会也不屑只盯着考试。教育要"立德树人"——所谓立德就是要增进心性修养，心性不清明，德之不悟，何以立德；所谓树人就是要有能力有格调，能力欠缺，格调低下，人如何树得起来。诗词的学习，能通过情景关系的体察而领悟人情与自然的关系，能通过文本的分析而使思维变得愈加明晰，能通过诗人和诗歌进入审美世界而领略何为高格与雅趣——立德树人之事，已在其中矣。我国传统重视"诗教"，原因大概也在于此。

教育教学，立意须高，着手要低。审美素养的培养是核心目标；有效解决考试中古诗词鉴赏的难题，也是我的目标之一。本书的第三部分是高考试题解析与解题练习，着眼点在训练精准分析文本的思维品质，对应试具有实用价值。应试不在于做题多，而在于做题精。首先是选题要精，不在乎哪年的题，要在乎做而有用；其次是解题要精，要探究幽微，务求精确，提升思维品质。我在成都七中反复验证过，引导学生辨析高考诗词试题的答案，比泛泛而做许多诗词阅读题，更能使学生迅速把握解题要领，做到答题精准。

本书初版于2007年，如今修订后交由四川人民出版社再版。相对于初版，所修订者不多，主要是调整了前两部分的个别词句，调换了第三部分的部分试题。我要借此感谢读者们的支持。我很幸运，我得到了你们长期的信任和慷慨的支持，这鼓舞着我在语文教学研究的道路上坚持不懈地走下去。

罗晓晖<br>2022年初夏

# 目 录

## 第一部分 古典诗歌阅读探究

一 细 读 …………………………………………………… 003
  1 陶渊明《归园田居（少无适俗韵）》的细读提问 ………… 003
  2 王润华对《长恨歌》中"梨花"的细读研究 …………… 007
  3 细读与探究：罗晓晖《古典诗歌中的时空呈现》 ………… 009

二 逻辑的运用 …………………………………………… 017
  1 命题与定义 …………………………………………… 017
  2 客观性命题与主观性命题 …………………………… 018
  3 论点 …………………………………………………… 019
  4 推论与前提 …………………………………………… 021
  5 假设与预设 …………………………………………… 022
  6 归纳法 ………………………………………………… 022
  7 分析 …………………………………………………… 023

三 语料统计 ……………………………………………… 026
  1 陶渊明和谢灵运是否同一时代的人 ………………… 026
  2 以韦庄诗词为例，以色彩为主题 …………………… 028
  3 意象统计方法 ………………………………………… 032

四 审美艺术形式分析 …………………………………… 034
　　1 多样统一 ………………………………………… 034
　　2 主题和主题变化 ………………………………… 035
　　3 平衡和演进 ……………………………………… 037
　　4 主次 ……………………………………………… 039

五 审美风格类型辨识 …………………………………… 042

# 第二部分　古典诗歌选读赏评

一 古典诗史概说 ………………………………………… 067
　　1 从《诗经》时代到东汉末年 …………………… 067
　　2 魏晋南北朝时代 ………………………………… 068
　　3 唐宋时代 ………………………………………… 069

二 汉末以前诗歌 ………………………………………… 070
　　1 《诗经》 ………………………………………… 071
　　2 楚辞 ……………………………………………… 075
　　3 战国末期和秦汉间的作品 ……………………… 080
　　4 汉诗 ……………………………………………… 084

三 魏晋南北朝诗 ………………………………………… 093

四 唐宋诗词 ……………………………………………… 106
　　1 唐诗 ……………………………………………… 108
　　2 宋诗 ……………………………………………… 187
　　3 唐宋词 …………………………………………… 217

# 第三部分　经典考题解析和解题训练

一　古典诗歌经典考题选析 …………………………………… 247
二　高考真题演练与拓展训练 ………………………………… 277
　　第一组　高考真题演练 …………………………………… 277
　　第二组　拓展训练 ………………………………………… 285
　　参考答案 …………………………………………………… 290

后　　记 ……………………………………………………………… 298

第一部分

# 古典诗歌阅读探究

赏读古典诗歌，必须首先掌握一定的方法。本课程着眼于研究的规范性和方法的可操作性，提出了适切于古典诗歌文本阅读探究的四种方法。课程学习中应注意以下几点：

1. 细读和语料统计，这两个部分以自学为主。应仔细研究方法运用的范例，通过对范例的研究，来达成方法的掌握。

2. 逻辑分析和审美艺术形式分析，以教师的讲授为主，学习者须与教师共同讨论，求得方法的掌握。应通过逻辑分析方法的学习，了解基本的思考程序和研究规范；应通过审美艺术形式分析法的学习，掌握几种基本的古典诗歌艺术形式，来作为自主分析诗歌文本的工具。

3. 四种方法初步掌握后，要运用自己容易操作的一两种方法，对自己感兴趣的作品或课题展开研究。本课程结束后，能及时提交相关研究报告。

4. "审美风格类型辨识"一节以阅读理解为主，若有兴趣，可进一步深入研究风格类型划分的合理性问题，此项研究须阅读更多的文献。

古典诗歌的阅读与探究，显然需要方法来引导，这一点无须论证。从理论上讲，所有的文本阅读方法、研究方法与文本诠释理论，都可运用于诗歌的阅读探究活动中。

当然，我们不能无的放矢。方法之所以重要，是因为有用，可以帮助我们提高效率，收获效益。方法本身并非目的，只是工具和手段。方法必须在运用上具有可操作性，在结果上具有实效性。所以，我的做法是尽可能简化或化简，提供最为常用和实用的阅读探究方法。

# 一　细　读

要细读文本，并在此过程中不断提问。

细读，就是要精细阅读、仔细梳理文本。任何深刻的思考、精准的鉴赏和敏锐的研究，都以细读文本为前提。道理很简单，文本意义和诗歌艺术建立在文本中的每一个语言符号之上，因此任何细节都不能忽略。细读要求做最微观的阅读，对每一个字都不轻易放过。

细读本身并不算什么具体的方法，主要在于读的时候要用心精细，在读的同时要带着问题意识。带着"发现问题"的想法去触摸文本的每一个细节，不断向文本提问，这就是细读提问的方法。下面举出两个案例，供揣摩本方法之用。

## 1　陶渊明《归园田居（少无适俗韵）》的细读提问

细读的首要要求，是"细"，要触及文本的每一个细微之处。细读提问的首要任务，是"问"，要敏于、善于发现问题。发现问题的过程，本身就是探索和思考文本的过程。发现了有价值的问题，就有可能引发有价值的思考，获得有价值的成果。

在阅读之前，谁也无法确定能否发现有价值的问题。因此，细读过程中要尽可能多提问题，多多益善，而不必顾及这些问题有无价值。

下面以陶渊明《归园田居》的细读探究为例，说明提问的方法。这个案例是我收集并加以整理的，我认为它具有较大的启发价值。

归园田居 （陶渊明）

少无适俗韵，性本爱丘山。误落尘网中，一去三十年。
羁鸟恋旧林，池鱼思故渊。开荒南野际，守拙归园田。
方宅十余亩，草屋八九间。榆柳荫后檐，桃李罗堂前。
暧暧远人村，依依墟里烟。狗吠深巷中，鸡鸣桑树颠。
户庭无尘杂，虚室有余闲。久在樊笼里，复得返自然。

## 《归园田居》的细读提问

（1）"归园田居"

"归园田居"，是"归/园田居"，还是"归园田/居"？"园田"一词是否就是从"守拙归园田"一句而来，并无特别意义？

（2）"少无适俗韵，性本爱丘山"

"性本爱丘山"与上句"少无适俗韵"有何关系？"俗韵"是什么？

"适俗韵"与"爱丘山"是否互相排斥？二者是否有共存的可能？

陶渊明生于俗世，却向往大自然的生活，是他"性本爱丘山"，还是他曾尝试适应俗世而不成功，所以说"少无适俗韵"？是后天不能适应，还是先天就如此？

"爱丘山"若是他的本性，为何会有《咏荆轲》之作，为何他会在另外的诗中自称"猛志逸四海"？哪个陶渊明才是真实的？或者都真实？为什么？

（3）"误落尘网中，一去三十年"

"尘网"比喻什么？这是否构成"羁鸟"回归的原因？

"误落尘网"，是自愿落入尘网，还是被逼入尘网？陶渊明既然厌倦"尘网",而为何"误落"其中竟长达"三十年"?

这个"误"到底是谁的错误?是什么误导了陶渊明?

"一去"二字带有怎样的情感?"三十年"除了表示时间之长,是否还有其他意味?

(4)"羁鸟恋旧林,池鱼思故渊"

其所"思"的是"丘山",还是其他什么?为何诗人要强调"旧"林和"故"渊?

"旧"和"故"指向的是过去,我们该如何理解陶渊明的回归意识?

这二句是比喻,若置于全诗开头以作起兴,其效果如何?

(5)"开荒南野际,守拙归园田"

"拙"指什么?是不是"大巧若拙"的"拙"?"守"是无奈的退守,抑或是坚持原则的持守?

"守拙归园田"表现的,是如愿以偿的喜悦,还是为世所逼、百般无奈的抉择?

有人说,"有适俗之韵则拙不肯守,不肯守拙则机巧百端,安得复返自然",那么,"守拙"是"返自然"的必要条件吗?

"开荒"和"归园田"是"守拙"的结果,还是践行"守拙"的方法?

我们能不能这样说,"开"含着诗人寻找理想生活,耕作自给的主动性,而"守"则表明诗人归隐田园,守于其自足世界的被动性?如果能,那么回归田园是向外追求,还是向内寻索?

(6)"方宅十余亩,草屋八九间"

这两句是写陶渊明的家吗?

有评论说,"地几亩,屋几间,树几株,花几种,远村近烟何色,鸡鸣狗吠何处,琐屑详数,语俗而意愈雅",你觉得"意雅"在何处?

(7)"榆柳荫后檐,桃李罗堂前"

陶渊明自号"五柳先生",柳树在这里有没有象征意义?为什么?

把诗句改为"桃李荫后檐，榆柳罗堂前"可以吗？

（8）"暧暧远人村，依依墟里烟"

"远"字解作"远离"还是"遥远"？若是前者，是否更能表明诗人只希望与自然为伴，不愿意与人过多交往的想法？"远"字解作"远离"，在语言形式分析上是靠谱的吗？

"暧暧""依依"两词有何精到之处？叠词的使用是否加强了情味？如果是，那么，叠词加强情味的机制是什么？

（9）"狗吠深巷中，鸡鸣桑树颠"

乡村景物甚多，这两句诗中，诗人为何独对狗吠和鸡鸣如此关心？这与《老子》"鸡犬之声相闻"是否有关系？

既然有狗吠和鸡鸣，为何下文诗人会觉得自己身处于虚室的安静环境中？

以声音反衬环境安静的写法，著名的句子尚有"蝉噪林逾静，鸟鸣山更幽"，陶诗与此比较，哪个的意境更好，抑或各有千秋？

（10）"户庭无尘杂，虚室有余闲"

"户庭无尘杂"是指家中干净，有无暗示自己不为尘世杂事所打扰？以"户庭"比心，"尘杂"喻世俗杂念，可以吗？

既然归隐，为何又要强调干净和闲淡呢？归隐是不是万事不关心？

"虚"的意思，是空虚、空廓、寂寞、简陋？"虚"改成"空"或者"陋"行不行？

"虚""余""闲"三字是否互相关联，彼此强化？诗人为什么要强化这个意思？这与《庄子》中"虚室生白"的说法有无关系？

（11）"久在樊笼里，复得返自然"

陶渊明为官时间不长，那么"久在"的"樊笼"，可以解释为官场吗？如果不，那么"樊笼"又指什么？

"俗韵""尘网""尘杂""樊笼"等语义相近的词，诗中一再提及，这意味着什么？

这里的"自然"，是指大自然，还是人的自然心性？抑或两者兼指？

"复得返自然"是不是最能反映本诗旨趣？"复"是针对什么而言？是不是暗示了诗人的某种想法或感情？

从"樊笼"到"自然"，诗人的心境有何变化？本诗中"归""守""返"三个动词之间有何关系？

这些问题的类别，大致可分为语义理解问题、文意分析问题和评价鉴赏问题。很明显，要提出上面这些问题，不仅需要读得仔细，需要强烈的提问意识，更需要一定的知识背景。提问，尤其是有意义地提问，并不是一件简单的事。

也许有人会觉得这些提问已经够多了，但实际上，在此之外，仍然存在提问的空间。问题的提出，需要细读，需要思考。粗心的读者可能不会想这么多，因而难以获得深入的体会，更难有独到的发现。细读提问方法，其基本原则是处处设疑，处处精细。古人说，读书要在无疑处有疑，有疑才能有进步。带着问题意识去读，读出了问题，才有进一步思考和探究的基础。

## 2 王润华对《长恨歌》中"梨花"的细读研究

细读提问所发现的问题，有的容易获得答案，有的则较难求解。在较难求解的问题中，往往能够筛选出一些具有探究价值的问题。围绕这些问题深入研究下去，就有可能获得有价值的成果。

王润华《我看〈长恨歌〉的"梨花"》一文，就是依靠微观审视的"细读"发现问题，进而运用文化层次上的比较研究来加以探讨。他注意到白居易《长恨歌》里"芙蓉"与"梨花"的转换这个小小的细节。《长恨歌》中首先出现了"芙蓉帐暖度春宵""太液芙蓉未央柳""芙蓉如面柳如眉"等包含"芙蓉"意象的带有浪漫情调的诗句；而诗的后半部分，写临邛道士上天入地为玄宗寻找贵妃，在海上仙山看到"中有一人字太真，雪肤花貌参差是"，后来道士将离去时，她的伤心情貌是"玉容寂寞泪阑干，梨花一枝春带雨"。对诗中为何存在从芙蓉到梨花的转换，王润华在细读的基础上进行了深入的辨析。

首先，诗人习惯上用"牡丹""芙蓉"等形容富贵和美女。而"梨花"远不如"芙蓉"，在花中品位不高，以之喻美女，具有命运不济、生活痛苦或者红颜薄命的暗示。

玄宗眼中的"芙蓉"何以变成了道士眼中的"梨花"？道理很简单：玄宗好色，其愿俗而淫，其见浅而短；道士则洞察一切，世人命运、否泰变化、因果报应，均了如指掌。因此，道士以梨花看贵妃，则表明洞察了她的命运。白居易虔诚事佛，谙熟黄老，不仅《长恨歌》涉及宗教故事，其他诗篇中也有以花卉意象传达宗教意旨的表达。

"梨花"意象让人想到悲剧结局，跟全诗的主题和情调密切相关。

花卉颜色的改变关乎贵妃的命运。王润华说，中国诗歌里多见"芙蓉"，颜色有红有白。诗人虽未指明"芙蓉"的颜色，但观陈鸿《长恨歌传》说贵妃"冠金莲，披紫绡"，本诗中也有"脂""金屋""金步摇""金雀"等字眼，可见贵妃得宠时周围一片金碧辉煌，因此不妨视"芙蓉"为红色。在古代，红色是高贵、吉庆、权威和富有的标志。"梨花"色白，表面看来诗人用以摹写贵妃的肤色（"雪肤"），但重点不是强调贵妃之美；颜色的改变，象征着好运向厄运的转化。"白"字给人以纯真感、洁白感和空虚感；后来的贵妃，也正是困于天庭，清心涤虑。仙境云雾缭绕，白、虚、纯为其特色，无怪乎诗中有"排云驭气""两处茫茫皆不见""山在虚无缥缈间"等语句。如果将贵妃的两个世界付诸丹青，则尘世以红色为主调，仙境以白色为主调。

由于诗中用了"霓裳羽衣"和"梨园弟子"二语，"梨花"意象因此有了另一层意义。杨玉环生于寻常人家，初嫁寿王而后为玄宗占有，被册封"贵妃"之日，宫廷里演奏起《霓裳羽衣曲》。她助玄宗建立了梨园，自然是"梨园之花"。诗中叙至贵妃死后玄宗返京，出现了"梨园弟子白发新"一句；梨园犹在，人事已非，青春艺人成了白发老妇。"霓裳羽衣"也两度出现，一次作为安史之乱的序曲，一次描写贵妃仙居时的优雅仪态。这里的反讽意味是很明显的：这些未交好运，甚至遭到冷遇的"梨园弟子"，活得很长久；昔日风光无限的贵妃，却不在这个世上了。

王润华的这个分析，堪称诗歌文本细读研究的范例，值得参考。通过细读，敏锐地发现常人较易忽视的语词变化，这种问题意识，尤其难能可贵。

## 3　细读与探究：罗晓晖《古典诗歌中的时空呈现》

细读通常是针对某一特定文本的，也可用于针对众多诗歌中具有关联的某一细小的内容或因素，进行深入肌理的分析探讨。以小可以见大，见微可以知著。这既是细小的，也是综合的，对资料整理和探究能力的要求比较高。下面是我就古典诗歌中的时空呈现的特点，撰写的一个探究案例。

**案例**　时空的呈现：特征、原因和结果

一、特征

时间和空间是物质存在的基本形式。古典诗歌中表现时间与空间，主要为如下两种方式：

1. 相对静止：静止的或瞬间的时空状态

在这种方式中，事物只呈现一个片段或瞬间形态，在时空上不充分展开其状态，如："墙角数枝梅，凌寒独自开。遥知不是雪，为有暗香来。"诗中看不到梅花开放的整个过程和状态，也看不到梅树的形貌和各种植物学特征。

事件不充分展开它的进行过程，如："松下问童子，言师采药去。只在此山中，云深不知处。"一问一答，寻访隐者的动机和整个过程是看不到的，只留有整个寻访过程中的一个对话瞬间。

2. 变化迁移：时空的两厢对置

一切可以观察的对象在时空中都存在持续的运动变化。诗歌一般不需要对这种持续变化做物理学和数学的定量描述，但不排除对变化过程做连续的程序性描述——比如叙事诗。

中国古典诗歌中时空表现的一个鲜明特点，就是时间和空间往往是分立的和断裂的，表现为时空的两厢对置。时空的两厢对置，是古典诗歌表现时空变化的主要方式。在这种方式中，时空变化过程是不连续的。如李贺的《南园》写花的开落："花枝草蔓眼中开，小白长红越女腮。可怜日暮嫣香落，嫁与东风不用媒。"前面两句写花开，后面两句写花落。花开花落，前后分立，两厢对置。由花开的起点，直接到花落的终点，而起点的花开到终点的花落之间的变化过程，在诗中无从发现。

这是古典诗歌中相当普遍的时空表现方式。在对偶句中，表现得尤其鲜明。时空的转移变化几乎总是不连续的，是断裂且"对置"的。对置的情况分如下几种：

（1）时间—时间

"昔我往矣，杨柳依依。今我来思，雨雪霏霏。""去年今日此门中，人面桃花相映红。人面不知何处去，桃花依旧笑春风。""君问归期未有期，巴山夜雨涨秋池。何当共剪西窗烛，却话巴山夜雨时。""此日六军同驻马，当时七夕笑牵牛。"

对象或事件分置在两个时间点上，这两个时间点是不连续的，中间留下了时间的空白。对象或事件，没有从一个时间点到另一个时间点的持续发展。

（2）时间—空间

"逐客虽皆万里去，悲君已是十年流。""故国三千里，深宫二十年。""一身去国六千里，万死投荒十二年。""万里山川唐土地，千年魂魄晋英雄。"

时间与空间的对置，不排除上下两句协同展现同一时空背景下某种事物或某种情境的可能性，因为一处景物、一件事情或一段心情，都是既有时间背景同时又有空间背景的。但在句子结构中，时间与空间分置于两个并列的句子中，它反映了诗人时空分立对置的意识。

（3）空间—空间

"秋风吹渭水，落叶满长安。""雨中黄叶树，灯下白头人。""落木千山天远大，澄江一道月分明。""三万里河东入海，五千仞岳上摩天。"

这是古典诗词中描写性对偶句中最普通的一种。这些对偶句的上下两句之间，事物或对象的空间位置关系，并不明确。读者需要透过语言、通过想象，并根据自己的时空感觉经验，重构诗歌语言所指向的画面。

二、原因

1. 汉字和汉语的特征

汉字是以形为主的表意文字，汉字都有一个独立结构，富于形象感。汉字在时态上是凝固的，没有过去、现在和将来的时态分别。这种空间化的语言文字和言语方式，宜于创造含蓄蕴藉、空旷高远、虚静灵动并趋向和谐与恒定的意境。而拼音文字必须置于句子结构中，才获得确定的意义。因此，拼音文字十分注意语法和词性，强调时态准确、概念明确；而汉语则不太注意分辨语法和词性，没有精确的时态。时态的不精确，会对连贯的叙述造成一定的障碍，但不会妨碍对时空中处于相对静止的对象的观察和描写。因此，"立象以尽意"成为汉语诗歌创作的主要方法，而涉及时间过程的叙述则相对萎缩了。

汉语动词缺少时态变化，时间副词承担了表时的主要功能。汉语诗歌样式的精巧和紧凑，又排除了大量使用时间副词的可能性，也制约了古典诗歌叙述因素的发展。

2. 哲学观念和文化背景

中国的大陆地域特点和悠久的农业文明，在一定程度上决定了它与古希腊罗马的海洋文明不同的特征。在"日出而作，日落而息"的静态生活中，形成了中国民族与自然亲和稳定的关系，最终出现了天人感应的哲学思想。在"天地与我并生，而万物与我为一"的观念影响下，人与自然的界限、自然事物之间的界限变得更加模糊。在万物浑融一体的感受中，时空的分别失去意义，即使运动着的事物，也会融入几分动中有静的意趣。在这种文化观念的影响下，即使在人有意识地观察并试图捕捉住外界对象的时候，对象在时间和空间上的连续展开过程也容易变得不清晰，人容易捕捉到的是对象在某个瞬间的状态和特征。这在比较成熟的诗歌表达中，就表现为时空不连贯的对置。

3. 诗歌理论的倾向性

诗歌理论也是在一定文化背景下产生的，它必定符合文化的取向。中国文化突出"天人合一"，而"天道远，人道迩"，人们倾向于对遥远的天道存而不问，而注重通过推究人道来了知世界。古典诗歌和诗歌理论，都注重主体抒发，而不强调客观表现和对客观世界的各种过程的探究。诗学理论方面，古代希腊是"摹仿说"；中国古代却是"言志"和"缘情"说，突出主观情志的宣达。中国古典诗歌基本上都是言志抒情诗——即使是叙事诗也往往有浓重的抒写情志的倾向——这固然是多种因素共同作用的结果，但不可否认的是，诗歌理论强化了这个倾向。杜甫的诗号称"诗史"，但它的忧世情怀压倒了客观叙事情节；白居易的新乐府，更是在讽喻政教的诗道观念指导下的创作，它有明确的意义指向和情感倾向，叙述是为意义和情感服务的。

重视主体情志的抒发，对客观时空的准确性就会相对忽视。因为主体情志的抒发，并不需要明确外部事物在时空中的位置，也不依赖于外部事物在时空中的展开过程和它们之间的逻辑关系。当古典诗歌中出现时空因素的时候，诗人可以让时空不连贯地随意跳转；时空的秩序，完全服从于主观情志表达的需要。

4. 重雅轻俗的文人诗歌倾向

诗歌虽然是从鲁迅所谓"杭育杭育"开始的，但随着文人的介入和文人诗的发展，高雅的文人文学逐渐获得话语权力，拥有了权威性。

当它主导文化主流意识形态之后,就会排斥它认为不合适的语言、情境和情绪来维持自己的传统,所以被视为"俗文学"的宋元以来的叙事文学——话本和戏曲——的文学价值,长久地被正统文人忽视。

文人的时空表现方式,受其语言观念、文学观念和哲学观念的制约,也受文人文学传统的限制,其作品中的时空表现方式经过观念的整合倾向于一律。俚俗的民间歌谣,反而能直接贴近时空中生动展开的现实,能更加自由地进行清晰、活泼和连贯的叙述。中国古典叙事诗一般都出于民间,如汉乐府、《孔雀东南飞》和《木兰辞》,或者出于把价值诉诸大众的文人,如主张写诗要"老妪能解"的白居易。

高雅的文人诗歌主宰诗坛之后,民间歌谣可以作为一种新的可能的诗歌形式被文人借鉴,但它的俚俗的语言会被逐渐剔除,文人致力于语言形式的美化和雕琢,着力于所谓情调的经营,而往往忽视叙述因素在时空上的相对连贯和清晰。比较两首《醉公子》词,就可以看到这种变化。第一首:"门外猧儿吠,知是萧郎至。刬袜下香阶,冤家今夜醉。扶得入罗帏,不肯脱罗衣。醉则从他醉,还胜独睡时。"第二首:"暮烟笼薜荔,戟门犹未闭。尽日醉寻春,归来月满身。离鞍偎绣袂,坠巾花乱缀。何处恼佳人?檀痕衣上新。"

第一首词出现的时间显然比第二首要早。它们醉归的题材是一样的,但对题材的处理方式不同。在第一首词中,事件的过程非常清楚,叙述的时间次第分明。第二首词是文人作品,时间变得相对模糊了。在时态方面,现在的情形和过去的事件拥挤在一起。真正的事实在语词的掩盖下被含蓄地暗示出来,而"暮烟""薜荔"之类的修饰越来越多,情调似乎更有诗意,但叙述却模糊和萎缩了。

三、结果

1. 叙事的相对衰弱

时间和空间的不连续,导致连贯和完整的叙述在诗歌中的衰弱。中国古典叙事诗一般不重视情节,而重视其意义和情调。叙事诗在以抒情言志为主要宗旨的诗歌演变史上越来越文人诗歌化,像白居易的所谓"新乐府"已不同于汉乐府，它虽然浅易明畅却不再质朴，渗入了讽喻的政治意识和浓重的文人情调。被称为"诗史"的杜甫的叙事诗，也是如此，这"诗史"是不能当成历史叙述来看的。即便是历史，从孔子著《春秋》起，历史叙述的客观性就打了折扣，就有了立意褒贬的传统——人们往往正是在这个意义上称杜甫的诗为"诗史"的。

高度重视意义和情调，使得诗人的注意力落在主体抒发方面，就会造成叙事诗的萎缩，就不可能产生宏大的叙事。中国号称诗国，汉语的诗歌史上没有出现荷马史诗、《神曲》和《浮士德》那样的丰碑式的叙事诗。在古代中国，以抒情言志为目的的小诗达到泛滥的地步，成为传统文人、士大夫游山玩水、访古伤今、交际应酬的无往不可的语言工具。这里面当然有不少优秀篇什，但即使精致美妙，也终究不过像中国园林，缺少大自然中雄山阔水的恢宏局面。笼中画眉，佳音可听，终无闳放之响；案上奇石，把玩足赏，却少磅礴之气。

陈平原评述中国古典叙事诗的特点，也认为"'场面'成了中国叙事诗的基本单位，长篇叙事诗不过是众多场面的'剪辑'"，在叙事诗中往往追求"众多场面的叠印"，"表面上有一个时间先后顺序，但关心的乃不在众多事情的内在发展逻辑，更重视众多场景叠印的整体印象，而忽略情节的具体进程"。陈平原指称的这种现象，原因就在于即使在叙事诗中，中国古代诗人也放弃了对时空连续性的追求。

2. 助成诗画合一的艺术传统

由于时空非连续展开，事物在诗歌场景中缺少连续展开的过程，因而呈现出某种凝固的特点。因此古典诗歌中的景物描写，即使写动景，也往往给人静止的感觉。绘画一般表现静止的某个瞬间的场景；绘画作品中的事物是静止的，它的时空是凝固的——即使是连环画，也不可能呈现出时间和空间中连续运动的动态情景。古典诗歌和绘画都强调意境，作品的意趣都通过具体的"境"暗示出来。

现代人以及古代西方通常把时间理解为一个线性过程，一个不可逆的过程。时间作为物质运动的存在形式，它表现为一种持续性和相继性的发展，时间的流动意味着"改变"，意味着同一性的破坏，意味着一系列的差异和区分的产生。在诗歌中，时间的差异往往意味着美好事物的悲剧性流逝。因此，在诗人眼里，诗意的生存首先要对抗的就是线性时间不可逆的破坏性。对诗人来说，人不能让时间停止，但可以用意象固定住某一瞬间的时空状态，通过让时间空间化来实现时间的非时间性。历时性过程浓缩或凝固为当下的空间状态，就成了诗人抗拒时间流逝、超越有限生命、创造永恒诗意世界的有力手段。而这种方式与绘画几乎无有分别。

3. 艺术境界追求宁静含蓄

古典诗歌的意境，给人的总体印象是宁静的。这里面有很多原因，时空的断裂和对置，就是原因之一。直观或直接呈现静止的对象，或者事物在时空上缺少持续展开过程，都能显示出宁静的效果。由于事物缺少在时空上的充分展开，事物需要运动才能显示的若干特点和性质因而无法充分呈现，只是潜在地包含在静止状态之中，于是又显示出含蓄的美学效果。

4. 位置含糊和数字模糊

一切事物都是运动着的，要准确地确定一个对象的位置，从物理学上讲，需要有参照物以及该对象与参照物之间连续的数量关系。古典诗歌中时空的断裂分置，使得诗歌中事物的空间位置不连续，时间关系较模糊。因此古典诗歌中一般不需要明确的数据。如："鸡声茅店月，人迹板桥霜。"鸡在何处？何时啼鸣？茅店、板桥和月亮的空间位置关系怎样？诗歌对此都无意加以确定。

即使诗歌中出现明确的数字，这些数字也不是数学意义上的精确数据。如："万里赴戎机，关山度若飞。""白发三千丈，缘愁似个长。""天台四万八千丈，对此欲倒东南倾。""春种一粒粟，秋收万颗子。""七八个星天外，两三点雨山前。"诗歌无须数据准确，这可能跟情绪与情感不可度量相关。

从以上对中国古典诗歌的时空表现的探讨中，我们发现了中国古典诗歌的一些重要特点。从时空表现的特点和方式观察古典诗歌，我认为是一个重要的切入角度。从这个角度，不但能够对古典诗歌获得较为深入的认识，而且能够探究到中国古代诗人在诗歌思维上的一些重要特征及其文化意义。

# 二　逻辑的运用

写诗，可以"跟着感觉走"；读诗评诗，却不能一味"跟着感觉走"。"跟着感觉走"的诗评，固然不乏妙论，却也时见谬论。写诗更多靠心，读诗和评诗却不能仅靠心，更要靠脑。理解、评论和鉴赏诗歌，毕竟与写诗不同，必须强调理性分析，不能一味"跟着感觉走"。所以，诗歌的阅读和探究，需要基本的逻辑分析。

"逻辑的运用"这个提法，是一个权宜的说法。在语文学习的文本分析实践中，逻辑缺失的现象比比皆是，我认为这是一个严重的问题，因此有必要在这里详细地介绍关于逻辑运用的一些内容。在诗歌的分析探究中，严格的推理程序也许并不普遍适用，把诗歌分析约束在一个简明的形式逻辑系统中也非常困难。但是，在文本分析过程中，逻辑必须始终起作用；分析诗歌必须具备基本的逻辑意识，要尽量避免含糊的判断和似是而非的论述。为此，下列各点需要明确。

## 1　命题与定义

"概念"是思考的基本单位，"命题"是思想的基本单位。没有概念就无法开始抽象的思考，没有命题就意味着思想尚未产生。命题表现为以概念为基础的意义清楚的陈述。例如,"李白的诗比杜甫品质高",就是一个命题。你可以同意它,也可以不同意它。当然,我们还需要进一步给定某个词语的意思,使这个命题更精确,比如在这个命题中,"品质"作为概念的含义是什么,就有必要加以明确。明确给定某个词语的意义(内涵和外延),就是"定义"。定义是为了准确表述以便沟通,如果某个词语或概念的意思已经很清楚,就不必定义了,比如"李白""杜甫"就无须定义。

古典诗歌的很多术语(概念),比如意象、意境、滋味等,目前尚无公认的精确定义。这使得古典诗歌的研究比较困难。在古典诗歌研究领域,目前缺乏精确界定的术语还很多。为常用术语定义,这是一件很重要的工作。例如,讨论宋词,就难免涉及"豪放""婉约"等术语,而这些术语的定义是什么,必须明确,在此基础上,我们才可能展开有意义的讨论。

定义不清晰,使得术语滥用,这是古典诗歌阅读、教学和研究方面普遍存在的问题。在古典诗歌鉴赏教学中,在古典诗歌专家的古诗评论中,教师和学者似是而非地运用术语,是普遍现象;学生在解答诗歌习题的时候,胡乱搬用术语,则是更普遍的现象。

## 2 客观性命题与主观性命题

"客观性命题"指客观地陈述事实或对象之间的关系的命题。陈述事实的,如屈原是楚国贵族、陆游曾经入蜀;陈述对象之间关系的,如杜甫和李白之间相互崇拜、白居易的文学主张和他所处的时代联系紧密、汉赋与楚辞具有亲缘关系,如此等等。

"客观性命题"的"客观",指的是这些问题是中性的,无所谓褒或贬,是为了澄清事实,而不是说这些命题符合客观事实。例如,"《蜀道难》是李白写于长安之作"就是一个客观性命题,它不见得正确;由于这个命题本身没有主观褒贬的价值判断,所以称之为客观性命题。这种命题刻意回避人的主观情绪，它是中性的，命题中基本没有修饰性形容词。

"主观性命题"是包含着主观的价值取向或价值判断的命题。这类命题必然含有主观成分。比如，历史上长期存在的"李杜优劣论"，或推崇李白而贬低杜甫，或推崇杜甫而贬低李白，这些命题中必然含有不同的价值取向。在"杜甫是诗圣"这样的命题中，由于"圣"的标准包含着价值观念和价值判断，因而也是主观性命题。

文学鉴赏中，我们更多关心的是主观性命题。事实上，由于鉴赏是一种主观性的艺术评价活动，因而主观性命题在文学鉴赏领域占有明显优势。客观性命题和主观性命题处于不同层次，所以讨论问题时必须先弄清我们谈的是哪一个层次。客观性命题不可能直接推导出主观性命题，但主观性命题需要客观事实的支持。弄清这两种命题的分别，是澄清问题本质的不可或缺的要素。

## 3 论点

当你提出一个自认为正确的命题，这个命题就叫作你的论点。以探究为目的的思考，很多时候意在有所发现。新的发现意味着提出有价值的论点。怎样的论点是有价值的？我们可以根据下面的标准来判定：

（1）毫无疑问，论点要具有价值，首先必须是（你主观上认为）正确的，它须有必要的事实和材料支持，在逻辑上能够自圆其说。

（2）在阅读中发现或觉察到某个有价值的问题，该问题的答案在一般的词典和著作中找不到，你根据自己的想法做出了解答。在此情况下，你提出的论点是有价值的，无论你的解答是否正确与完备。

（3）在阅读之前对某学术观点已有疑问，通过阅读和研究推翻或部分推翻了旧有的观点，而得出了新的结论。这个新的结论是有价值的。

（4）如果通过阅读发现新的材料，对旧有的论点从新的角度做出阐释、证明或推广，那么得出的结论即使不足够新颖也是有价值的。

（1）是关于正确性的，（2）—（4）是关于创新性的。论点的正确性是它成立的基础，而论点的创新性是思考价值的主要体现。

为获得有价值的论点，需要注意以下几点：

（1）选择自己感兴趣的且在某方面有足够知识背景的领域。古典诗歌是一个难以穷尽的宝库，而我们所知有限，因而需要选择一个较小的范围来思考和探究。

（2）选择自己渴望了解但目前了解尚不充分的领域。例如你可能渴望了解李商隐，但对他的作品暂时缺少了解，那么现在就去探究，有可能获得意外的发现——如果你已经是研究李商隐的"专家"，反倒更有可能被既定看法蒙蔽。

（3）要善于独辟蹊径，选择富有新意的视角。当大家都在议论唐宋诗的艺术特色的时候，你却从这些诗所表现的社会生活的角度进行观察和思考，就可能具有新意。比如，通过诗歌去探究酒在唐代和宋代的酿造方法和出售价格有何不同，从而观察两个时代的生产状况和经济水平，就是一个较有特色的思考题目。又如研究六朝诗歌，如果单从它的弊端方面立论，论据会很多，已有的思考也很多。六朝诗歌的形式主义早为前人诟病，但六朝诗歌是否只有弊病？六朝诗歌对后来唐诗的繁荣是否也有贡献呢？杜甫赞李白"李侯有佳句，往往似阴铿"，又说自己"颇学阴何苦用心"，这是否说明杜甫和李白这两位最杰出的诗人都借鉴过六朝诗人的艺术经验呢？转换视角，思考这些问题，就有可能获得富有新意的论点。

（4）征询专家意见。这是因为老马可以识途，初学者尤其需要引导。同时，要善于利用图书馆和网络资源提供的便利条件。这能够帮助你了解目前的研究进展和最新研究成果，加以分析、借鉴和批判。

（5）阅读时要以问题为导向，要有主动性和创造性。把握阅读对象的要点，同时尤其关注读物中那些可以激发我们思考的部分、不确切的部分、含混的部分甚至自相矛盾的部分。

（6）做收集自己想法的"思想卡片"，把在阅读和思考中激发出的思想记录下来。

（7）把求异思维和自省意识结合起来。以求真知为最高目的，要认识到人类认识的局限和有限，打破对书本和权威的迷信，敢于质疑和批判。同时要用自省意识来审视自我，检讨自己的想法，使自己的观点不但新颖而且可靠。

## 4  推论与前提

"推论"或"推导"是由前提到结论的思维过程。只要具备必要的知识基础，任何人基于理性都可以理解这个推论过程。这个过程是必要的，因为结论不能无端地冒出来，它必须从前提出发，合乎逻辑地导出。真正的思考必然有推论过程；这个推论过程，他人能通过人所共有的理性加以理解。比如，屈原的《离骚》中包含着孤独幽怨，这个结论我可以推导或证明给你看，最后使你理解，甚至认同。

所谓前提，就是结论所依据的条件。它可以是生活经验，对外部世界直接的观察或体察；也可以是间接经验，从书本或他人那里得知的事实或知识。既然我们相信那是真的、正确的，自然就会引用它，使其成为支持我们推论的基础和证据。

需要警觉的是，我们依据的前提可能是真确的，也可能仅仅是自以为真确的。比如一些读者简单地认为陶渊明是一个田园诗人，比如很多文学史著作都告诉我们韩愈是"以文为诗""以丑为美"，这些都是不完整的判断。其实陶渊明的诗并非都是田园诗，韩愈的诗并非都"以文为诗""以丑为美"。上述意见尽管自有一定依据，但不能构成我们解读他们所有作品的前提。前提是推论的依据，必须确保它是可靠的。

## 5　假设与预设

阅读或思考时，为了得出新认识，导出新结论，我们常常会提出假设。在特殊情况下，以假设为前提也可能做出有价值的推导。比如，屈原如果生活在中原而不是楚国，他的诗歌风格会是什么样？我们可能会推导出，假如屈原生活在中原，由于文化环境的不同，他的诗歌可能在很大程度上延续《诗经》的风格；他的作品可能不会运用"香草美人"的表达技巧，即使运用这种技巧，"香草"也只可能是中原的某些植物；他的诗中可能不再有瑰奇的南方神话色彩，其诗歌风格可能更加朴实。这些结论具有或然性，只能在假设成立时方有成立的可能。假设有助于提出新的问题或新的构想，有助于思考的深入。

有一种假设比较特殊，可称为"预设"。预设是最根本的假设，没有预设整个推理就无法进行。例如，在思考"屈原如果生活在中原而不是楚国，他的诗歌风格会是什么样"时，我们预设了一个前提，就是环境必定对人产生某种影响。任何思考，任何科学探究，都有基本预设。比如，因果关系的存在就是一个基本预设，这个预设实际上承认了因与果之间某种形式的决定论。又比如，平面几何的公理，就是这个几何体系中最基本的预设。此外，我们还必须预设规律的存在，如果没有规律存在，世界就会像一团乱麻或一堆糨糊，就不会有任何章法和科学定律。最后，我们还必须预设认识的有效性，相信人的意识能够如实地反映事物。对诗歌的审美，至少要预设"美"是存在的，还要假定我们有感受和理解作品的能力。

## 6　归纳法

"苏轼是豪放派词人"，这是我们时常能听到的说法。这个说法是正确的吗？为了验证其正确性，我们就需要统计苏轼的词。如果他的词多数都是豪放的，上述结论就基本正确；如果豪放词数量很少，上述结论就无法成立。在统计的基础上归总，从而得出结论，这就是归纳法。

相比于演绎法，归纳法在逻辑上相对不严谨，然而它的运用比演绎法更普遍。这是因为，演绎法推出的结论一般蕴含在前提之中，因此不易获得新的观点；如果要有新的发现，则更需要借助归纳法。归纳法是从个别事实中寻找普遍规律的方法。比如，我观察了相当数量的乌鸦，它们都是黑色的，于是得出"天下乌鸦一般黑"的普遍结论。又如，在诗歌史的研究中，我们会经常听到"魏晋风骨""盛唐气象""宋诗理趣"等说法，这些说法，基本上都是前人通过某种归纳得出来的。

需要注意的是，归纳法得出的结论，总会受制于观察经验。例如，1000只乌鸦都是黑色的，并不能排除第1001只乌鸦非黑色的可能。诸如"宋诗理趣"等说法也只是"不完整的正确"，因为我们可以找到大量缺乏理趣的宋代诗歌作品。又比如，我读到某位诗人的30首作品都是豪放的，就初步归纳得出他是一个豪放派诗人的结论。但由于我没有把这位诗人的作品读完，我的统计是不完整的，因而结论是不准确的。不过，只要有足够的覆盖面，归纳法得出的结论基本上是可靠的。

归纳法是或然率的问题。不过，如果使用得当，如果归纳比较完整，结论的正确率是很高的。由于某位诗人或某特定时代的诗人的作品数量总是有限的，利用"完全归纳法"得出完全可靠的准确结论就是可能的。

## 7　分析

和推论（推导）一样，分析也是从已知推出未知。与推论不同的是，推论的前提是清楚的且被推论者认可的，而分析的前提未必清楚，分析者面对的可能是一个尚待分析的前提，或一堆杂乱无章的事实。分析的目的在于发现事实背后不为人知的本质或事件背后的逻辑，分辨一些杂乱的甚至彼此矛盾的命题背后的理据、脉络和合理性。

分析必须逻辑一贯，自圆其说。在古典诗歌研究中，分析可以有但不限于下列方向：

（1）文本语义分析：一首诗中的意象所包含的"意"（思想情感内涵）是什么？这些意象之间的关系是什么？诗句之间的语义是如何关联的？

（2）文本和文学史背后的事实分析：文本中描述的现象是否是真的？表面上能够看到的东西背后，是否存在隐藏的事实？为什么？例如我们可以问：屈原喜欢描写自己的装束，喜欢描写香草美人，背后是否隐藏着诸如自恋、身份认同等心理的或文化的事实？《离骚》在多大程度上是屈原本人的创作？文学史是依据哪些可信的事实认定它是屈原的作品？如果不是屈原写的，那么它可能的作者是谁？有何依据？

（3）影响机制分析：把两个似乎相关或原本不相干的事件联系起来，寻找前因后果。例如，我们能收集到关于李白、苏轼等人的许多资料，这证明他们的生平或思想很复杂。分析这些资料，解释其具体作品是受哪种特定因素的影响，这是很重要的工作。又如王维，很多研究者都重视用佛教思想解释他的作品，但实际上王维的思想相当复杂，我们或可用王维思想中的其他因素来解释其作品，从而发现新的线索。再如，我们可以问：屈原对李商隐有没有影响，确认影响的证据何在？苏轼受到陶渊明的影响具体表现在哪些地方？在陶渊明之外，苏轼是否受过谢灵运的影响？

（4）价值分析：这是美的，这是丑的，这是好的，这是不好的，为什么？断定优劣、善恶、是非的标准在哪里？例如，我们可能判断说，六朝诗是不好的。为什么不好？我们判断它不好的依据是什么？这个标准是否合理？六朝诗是否可能是好的呢？

（5）分辨命题背后的理据、脉络和合理性：例如，"知人论世"观点的理论依据是什么？它要求我们怎么去看待文学作品？这种观点期待的结果是什么？运用这种观点能否抵达文学的本质？它可能产生哪些负作用？

　　在一般的诗歌阅读中，做好文本语义分析，能准确、有效地理解文本，就不错了。只有研究者才考虑除此之外的分析项目。

# 三 语料统计

为了让结论更为客观,为了让研究可以量度,统计是行之有效的一种方法。诗歌中有很多感性的、不可量度的因素,但研究不能总是感性的和不可量度的。当然,统计的效度以及信度如何,这是比较复杂的问题,无法细谈。根据目前的研究情况看,语料统计方法是可行的,也是初学者容易操作的。语料是指语言材料。下面举三个例子,对语料统计方法在诗歌研究中的运用给出示范,供读者学习揣摩。

## 1 陶渊明和谢灵运是否同一时代的人
(资料摘引自日本东京学艺大学教授松冈荣志,略有删改)

这个题目可能对学过中国文学史的人是一个非常奇怪的、令人惊异的题目。但我是从两个诗人的语言生活的角度来说的。先看看他们的语言情况。

关于他们有如下的索引:

(1)《陶渊明诗文综合索引》,堀江忠道编,1976年12月,汇文堂(日本·京都)。

(2)《谢灵运诗索引》,兴膳宏编,1981年3月,京都大学中国文学会。

据这两个索引,两个诗人使用的汉字是:

陶渊明使用的字数：2172字（《四部丛刊》电子版是2371字）

谢灵运使用的字数：2397字

其中，他们共同使用的字是1560字左右。单独使用的是：

陶渊明单独使用的字数：600字

谢灵运单独使用的字数：844字（只在其《山居赋》里使用的有375字）

他们使用的汉字不到2500字。

试举几个唐代诗人使用的汉字数。

宋之问使用的汉字数：2215字

沈佺期使用的汉字数：2229字

杜甫使用的汉字数：4289字

李贺使用的汉字数：2542字

除了杜甫以外，陶、谢两人的用字数，毫不逊色于唐代诗人。

那么，陶、谢两人实际使用汉字的情况如何？试举"鸟"为例子。王叔岷《陶渊明诗笺证稿》曰：陶公喜托鸟、云以见志，有归鸟诗、停云诗。诗中涉及鸟、云者甚多，此以孤鸟自喻。那么，我们看一看陶渊明有关"鸟"类的用例：

单用"鸟"字：6例

含"鸟"字的复合词：归鸟5，飞鸟4，众鸟2，凤鸟2，羁鸟1，晨鸟1，高鸟1，惊鸟1，林鸟1，群鸟1，翔鸟1，鸣鸟1，黄鸟1，青鸟1，奇鸟1，入鸟1，时鸟1

陶用、谢不用的鸟类字：鸦1，鹍1

谢灵运使用的有关"鸟"类的用例：

单用"鸟"字：6例

含"鸟"字的复合词：迷鸟1，鸟雀1，海鸟1

谢用、陶不用的鸟类字：凫1，鸨1，鹄1，鸩1，鹊1，鹜1，鹖1，鹈1，鹙1，鹔1，鹭1，鹰1，燕1，鸳1，鸿1，鹭1，鹳1，鹳1

看看这个结果，陶渊明写的是鸟的状态、性质；谢灵运写的则是鸟的种类。谢灵运作为风景画（山水诗、赋）的因素来使用各种有关鸟类的字；陶渊明不是，他用"形容词＋鸟"的结构来抒写自己的心情。

以上的结果，只能说明他们的风格，不一定说明他们的"时代性"。那么，他们的"时代性"怎样呢？我们正在进行陶、谢以外的六朝诗人（陆机、鲍照、谢朓等）的用字、用词的对照分析，但还没做完，不能在此报告。我们相信通过这些分析研究能证明他们的"时代性"而发现新的研究项目。

## 2  以韦庄诗词为例，以色彩为主题

（资料摘引自林淑华《诗词间符号的建构与解构》，有删改）

（1）韦庄词多绚丽

统计韦庄诗词中常用以补充空间景物的颜色、质料之字词（未含诗题词题）：

| 红 | 93（诗76）（词17） | 金 | 87（诗60）（词27） | 玉 | 63（诗45）（词18） | 香 | 53（诗37）（词16） |
|---|---|---|---|---|---|---|---|
| 画 | 42（诗28）（词14） | 翠 | 53（诗40）（词13） | 绣 | 21（诗9）（词12） | 银 | 8（诗7）（词1） |

空间景物的颜色、质料之字词所占比例（据《全唐诗》所录韦庄诗共319首，韦庄词为54首）：

| 金 | 诗 | 60 | 18.8 % | 香 | 诗 | 37 | 11.6 % | 玉 | 诗 | 45 | 14.1 % |
|---|---|---|---|---|---|---|---|---|---|---|---|
|   | 词 | 27 | 50 %   |   | 词 | 16 | 29.6 % |   | 词 | 18 | 33.3 % |
| 红 | 诗 | 76 | 23.8 % | 画 | 诗 | 28 | 8.8 %  | 绣 | 诗 | 9  | 2.8 %  |
|   | 词 | 17 | 31.5 % |   | 词 | 14 | 25.9 % |   | 词 | 12 | 22.2 % |
| 翠 | 诗 | 40 | 12.5 % |   |   |    |        |   |   |    |        |
|   | 词 | 13 | 24 %   |   |   |    |        |   |   |    |        |

韦庄词中常出现堂、兰房、楼、屏、帘、灯、帐等，装饰物或质

料多金、红、翠、玉、画。但韦庄词常用色彩艳丽的修饰字词，诗却未偏好这些质料与色彩，故韦庄诗与词所使用的颜色或质料比例相差非常大。而温庭筠诗词中颜色与质料的使用比例却是非常相近（据《全唐诗》卷五七五至五八三所收温庭筠之338首诗，《花间集》收66首词所作）：

| 金 | 诗 | 104 | 30.8% | 香 | 诗 | 77 | 22.8% | 玉 | 诗 | 60 | 17.8% |
|---|---|---|---|---|---|---|---|---|---|---|---|
| | 词 | 32 | 48.5% | | 词 | 20 | 30.3% | | 词 | 20 | 30.3% |
| 红 | 诗 | 89 | 26.3% | 画 | 诗 | 42 | 12.4% | 绣 | 诗 | 12 | 3.6% |
| | 词 | 16 | 24.2% | | 词 | 13 | 19.7% | | 词 | 12 | 18.2% |

温庭筠诗词皆好用鲜艳色彩，温庭筠诗除了"绣"字远少于词之外，其他大多与词所使用的比例相差不多，尤其是"红"字，更是高于词所使用的比例。

由此可见温庭筠在诗词构词上偏好选择富有装饰性的效果的词语，《花间集》中所收温词中，"金鹧鸪""金鹦鹉""玉容""玉腕""玉楼""画屏""绣罗""绣帘""锦衾"……华词艳藻，层出叠见，成为温词的一项特色；温庭筠诗中，"琼窗""香步""彩云""金鳞""翠鳞"等丽字，较诸其词，亦不遑多让。

这种华丽的形容词或物象成了词中选用的主流，韦庄词中使用艳丽色彩与纤柔质材以装饰其空间景象是不难想象的，然而韦庄诗中所描绘颜色则是较为平淡现实的空间景物。韦庄词中出现最多的是"金"色，如"翠屏金屈曲，醉入花丛宿""月照古桐金井""含愁独倚金扉""画帘垂，金凤舞""琵琶金翠羽""翠屏金凤"；其他颜色材质的详细描绘，如"又是玉楼花似雪""斜倚银屏无语"等——这种金玉拼贴的屋子中，常圈限藏匿一种寂静空洞气息，仿佛与世隔离，成为美丽的象牙塔。

（2）韦庄诗多昏暗

韦庄诗中的颜色则较多是昏黄、朦胧的色彩。清人冯班在《才调集补注》卷三说："韦公诗篇篇有夕阳。"薛雪的《一瓢诗话》也云："口熟手溜，用惯不觉，亦诗人之病，而并前人往往有之。若李长吉之'死'，郑守愚之'僧'，温飞卿之'平桥'，韦端己之'夕阳'，不一而足。"

统计韦庄诗词中与夕阳相关的语词：

| 夕阳 | 诗15词0 | 夕照 | 诗4词0 | 斜阳 | 诗4词0 |
| --- | --- | --- | --- | --- | --- |
| 残阳 | 诗3词0 | 夕晖 | 诗3词0 | 斜日 | 诗1词0 |
| 日落 | 诗1词1 | 黄昏 | 诗5词2 | 落霞 | 诗2词0 |
| 暮晖 | 诗1词0 | 残晖 | 诗1词1 | 日西斜 | 诗1词0 |
| 日又曛 | 诗1词0 | 日欲低 | 诗1词0 | 日斜 | 诗1词1 |
| 日曛 | 诗0词1 | 落晖 | 诗1词0 | 斜晖 | 诗5词0 |

根据以上的统计，韦庄诗具有夕阳用语的总共有50例，词有6例。薛雪说得没错，韦庄在诗中营造黄昏意象时，常常使用"夕阳"这个词。黄昏是昼夜交替的特定时分。暮色苍茫的黄昏景象既是时间推移的结果，又成为时间流逝的体现。人们对于黄昏的观照，是从空间视觉和时间意识上进行双重把握的。黄昏在色调上由色彩明亮的红色渐趋于黑暗晦重，是色彩交错产生柔软感的时候，在声音上趋于安静沉寂，在气温上趋于冷凉萧瑟，这些特质容易产生凄凉悲伤的情调。因此在视觉、听觉、触觉中，获得了一种渐渐狭隘的空间感，光明被剥夺了、气温降低、声音逐渐稀少，使人们感觉一切的失去，空间渐渐被黑暗空虚侵占，所以人们容易在这一时刻感觉难过与悲伤。黄昏意象的时间意义里大多笼罩着浓重的悲凉之雾。柯庆明先生在《试论几首唐人绝句里的时空意识与表现》一文中论析日暮时说：

> "日暮"的渐趋淡黯的光色，无疑使得整个景象，尤其远景部分显得模糊而益发有杳远无际的感觉。

日暮的暗淡尤使远景造成杳远无际感，用于诗中，意喻着对自己未来远望依托的失望，对朝廷的光辉感到日暮途穷。韦庄诗中多用夕阳这个词语，包含着知识分子对传统的诗言志的责任感、对时局的不满情绪，故采用夕阳意识影射政局衰亡的消极情况。例如《忆昔》：

> 昔年曾向五陵游，子夜歌清月满楼。
> 银烛树前长似昼，露桃花里不知秋。
> 西园公子名无忌，南国佳人号莫愁。
> 今日乱离俱是梦，夕阳唯见水东流。

此首诗怀念昔时繁荣时光，金圣叹《选批唐诗》卷七下："前解，写昔年；后解，写今日。此是唐人大起大落文字。"眼前曾经一片公子佳人热络往来的五陵长安，而今却是荒凉迫蹙，"夕阳唯见水东流"之夕阳对晚唐的残败落魄之景有所代指，如日的皇朝像夕阳西沉而去，黑暗就要吞噬大地。

韦庄对眼前空间的迷离，也表现为诗中烟雾弥漫的笼罩设计。在空间质料上是潮湿、白蒙的，细细霏霏，柔靡飘零的感官知觉；阴冷的天气，亮度低，在情感上使人沉郁；在彩度上偏于灰白，造成柔软感。细雨给人的感觉是低迷柔婉的，烟、雨、雾等这种艺术空间的婉约朦胧的物象，在空间形式上造成了美学上的一定间隔与距离，"下雨的天气总是让天地一片晦暗潮湿，沉重的云让空间感陷入一种狭隘闭锁的胶着中，无法突破空间困限而随着行者自由来去，只能无奈地被阻隔在一个定点"。雨雾的视觉朦胧通常阻隔了前方空间与路途的视线，甚至是险恶的政治与生活环境的象征，与黄昏的意象来比，雨雾更贴近于人自身眼前的茫然无措及缥缈无依，而黄昏的意象则较偏重于对于遥望远方，对朝廷感到暗淡无力与希望幻灭。《台城》即善用烟雨衬托来隐喻当时晚唐政治环境的险恶：

> 江雨霏霏江草齐，六朝如梦鸟空啼。
> 无情最是台城柳，依旧烟笼十里堤。

这是一首有名的怀古诗,烟雨在这首诗中占有很重要的成分。这首诗写台城昔时短暂的繁荣变化,回首历史,当年的兴盛像梦一样缥缈遥远。在诗句字面的背后,隐藏着诗人对现实的深深忧伤。诗的起句写台城周围的环境气氛。以江雨和江草入景,透过霏霏细雨,依稀可以看到古城上的青草,这景色既具有江南风物特有的轻柔婉丽,又容易勾起人们的迷惘惆怅。第二句转入抒情,鸟啼草绿,春色常在,曾经豪华壮丽的台城也成了供人凭吊的历史遗迹。杨柳是春天的标志,给人欣欣向荣之感,这台城柳却不管人间兴亡,从六朝到现在依旧繁荣茂盛。说柳无情,正透露出人的无限伤痛。韦庄借烟雨的迷离萧索,反复渲染他内心的迷惘和虚无,虽在诗句中表现台城历史的沧桑,但这种烟雾弥漫的眼前景实际也正表现他内心对所处时代没落的预感,表现出幻灭与迷茫的心理空虚。

## 3　意象统计方法

意象也可以视为语料的一种。意象统计法是意象研究中的一种方法,这一方法的创立人英国学者卡洛琳·斯珀津(Caroline Spurgeon)根据意象在作品里出现的频率,来分析莎士比亚戏剧的情调和气氛,推断作者的经历、趣味和性情。意象统计法的操作程序是:选取抽样本,分类统计各种意象的复现次数,根据某种理论或观点对统计资料加以说明。下面是美国学者华兹生(Burton Watson)用此方法研究唐诗的一个例子。

华兹生以流行的《唐诗三百首》为抽样本,统计了其中自然意象的复现次数。他统计的结果如下:

天气意象　风,115;云,89;雨,52;雪,32;霭,29;露,23;霜,13;雾,6。

山的意象　山,150;山与风共用者,115;石,23;峡与谷,21。

水的意象　河,81;水,79;海,36;浪,29;泉,18;潮与池，17。

**天体意象**　月，96；天，76；日，72；星，13；河汉，8；北斗，4。

**树木意象**　木（包括"树"），51；柳，29；松，24；竹，12；桃，10；桑，7；柏，6；枫，6；桂，5；梨，5；梅，4。

**花卉意象**　花，87；芙蓉，9；莲，4；兰，3；菊，3。

**草的意象**　草，42；蓬，8；苔，6。

**鸟兽意象**　鸟，31；雁，23；凤凰，13；鹤，6；鸳鸯，5；麟，5；莺（鹂），5；燕，5；鸥，4；鹭，4。

上面的统计中，前四类总称意象和特称意象的复现频率差别并不特别悬殊，但后四类的总称意象"木""花""草""鸟"的复现次数大大压倒了特称意象。这意味着唐代诗人写景，多少是在粗线条地勾勒自然风光，而不是以细腻的笔触进行描绘。这说明，诗人无意于对自然世界做出精细的观察，他们对自然界的印象是模糊的、粗略的和不全面的。

诗人的趣味，与其说是呈现眼前的景物，倒不如说是使用约定俗成的比喻和象征，借以呈现内心的思想情感。例如，松柏四季常青，象征长寿和高风亮节；杨柳沿着河川、道路滋生，那绿枝、飞絮，为诗句增添着诗意，而折杨柳枝，更是常见的送别意象。从统计结果看，那些缺乏传统寓意的自然意象则相对较少，甚至根本没有，尽管它们也能以种种风姿装点自然界。这说明，唐代诗人使用意象存在某种思维定式，受文化习惯的影响是十分巨大的。

# 四　审美艺术形式分析

古典诗歌本身是艺术品，对其进行阅读探究，需要了解相应的审美艺术形式。艺术作品的价值，与它自身的形式密切相关。任何具有"艺术性"的作品，都必然存在"有意味的形式"。哪里有艺术，哪里就有形式之美；没有了形式之美，也就没有了艺术。

审美艺术形式分析法，就是在阅读探究中，围绕几组审美艺术形式的核心概念，对作品进行分析研究的方法。本方法普遍适用于文本结构的分析。下面就是本方法涉及的几组审美艺术形式的核心概念。

## 1　多样统一

"多样统一"，是指作品的多种组成因素，按照富于变化而又具有规律的结构进行组合的法则。"多样"体现各事物个性的差异，"统一"则体现其共性或整体联系。"多样统一"有两个要点，一是有机统一，一是复杂多样。

有机统一是指美的东西必须是有机组织起来的一个整体，而各种构成因素相互关联和制约。必须存在一个中心，使各种形式因素组成围绕这一中心的有秩序的结构。这种有中心、有主次、有规律的结构方式，能使纷繁多样的形式因素中心突出、秩序井然、整体感强地统一在一起，杂而不乱，多而不散。比如柳宗元的《江雪》一诗："千山鸟飞绝，万径人踪灭。孤舟蓑笠翁，独钓寒江雪。"每句都有不同的景，而这些景物基于彼此相似的冷寂的特质，按照某种顺序组合起来，让人感到四个句子虽描述的景状不同，而在整体上融为一体。这就是"有机统一"。这里面，各种因素构成的联系是有机的，如果更动其中的某个部分，整个作品将随之发生相应的变化。例如把这首诗的第一句换成"黄鹂鸣翠柳"或"水田飞白鹭"，整首诗就会出现不协调的问题，因为原有的有机统一性遭到了破坏。

但"有机统一"必须与"复杂多样"结合，才能构成有意义的艺术形式。就拿这首《江雪》来说，如果改变后两句，变成"千山鸟飞绝，万径人踪灭。野外兽迹尽，江边船休歇"，谁都能看出这是一首坏诗。因为这样一改，四句意思全部相近，不外乎说人与禽兽都停止活动了，句句重复，统一性被过度加强，从而显得非常呆滞。而在原诗中，一二两句，一"绝"一"灭"，万物似乎皆寂灭；后二句则忽然现出一人，又用一"钓"字，寂静中似乎又显出一点动来。千山飞鸟、万径人踪，原来都是次要的，是衬托这个渔翁的。这样我们就感觉到了在相同的冷寂氛围中诗意的微妙变化。

正因为多样，才需要统一。没有统一性的多样性，是混杂凌乱；没有多样性的统一性，是单调呆滞。只有把多样性和统一性结合起来，才能构成有价值的艺术形式。

## 2 主题和主题变化

这里的"主题"，是基本特征或主要特征的意思。任何一件艺术作品，必然有一个（也可能有多个）结构、意义、韵律等方面的最突出的特征。我们把握作品，首先就是把握这个最突出的特征。一件作品最独特的地方，就是决定它与其他作品根本区别之处，因而是分析和

欣赏时需要特别留意的地方。比如李贺的《李凭箜篌引》:

> 吴丝蜀桐张高秋，空山凝云颓不流。
> 湘娥啼竹素女愁，李凭中国弹箜篌。
> 昆山玉碎凤凰叫，芙蓉泣露香兰笑。
> 十二门前融冷光，二十三丝动紫皇。
> 女娲炼石补天处，石破天惊逗秋雨。
> 梦入神山教神妪，老鱼跳波瘦蛟舞。
> 吴质不眠倚桂树，露脚斜飞湿寒兔。

这是一首描绘音乐的诗。它最引人注目的特征，就是奇幻的想象、瑰丽的比喻、令人惊愕的夸张。总起来说，就是它在意象方面的异乎寻常。这构成了此诗主要的美学意义。其实说穿了，它描写的无非是一段音乐演奏，在内容上很简单，在思想意义上也不存在什么深刻的启发或暗示：本诗的创作追求简单而明确，李贺是在试验自己的描写能力，尝试这种险僻幽奇的描写能力的极限。读李贺的这首诗，我们如果把握住这一点，就能立即意识到它的价值何在，而不会一味责怪李贺"理不胜辞"，甚至抹杀作品的艺术价值了。

"主题变化"是指作品中主题的发挥。作品中主题的发挥即主要特征的表现和强化，可以采用重复、变化、倒转等方式。《诗经》普遍采用"重章叠唱"的方式，来加强和发挥主题。当然，重复中也可以寓变化，如《关雎》:

> 关关雎鸠，在河之洲。窈窕淑女，君子好逑。
> 参差荇菜，左右流之。窈窕淑女，寤寐求之。
> 求之不得，寤寐思服。悠哉悠哉，辗转反侧。
> 参差荇菜，左右采之。窈窕淑女，琴瑟友之。
> 参差荇菜，左右芼之。窈窕淑女，钟鼓乐之。

这首诗的主要特征，是反复咏叹君子求偶。诗段之间，在内容和形式上都有着明显的共同性。但在反复咏叹之中，各段并非简单的重复，"左右流之""左右采之""左右芼之"，由"流"（捞）到"采"（采集），再到"芼"（择取），分明有递进，暗示了君子求偶的进展。这与从"寤寐求"到"琴瑟友"再到"钟鼓乐"的进程完全呼应。这样，在不断的反复中求偶获得进展，作者完成了叙述，也加强了对主题的发挥。

上面说到，主题变化可以存在倒转的方式。比如李白的《越中览古》：

> 越王勾践破吴归，战士还家尽锦衣。
> 宫女如花满春殿，只今唯有鹧鸪飞。

前面三句写热闹之景，最后忽然一句冷语，骤然倒转，造成令人惊愕的艺术效果。但经过瞬间的惊愕，我们发现：这个倒转是诗人巧妙的预谋；最后一句与前面三句并不存在本质矛盾——前面的热与最后的冷，有一个巨大的古今时间断裂，目的是通过表面的冷热矛盾，达成强化沧桑的效果。因此可以说，前面三句，就是主题的逆向发挥。

## 3 平衡和演进

朱光潜翻译的黑格尔《美学》上有这样一段话："要有平衡对称，就须有大小、地位、形状、颜色、音调之类定性方面的差异，这些差异还要以一致的方式结合起来。只有这种把彼此不一致的定性结合为一致的形式，才能产生平衡对称。"艺术作品借助于构成成分之间的紧张和松弛，造成差异（不平衡）和一致（平衡），使整个作品给人以一种"有机性的幻觉"（苏珊·朗格）。平衡与"多样统一"的形式美原理实际上是一致的。黑格尔说的"差异"就是多样性，"结合为一致的形式"就是达到有机统一。

平衡一般有两种情况,一是相似因素之间的平衡,如上引李贺的《李凭箜篌引》,全诗各个意象都具有幽奇冷艳这样近似的美学意趣,构成一种同质的整体风格。这种平衡是比较机械的平衡,容易显得凝滞板重。一是不相似的因素之间构成的平衡,这种在艺术作品中更为普遍。不相似的因素之间存在着差异即不平衡,它们可以在作品的整体平衡中呈现出错落、变化和跌宕。古典诗歌中,诗人常用时间和空间的错落达成画面的动态平衡,比如李白的诗句"山随平野尽,江入大荒流",黄庭坚的诗句"落木千山天远大,澄江一道月分明"之类;或者用事物和境况的性质或特征的对比达成平衡,如王籍的"蝉噪林逾静,鸟鸣山更幽"的以动衬静,元稹的"寥落古行宫,宫花寂寞红"用花之绚烂显人之寂寞。有些诗人还善于组织结构,在结构上营造变化中的平衡,如杜甫的《绝句》:

两个黄鹂鸣翠柳,一行白鹭上青天。
窗含西岭千秋雪,门泊东吴万里船。

第一句以黄鹂为点;第二句以白鹭为线;三四句为面,而分含时间与空间的分立。构图方式不同,画面上"黄""翠""白""青"色彩杂呈,但它们结合起来之后,我们不仅不会因为多样化而感到支离破碎,反而觉得尺幅之中富于变化,容量巨大,组成了一幅统一而多样化的画面,形成了整体的流动着的和谐。何以如此?关键就在于它的各种构成因素具有一个相同的背景——景物的生机盎然和心境的若有所思。是它整合全诗的所有因素,使构成诗歌内容的各种因素保持着相关和平衡。

"演进"主要是说时间上前后相续的问题。前后内容的相续,最终完成了整个作品。以白居易的《琵琶行》为例,我们可以看到,此诗在时间上的前后相续甚为明显,情感也随着时间的展开而逐渐累积,到最后达到高潮。诗歌开始时压抑着的情感,随着音乐的演奏进一步积蓄,而至于吐露身世,彼此安慰,到了结尾,全部经过充分酝酿的情绪一时发抒,掩面流泪,衣衫尽湿。我们在阅读过程中,注意力由离别的愁闷转移到琵琶的乐声,由琵琶的乐声转移到弹奏琵琶者的身世,由弹奏琵琶者的身世转移到诗人的身世之感,最后艺人的遭遇与士人的感慨一并激起了我们的同情与共鸣。本诗中歌伎(弹奏琵琶者)和士人(诗人)明显构成了既平行又相交的关系:无论社会底层的歌伎,还是社会上层的士人,他们都承受着一起向下沉沦的时代命运。面对如此惨况,我们有什么理由不为这样的时代落泪?诗歌情绪和阅读者的情绪体验一齐增进,审美感受随着诗歌内容在时间上的展开而递增。

## 4 主次

任何一个艺术作品(不仅仅是诗歌),都有某种因素或某个部分显著地比其他因素或部分具有更大的意义,居于整个作品的主导地位。它体现着作品的主要创作意图,是作品的主要部分。其他部分,就是次要部分。主要部分吸引着人们的注意力,次要部分则围绕主要部分,它们根据整个作品的意图,按照其价值和意义构成有秩序的等级层系。主次关系虽然是对艺术形式的探讨,但确定主次关系的依据是表达意图,而表达意图又往往根据内容和意义来确定。比如马致远的《天净沙·秋思》:

> 枯藤老树昏鸦,小桥流水人家,古道西风瘦马。夕阳西下,断肠人在天涯。

品味这首小曲,我们可以轻易地捕捉到它的哀伤情调。描写景物时,它的形容词,如"枯""老""昏""古""瘦"等的使用,都体现着这一情调。那么我们不禁要问，写这些和这样写有什么意图？不难看出，是要表现一个沦落天涯的断肠人的内心感受。由此我们发现，最后一句乃是整个作品中最主要的因素，是整个画面的焦点；它决定着前面所有景象的情感色彩，处于整个作品的主导地位。而前面的种种描写，文字虽多，但都只是围绕着最后一句的次要因素，它们的作用是构成一种背景，营造一种氛围，为的是突出断肠人这个主要形象。如果把整个作品看成一幅图画，我们的注意力无疑会集中在那个孤独的断肠人身上。

分清主次，可以帮助我们更准确地理解作品。比如陶渊明《读山海经》：

> 精卫衔微木，将以填沧海。
> 刑天舞干戚，猛志固常在。
> 同物既无虑，化去不复悔。
> 徒设在昔心，良辰讵可待。

一般的读者经常引用这首诗，说这就是陶渊明的"金刚怒目"。如果我们分析它的主次关系，就会发现后面四句才是陶渊明真实想法所在。他为什么说"同物既无虑，化去不复悔"呢？陶渊明的意思是说，生命既然混同万物，就无所谓后悔与忧虑，也就是他的另外一首诗中所说的"纵浪大化中，不喜亦不惧"之意。既然生死不足萦怀，那么人所追求的，无非就是适其志而已。"精卫衔微木""刑天舞干戚"，至死不休，就是适其志。陶渊明在理性的层面上已然参透，但在情感的层面依旧不能超脱，内心仍然是矛盾的，所以他又说"徒设在昔心，良辰讵可待"。我们知道，陶渊明是个少怀大志的人，他向往建功立业，退隐之前，也曾汲汲于功名，只是时运不济，始终未获得实现抱负的机会，加之官场险恶秽浊，诗人又性喜自然，故只好放弃仕途的进取。"良辰讵可待"，说明志愿的实现渺不可期，要适其志是很不容易的。诗人内心是失落的。不难看出，前面四句典故的使用，是在为后面的感慨服务，居于作品的次要方面。"金刚怒目"之说，完全是不分主次、割裂文意的结果。

## 五　审美风格类型辨识

辨识文本的风格，是审美的高阶部分。这需要相当丰富的阅读经验，也需要相当敏锐的审美判断。我的理解是，风格是通过文本语言得以表达的，取决于作者措辞所形塑的文本语言的特征。辨认作家作品的风格，需要把握其措辞的倾向和表达的习惯。

具备风格类型的相关知识是重要的基础。关于诗歌风格类型，司空图《二十四诗品》是比较好的资料。但它很难懂，下面附上我和盛琼的翻译，供参读。我们尽可能以浅近白话的形式，呈现对《二十四诗品》的理解。为避免复杂化，只有当直译无法清晰地显示出文意或容易导致误解之时，才在译文中有词句的增添。

《二十四诗品》采用了中国古典诗歌的意象化表达方式，颇为费解。翻译的重点是在语义解释基本符合唐代习惯性用法的前提下，在文本内部的语句间建立起恰当的逻辑，把意象化表达方式背后的实指意思揭示出来。

无论《二十四诗品》多么费解，但至少有几点是明确的：

首先，既然叫作"诗品"，那么《二十四诗品》以诗歌为言说对象（附带着诗人），这是确定的，尽管在司空图那里，人格特质和诗歌风格有时不免混同；其次，每一品都有标示本品核心概念的标题，每个标题都有相对明确的语义，这是确定的；再次，对每一品的描述或论述,都是围绕各品名称亦即标题展开的,那就存在着一个以标题为中心的结构,这是确定的。

这几点是我们翻译《二十四诗品》的基础。立足于这个基础,可使译文具有较为稳定的可靠性。

我们本不想做引申解释,但鉴于《二十四诗品》之费解,因而在每品译文的最后补充了一段简要的文字以助理解。那不是译文,而是我们给出的相关资料或补充性见解。相关资料主要取自宇文所安的《中国文论:英译与评论》(王柏华、陶庆梅译,上海社会科学院出版社,2003)。

《二十四诗品》带着鲜明的印象主义风格,表意含糊,这是翻译的最大障碍。翻译完毕,我们有如下几点认识:

第一,对诗歌之"品",司空图显然是以道家思想为基本观念来加以理解的。"道""真""虚""自然"等道家哲学概念,在《二十四诗品》中反复出现。《二十四诗品》建立在道家观念基础上,会自然地滑向"玄之又玄"的道家哲学,滑向"天－人"之间直觉的和诗性的响应,进而陷于逻辑的模糊或诠释的含混。

第二,《二十四诗品》整体上似乎是系统的理论建构,但各品之间的结构逻辑并不清晰。其分类标准和若干品类之间的边界,都比较模糊。我们尝试进行了再分类:

偏重于刚性的:雄浑、劲健、豪放;

偏重于柔性的:冲淡、纤秾、绮丽;

偏重于理趣的:精神、自然、实境、流动;

偏重于个性的:沉着、疏野、悲慨、旷达;

偏重于精神意趣的:高古、典雅、清奇、超诣、飘逸;

偏重于手法方式的:洗炼、含蓄、缜密、委曲、形容。

但这样分类是否恰当,我们自己也没有把握。我们认为,这套"理论体系"看似系统,却因其品类边界模糊而很难被系统地运用于评论实践,这也就不难理解为何在司空图那里找不到运用这套理论来对具体的诗歌或诗人做出系统性评论的证据——有人据此以为非司空图作品而是后人伪作，那是另外一回事。

第三，对于多数读者而言，全面地学习《二十四诗品》是不必要的，深刻地理解《二十四诗品》是不现实的，能体会其诗性的言说方式，有限地理解其审美观念，也就够了。把这部作品当作四言诗来欣赏，或许是多数读者不得不接受的一个好主意。毕竟，能获得一段有营养的阅读体验，已经很不错了。

## 雄浑

大用外腓，真体内充。反虚入浑，积健为雄。
具备万物，横绝太空。荒荒油云，寥寥长风。
超以象外，得其环中。持之匪强，来之无穷。

巨大的功用能伸张于外，是因为作为本源的道体充实于内。"雄浑"是内在力量的向外表达——这是"雄浑"的本质。回归虚无的道体而进入混沌的境界，在这个过程中积累强健的能量而变得磅礴有力——这是"雄浑"形成的路径。

"雄浑"是包罗万有的境界，它包含一切事物；它与"道"联结，延伸到无限深远之处。"雄浑"十分广大但没有边界清晰的形状，就像天际翻滚的行云，就像寂寞呼啸的长风。

"雄浑"需要对形而下的超越——只有超越有限的具体现象，才能把握完整的世界。"雄浑"不能被强行达成，它是一种自然的结果——只要对"道"有所体悟，"雄浑"自会无穷无尽地到来。

宇文所安说，雄浑的状态在很多方面类似《易经》的乾卦；雄浑"（按司空图的说法）与其说是一种决定性特质，不如说是一种具有产生各种决定性特质的能力"。我们认为，雄浑是一种力量外溢的风格，在阴阳分类中它属于"阳"，并不能涵盖"阴"的部分，说它是"一种具有产生各种决定性特质的能力"，未免有些泛化了。

## 冲淡

素处以默,妙机其微。饮之太和,独鹤与飞。
犹之惠风,荏苒在衣。阅音修篁,美曰载归。
遇之匪深,即之愈希。脱有形似,握手已违。

在简单的状态中保持静默,才能体会到事物微妙的内在趋势。领悟到完美的万物和谐,才能像神仙独自与鹤同飞那样超越日常世界。这是"冲淡"形成的条件。

"冲淡"是柔和的,就像和爽的风拂过柔软的衣服;"冲淡"是幽淡的,就像听到修竹的声音之后,这声音又回到内心美妙地回荡。这是"冲淡"表现的状态。

"冲淡"不需要用力触及;越想触及它,它越难被触及。"冲淡"需要的是与事物内在精神的相遇——如果追求"形似",追求外形描写的一致性,那么刚刚下笔试图去把握住它,"冲淡"就消失了。

宇文所安说,"冲淡"与"雄浑"最根本的差别是独立的人的主体的出现,这一主体试图捕捉外在于他的事物并与周围世界达成和谐的关系。在"冲淡"中,诗人或诗歌变得平静。这是相当哲学化的解释。作为风格,司空图主要还是说,冲淡是一种表面上不用力的风格,因为任何用力都是有方向的,它会导致中和的丧失(失去"冲"),也会导致在特定方向上的堆砌(失去"淡")。

## 纤秾

采采流水,蓬蓬远春。窈窕深谷,时见美人。
碧桃满树,风日水滨。柳阴路曲,流莺比邻。
乘之愈往,识之愈真。如将不尽,与古为新。

流水盛足,花草繁盛绵延到远处。在曲折深邃的山谷里,不时看见美人。满树碧桃，摇曳在有春风和阳光的水边。柳荫掩映着弯曲的小路，鸣声婉转的黄莺在近处相伴飞翔。这样的画面就是"纤秾"的。"纤"就是纤细，画面是柔和的，不是粗大的和强有力的；"秾"就是秾丽，画面是充满色彩的、带着新鲜感的。

越是深入这样的情景去体会，就越能认识到"纤秾"的本质是偏重于感官层面的真切。如果仍然不能彻底理解这种本质，那就要从古代作品中寻求新的启发——我们最初是如何带着新鲜感去感受世界的。

上述译文对最后四句的理解，大异于前人。"纤秾"最突出的特征是感官上的新鲜感；司空图在审美方面并不否定"纤秾"，但他认为这种风格较多停留在事物的表象层面，它所表现的景象的特征是真切、新鲜、明朗。

## 沉着

> 绿林野屋，落日气清。脱巾独步，时闻鸟声。
> 鸿雁不来，之子远行。所思不远，若为平生。
> 海风碧云，夜渚月明。如有佳语，大河前横。

绿色的树林中有简陋的小屋，太阳下落，空气清爽。此时脱去头巾独自漫步，偶尔听到鸟鸣。独处而不孤独，清静而不死寂，这样的画面是"沉着"的。

书信不来，亲人远行，但依然觉得情绪稳定，感觉到所思念的人并不遥远，仿佛是平生一直都在长久相守。这样的心境是"沉着"的。

海上的风吹着天上的碧云，入夜的沙洲上月光明朗。若能写出与这种景象的特征相适配的佳句，这佳句就会像横在眼前沉着地行进的大河。

沉着意味着稳定性。本品一开始所呈现的景象是寂寞的，但人并不感到枯寂；身边没有所思念的人，但人依旧安然如常。这就是沉着。沉着并不是死寂的状态，它在稳定性中兼具流动性——"海风碧云"

中有微妙的运动,"夜渚月明"在安静中有光亮。"大河前横"对此加以总括:它既在流动,又横在眼前,表现出一种持续的、稳定的特点。

## 高古

畸人乘真,手把芙蓉。泛彼浩劫,窅然空踪。
月出东斗,好风相从。太华夜碧,人闻清钟。
虚伫神素,脱然畦封。黄唐在独,落落玄宗。

与众不同的高人手持莲花,乘着真气而飞升,这就是"高";他越过了极其遥远的时间,而不留下缥缈的踪影,这就是"古"。

月亮从东方天空升起,美妙的风跟着流动。太华山夜空碧蓝,人们静听着清亮的钟声。这样的画面就是"高古"的。

停留在虚无的境界中,精神保持在本真的状态,就能摆脱日常经验的界限与束缚,这是形成"高古"的心理机制。达到"高古"的境界,就像黄帝和唐尧独自处于遥远的古代,领会到高远玄妙的宇宙旨意。

"高古"源自道家对远古的想象,在那种想象中,人还保留着未被文明污染的与自然的深度联结。宇文所安认为,"畸人乘真,手把芙蓉"是对李白《古风》第十九首中"西上莲花山,迢迢见明星;素手把芙蓉,虚步蹑太清"的压缩,"虚伫"一词对应了李白诗中的"虚步"。

## 典雅

玉壶买春,赏雨茅屋。坐中佳士,左右修竹。
白云初晴,幽鸟相逐。眠琴绿阴,上有飞瀑。
落花无言,人淡如菊。书之岁华,其曰可读。

用玉壶装着买来的酒,坐在茅屋中一边饮酒一边赏雨;同座都是雅士，身旁有修长的竹子。天上是雨霁之后的白云，鸟儿从深幽之处飞出相互追逐；人伴着琴在绿荫中静卧，而上面传来飞瀑的声音。这两个画面都是"典雅"的。

典雅的内在品格是宁静脱俗——就像落花对花落的悲剧保持沉默，就像人对世事变迁如秋菊一样疏淡。典雅是写在岁月光彩中的非世俗意趣，它是值得我们去品读的。

司空图所理解的"典雅"，更多地强调"雅"的成分。当然，"玉壶""佳士""琴"等，暗示着社会地位和文化教养，这意味着"典雅"是带着贵族气质的风格。

## 洗炼

如矿出金，如铅出银。超心炼冶，绝爱缁磷。
空潭泻春，古镜照神。体素储洁，乘月返真。
载瞻星气，载歌幽人。流水今日，明月前身。

"洗炼"就像在矿石中炼出黄金，就像从铅块里提取白银。以超越感官局限的心去从事冶炼，根除对肤浅和染污的喜爱，这是"洗炼"对诗人提出的要求。

春光被空明的潭水映照后似乎更加明朗，就像被净化过，这近于"洗"；用古镜映照出人的"神"，"形"似乎被忽略，这近于"炼"。体察本真的精神，增加清洁的意趣，乘着明净的月光，回归心神的纯真——"洗炼"要求诗人的自我净化。

"洗炼"是对感觉局限的超越，是以可见去感知不可见——就像我们仰望着可见的星光，歌唱那隐藏在黑暗中仰望星光的隐者。"洗炼"是对事物本质的捕捉，是以可见去理解不可见——就像我们看到今天这流水中的月光，领悟到它的前身其实就是天上那轮月亮。

关于"空潭泻春"的"泻"，我们采纳了宇文所安的意见，这里原文引用于此："'泻'，这里译作'infuses'（灌注），它的基本意思是

'倾泻',如水的倾泻,经常被引申为水的流动(请注意,按照中国文学传统,'潭'应该是静止的)。……更好的解释(符合唐代的用法)应该是把'泻'读作'写',去掉水旁;'写'即'描绘','写'在诗歌里经常用来指水的映照能力,这样一来,它就与下一句中的'照'构成了一对。"

## 劲健

> 行神如空,行气如虹。巫峡千寻,走云连风。
> 饮真茹强,蓄素守中。喻彼行健,是谓存雄。
> 天地与立,神化攸同。期之以实,御之以终。

"劲健"的内在部分的表现是,神思的运行如同天空无远弗届,文气的舒展好像长虹横贯。"劲健"的外显部分是强有力的,就像巫峡高耸千寻,飞云奔走,劲风不断。

"劲健"对诗人的要求是:汲取"道"的强健力量,保持本真,护持内心;懂得"天行健"的道理,也就是要养成雄健之气。

"劲健"意味着强有力的自信:要坚信"人"作为三才之一与"天""地"并立的地位,要认识到人的精神力量跟自然的化生力量相同。"劲健"要求作品充实饱满,这种充实饱满必须一直在作品中贯穿始终。

"劲健"与"雄浑"具有一定的相似性,"喻彼行健,是谓存雄"表示这一品跟乾卦有关,"雄浑"中也谈及"积健为雄"。宇文所安说,有别于"雄浑"之处在于,"劲健"所表现出的力量是确定的、实在的。我们认为,"雄浑"更多地属于"气"的范畴,"劲健"更多地属于"力"的范畴。讲清楚这区分需要复杂的论述,这里就不提供了。

## 绮丽

> 神存富贵,始轻黄金。浓尽必枯,淡者屡深。

> 雾余水畔，红杏在林。月明华屋，画桥碧阴。
> 金尊酒满，伴客弹琴。取之自足，良殚美襟。

内在的精神富贵起来之后，才能真正轻视外在的黄金。表面的饱满达到了极限，就必定走向自我瓦解而趋于萎缩；而清淡的美丽，反而会表现出更深远的魅力。这就是说，真正的"绮丽"不会是表面的华美。

"绮丽"是一种被节制的美丽。在雾气刚刚消散的水边，红杏在树林中显出带着朦胧感的鲜艳——红杏的鲜艳是美丽的，但这鲜艳被残留的雾气淡化，被更大面积的树林分散了。明朗的月光照着华美的房屋，精致的画桥被绿荫掩映——房屋的华美和画桥的精致，或被月光减淡了，或被绿荫部分地遮蔽了。

金杯斟满美酒是豪奢的，但陪同客人弹琴抒发情思而使豪奢被清雅平衡，这就是"绮丽"。用这种既有金樽美酒的奢华又有弹琴抒怀的雅趣来自我满足，确实能极尽优美的心情——"绮丽"背后的心情必定是优美的。

在司空图的理解中，"绮丽"必须带有"中庸"的要素，这种美丽不能是过度的。宇文所安这段话说得很对，有助于我们理解这种风格："'绮丽'在唐代已成为一种固定的风格类型，对它的批评与赞赏几乎一样多。它是一种特别的'花哨'，对它的诋毁者来说，'绮丽'与富有、轻浮和放荡联系在一起……'绮丽'总是面临滑向过度的危险，只有我们满足于不过度的、被遮掩的或以某种方式被限制的'绮丽'，才能获得完美的'绮丽'。"

## 自然

> 俯拾即是，不取诸邻。俱道适往，着手成春。
> 如逢花开，如瞻岁新。真与不夺，强得易贫。
> 幽人空山，过雨采蘋。薄言情悟，悠悠天钧。

"自然"是俯拾即是、不假思索的;一个自然的事物触目即是,现现成成,它不需要通过在它旁边的任何别的事物去加以追寻。"自然"不是刻意为之的,它是与"道"契合的结果——当诗人与"道"同行,随手一写都能表现出春天般遍布的活力。

"自然"是自然界的规律——就像遇到花儿开放,就像看到岁月更新,这些自然界中的现象是不假人力的。"自然"也是人类生活的规律——真正给予你的,你不会失去;若你强行去获取,反而容易陷于窘困。

"自然"是这样一种状态:幽人身居空山,雨过以后有了野蕨,他便采得野蕨,这是一件自然而然、未有强求的事。"自然"是这样一种心境:人的感情和领悟,都像永恒的宇宙那样,自然而然地显现和运行。

"自然"似乎是摒除人为因素介入的状态,而事实是任何诗歌都是人为的。宇文所安说,"司空图要求诗歌确实出之自然:诗人只需学会怎样让它发生。……诗人提笔之时,把它传递到作品之中,不允许想得太多,也不能修改:'直接的'就是'正确的'",这就"给诗歌创作出了一个难题","如今我们所见到的那些为实现这个目标而创作的诗歌,不过验证了所谓'自然'诗的乏味、笨拙和难以卒读"。我们认为,要达到"自然","俱道适往"是关键,然而"道"的领悟在多数情况下是一件奢侈的事。宇文所安这段话,为我们思考诗歌中的情感介入的必要性提供了很有价值的思考。

## 含蓄

> 不著一字,尽得风流。语不涉难,已不堪忧。
> 是有真宰,与之沉浮。如渌满酒,花时反秋。
> 悠悠空尘,忽忽海沤。浅深聚散,万取一收。

"含蓄"首先是语言表达的隐蔽、曲折与保留:不用一个明确的字眼来直接表达，就能显出神采情韵；文辞虽未直接陈述苦难的情状，却能使人感受到难以承受的哀伤。

"含蓄"存在着深刻的哲学依据——自然深邃的真性总是与事物一起沉浮，因此含蓄背后依然有自然的真性或本质，尽管此时它是隐蔽的。"含蓄"具有丰富的内涵——"含蓄"的意味很难穷尽，就像漉酒时，酒中的尘滓会越来越多；"含蓄"是一种内敛和保留，就像花开时遇到寒气，花因寒气闭合而留住了芳香和色泽。

"含蓄"是以微末的局部来表现整体——就像辽阔空间中的尘埃和浮在海面迅速消散的泡沫，尽管它们很微小，却表达着天空和大海。飞尘和泡沫处于聚散不定或深浅不定的状态，但这纷繁复杂的现象中必定聚合着单纯不变的本质。

宇文所安说，"'含蓄'的中心问题是表层与潜层的区别"，这是对的。我们认为，"含蓄"中更本质性的问题是"以小见大"，以局部的、多变的现象折射整体的、不变的本质。他又说，"'含蓄'对有些品确实不太适宜，甚至是破坏性的：例如以直接和表面为特点的'自然'就无法容纳它"，我们对此则持保留看法。"俱道适往"与"是有真宰"在观念上是一致的，"自然"与"含蓄"并不对立——事实上，自然本身就是"不著一字"的，是沉默的或最含蓄的（孔子说"天何言哉，四时行焉，百物生焉"）。

## 豪放

> 观花匪禁，吞吐大荒。由道反气，处得以狂。
> 天风浪浪，海山苍苍。真力弥满，万象在旁。
> 前招三辰，后引凤凰。晓策六鳌，濯足扶桑。

"豪放"是不受限制的——就像可以尽兴尽情、无拘无束地赏花，就像可以轻松驱使极其辽远的空间中的事物。"豪放"是源于最高级的"道"而在次高级的"气"的层面的表达——遵循"道"而返归"气"，处道而得气，因而能够超乎寻常地昂扬有力。

"豪放"是内在精神力量对外在事物的自由驱使——浩荡天风和苍茫海山都辽阔而庞大，但只要内在的力量完备而饱满，无论什么景象都能像在身旁一样被诗人捕捉并加以表现。

"豪放"甚至能驱使神奇的事物，使其成为诗歌的意象：向前，能召唤日月星辰；向后，能引来凤凰神鸟。"豪放"拥有巨大而迅猛的力量，它有显著的速度感：拂晓时乘坐六鳌出发，就能到太阳升起的扶桑那里洗脚。

本品是比较容易读懂的。宇文所安说，"豪放"作为一种风格类型，"属于'雄浑''劲健'这一族，但有更清晰的人格特质"。我们认为，"豪放"主要表现为对题材的控制力——不受限制，对题材或意象的自由驱使，才是理解诗歌"豪放"风格的关键。司空图的观点对我们认识后来（宋代）所谓"豪放词"是有意义的。

### 精神

> 欲返不尽，相期与来。明漪绝底，奇花初胎。
> 青春鹦鹉，杨柳池台。碧山人来，清酒深杯。
> 生气远出，不着死灰。妙造自然，伊谁与裁。

"精神"总是无法掩藏的——精神联结着"道"，但它难以全部归隐（回归）在"道"的本原中，它总是会伴随着事物或现象表现出来：就像清澈见底的水，那明亮的涟漪表现了水的精神；又像奇花刚刚孕育成形，那初始的花形表现着花的精神。

"精神"有时表现为事物的生机——就像春天里发声的鹦鹉，使得春日的寂静里有了生命的声音；就像杨柳掩映着水中楼台，无生命的楼台似乎也有了某种活力。"精神"有时表现为情感的强度——碧山里有雅士到来，虽然喝的是清酒，但很深的酒杯容量很大，可以喝得畅快淋漓。

生命的活的气息远远地投射，不会粘着一粒死的尘灰。对于诗歌来说，当精神微妙到能够抵达自然之境的程度，就不再有人能对此加以任何的修改了。

"精神"在古代诗歌评论中并不是用以描述风格的常用术语，但很显然，任何成功的作品都应该是有"生气"的，都得有点"精神"或生命力。我们认为，在司空图看来，"精神"一品，"生气"是最重要的，它在很大程度上意味着人或事物的"神情"。

## 缜密

是有真迹，如不可知。意象欲生，造化已奇。
水流花开，清露未晞。要路愈远，幽行为迟。
语不欲犯，思不欲痴。犹春于绿，明月雪时。

"缜密"不只是表面的运笔的痕迹，它必须具有内在的大道的真迹；这种真迹非常微妙，似乎是不可知的。当诗人的意中之象将要浮现的那一刻，大自然就已经变得神奇起来，因为此刻大自然不再是它自身，而是它在诗人心中微妙的投影。

"缜密"是动态的、连续的和绵密的，就像水的流动和花的开放，就像处于干涸过程中却并未干涸的露珠。"缜密"是细微的和缓慢的——诗歌中细密的描写似乎离开主要线索更远，如同远离主要通道在幽深的小路上缓慢前行。

"缜密"的风险是用语之"犯"和诗思之"痴"——追求"缜密"风格时，用语不可重复，情思不能板滞。真正的"缜密"在细密的同时又能给人单纯的感受——就像绿色之于春天，春天的绿色具有复杂的层次，而这各种绿色却能给人一个关于春天的统一而完整的印象；又好像明月映照白雪之时，月光和白雪的色泽亮度具有细微的差别，而我们会觉得这样的画面是单纯和谐的。

注家对这一品的解释五花八门。比如前两句，宇文所安认为"更像是特指艺术作品的创作",这大概是忽视了《二十四诗品》中解释各品的哲学依据,司空图基本上都是基于"道""真"等道家观念而来的。

## 疏野

唯性所宅,真取弗羁。控物自富,与率为期。
筑室松下,脱帽看诗。但知旦暮,不辨何时。
倘然适意,岂必有为。若其天放,如是得之。

"疏野"由真性情驱动,它是自由而率真的——只要是在天性停留的地方,诗人随性所至描写任何情事,都是不受限制的。能自由地驾驭题材,表达自会丰富;同坦直的天性相约,表达就会率真。

"疏野"是随性的,是带着个性的自由——在松树下面修建房舍,脱下帽子披头散发地读诗,只知昼夜变换而不管这是什么时节或时代。在"疏野"的状态中,人的行为与意志是不受习俗或社会规则制约的,是个性化的、自然性的而非社会性的。

假如能随顺自己的心意,何必一定要刻意做作呢?如果能放任天性,那就达到"疏野"的状态了。

我们认为,"疏野"强调的是天性与个性,这跟"豪放"与"自然"都有显著的不同。"豪放"强调题材的不受限制,"疏野"强调个性的不受限制;"疏野"强调自由意志,"自然"则超越自由意志。宇文所安说:"在'自然'中,没有任何因素限制表达的自由。'疏野'寻求意志的直接表达(第4句),而意志正是在'自然'中被超越的东西。""在实际行为中,二者在相当程度上是重叠的。例如,谈到具体的诗作如陶潜的诗究竟代表'冲淡''自然'还是'疏野',可能会有争论和分歧;但选择这几种模式中的任何一种而不是其他模式,这本身就暗含了对陶潜诗歌的某种阐释。"

## 清奇

娟娟群松,下有漪流。晴雪满竹,隔溪渔舟。
可人如玉,步屧寻幽。载瞻载止,空碧悠悠。
神出古异,淡不可收。如月之曙,如气之秋。

"清奇"包含着"清"或明朗的要素:在美丽的松林下面,有泛着波纹的清流。"清奇"也包含着"奇"或不寻常的要素:天气初晴时白雪依然覆盖着竹枝,而在这几乎无鱼可获的雪日,隔着溪水有渔舟停泊。

这种自然环境中的画面是"清奇"的,而有人出现的画面也可以是"清奇"的——性情可取的雅人就像玉一般高洁,踏着木屧去寻访深幽的景致。他有时看天,有时停下,你不知道他想看什么,他在想什么,只见澄澈碧蓝的天空显得非常深远。

"清奇"的神采出自古朴的、不寻常的追求,它的古淡是向外弥散的。"清奇"就像黎明前无人瞻仰的月亮,独自散发着寂寞的清辉;又像天气到了秋天,显得特别清朗和萧瑟。

"清奇"是常见风格,齐己《风骚旨格》已把它列为一种形式类别。宇文所安说,"清奇""似乎让人联想到耳目一新","'清奇'是在雪晴以后的突然一亮,再加上渔船的点缀",这说法注意到了"清奇"的"清"的部分,对"奇"的部分则关注不够,对"清奇"中的寂寞(不是孤独)也关注不够。

## 委曲

登彼太行,翠绕羊肠。杳霭流玉,悠悠花香。
力之于时,声之于羌。似往已回,如幽匪藏。
水理漩洑,鹏风翱翔。道不自器,与之圆方。

"委曲"是曲折的，就像登上太行山，蜿蜒的小路盘绕着绿色的山岗。"委曲"是暧昧的，它介于明朗与不明朗之间，就像迷蒙的雾气随着流动的波光蔓延，又像花朵的芬芳既悠长又渺茫。

"委曲"意味着表达须富于变化：就像农业劳动，它不是单线行进的而是随着季节富于变化的；又像羌笛婉转的声音，它是有起有伏、有抑有扬的。"委曲"的运动是回旋式的，似乎在离开，却又在返回；"委曲"的状态是不明确或不明朗的，似乎被关上，却又未被隐藏。

各种现象都是"道"的表现，但它们作为现象是如此不同：水的纹路回旋，向下形成各种漩涡；大鹏乘着旋风，向上展翅青天翱翔。诗歌之所以需要"委曲"，是因为非现象的"道"无法自己表现自己，只能通过现象才能得到间接的表达，而现象总是具有多样性，正如事物的形状存在着圆与方的不同。

宇文所安解释说，"委曲""意味着思想、主题、风格与情绪活动中那种不断的细微的转折"。他说，"如果说'劲健'发展了'雄浑'中的'力'的方面，那么，'委曲'则发展了其中不断变化的方面，后一方面以略微不同的方式重新出现在'流动'（第二十四品）中"。我们认为，几乎每一品，司空图都着眼于该品与"道"的响应，"委曲"主要是强调"道"在现象层面的表现的多样与曲折——而多样与曲折，并不是"流动"所要强调的特质。

## 实境

取语甚直，计思匪深。忽逢幽人，如见道心。
清涧之曲，碧松之阴。一客荷樵，一客听琴。
情性所至，妙不自寻。遇之自天，泠然希音。

"实境"的表面特点是不委婉、不隐晦：措辞极其直接，构思也不具匠心。"实境"的深层特点是现象和本质同时显现：即目是道，就像忽然遇见高雅的隐士，同时看见了那"道"的精神。

在清涧的弯曲处，在苍翠的松荫下，一人挑着柴，一人听着琴。这个"实境"画面很简单，却蕴藏着深刻的内涵。

"实境"的微妙是随着人的性情所至而自然地形成的，它不是刻意地达成的。这种微妙得自天然，它是一种清晰响亮的声音，但我们的耳朵却听不见。

宇文所安说，"'实境'品与其他表层类型（如第十品'自然'）有一些相似之处。在'实境'和'自然'品里，妙境都不是靠寻找而是靠留在事物表面而获得的。按照现代诗学的一个流派的看法，一首诗是什么就是什么，并不意味什么（'not mean but be'）"，"按照司空图的说法，只要任其自然，真正的妙境自会产生"。我们认为，所谓"实境"正如其字面意思所示，就是"真实之境"或"实相之境"，亦即本质性之境。这种"实境"并不是现象界中普通的真实景象，这种"实"是哲学的，是跟"道心"和"情性"相关的。

## 悲慨

> 大风卷水，林木为摧。适苦欲死，招憩不来。
> 百岁如流，富贵冷灰。大道日丧，若为雄才。
> 壮士拂剑，浩然弥哀。萧萧落叶，漏雨苍苔。

"悲慨"来自具有破坏性的强烈情绪，就像大风卷起狂澜，树木被风摧折。这种情绪是痛苦而绝望的，就像痛苦得似乎要死，渴望得到安慰，可是所期待的安慰却不可能到来。

"悲慨"具有"悲"的部分——他有人生的悲剧意识，他意识到一切都是短暂的，百年岁月就像流水，富贵最终都成冷灰。"悲慨"具有"慨"的部分——他会感叹大道日益沦丧，慨叹谁才是能够拯救世道的雄才。

这种场景是对"悲慨"的描述：壮士擦拭着他无法真正派上用场

的宝剑，浩然不平之气使得他更加悲伤；他的心境就像萧萧的落叶，就像漏下的雨水点点滴滴落在苍苔上。

"悲慨"不是形式的而是内容的。本品容易理解，正如宇文所安所说："'悲慨'属于最清楚的品，一系列相互联系的景色与情境引发了悲观失望的情感。"

## 形容

绝伫灵素，少回清真。如觅水影，如写阳春。
风云变态，花草精神。海之波澜，山之嶙峋。
俱似大道，妙契同尘。离形得似，庶几斯人。

"形容"需要灵动纯净——当心灵极力停留在灵动纯净的状态，景象就会逐渐恢复它原本清晰和真实的面目，从而被诗人描写出来。有些景象要写出来十分困难，就像捕捉水上变动不居的波光和描写阳春美丽繁复的风景，前者十分微妙，后者十分盛大，但只要心是灵动纯净的，诗人就能清晰而真实地呈现出水影春光。

"形容"需要抓住景物的复杂形态，描写风云时能写出飘忽多姿的变化；"形容"需要抓住景物的内在精神，描写花草时不能只见其形色而不见其神采。海的精神显现于它的波澜，山的精神显现于它的嶙峋，只有抓住景物的神采，才符合"形容"的要求。

"形容"的重点是神似或与"道"的相似——一切事物都是对大道的模仿，而大道非常微妙地与一切琐屑的事物契合；只有超越事物外形层面的相似而达成大道层面的相似，才能成为善于形容事物真实面目的诗人。

本品谈论的是对事物或景象的描写问题，主要主张是要追求神似。宇文所安说，"是事物的'神'把事物的变化统一了起来，所以，诗人或画家就应当努力捕捉那个生气勃勃的统一体"，这是中肯的。他又不无疑惑地说，"不幸的是，跟外表不一样，'神'十分难定；并且我们必须意识到这是一个很有问题的价值观"。而对"形""神"的探讨，是中国文学认知中相当基本的范畴，宇文所安似乎对此有些怀疑和沮丧。

### 超诣

匪神之灵，匪几之微。如将白云，清风与归。
远引若至，临之已非。少有道契，终与俗违。
乱山乔木，碧苔芳晖。诵之思之，其声愈希。

"超诣"不是通过灵敏的心灵活动所能理解得到的，也不是通过对事物内在隐微活动的把握所能达到的。"超诣"就像伴随白云与清风的自在遨游，没有目的，也不带情绪。

"超诣"不是凭人的主观意志可以达到的：向高远之处行进，似乎即将抵达"超诣"，到了却发现并非如此。这是因为，只要能稍微与"道"契合，最终必定出现与普通人的主观认知不一致的情况。

"超诣"就像是耸立在乱山中的乔木，就像在暗淡青苔上明朗着的美妙光线。我们读着、思索着这样的作品，就能体会到"超诣"越来越微妙而难以把握。

"超诣"是一种超拔的风格类型，司空图对它的描述显得很神秘。我们认为，司空图显然知道任何作品都是人写成的，都必然会有人的意识的参与；他的观点其实是说，"超诣"是以"道"为前提的，是与"道"契合的结果，与人"意"无关，而与天"道"有关。

### 飘逸

落落欲往，矫矫不群。缑山之鹤，华顶之云。
高人惠中，令色氤氲。御风蓬叶，泛彼无垠。
如不可执，如将有闻。识者已领，期之愈分。

"飘逸"是高超、自由和流动性的——孤傲潇洒地远离，卓然独立，不同凡群，就像缑山之上的仙鹤，就像华山顶上的白云。

"飘逸"是由内而外的——高人内心美好，内在的氤氲元气就会从外在的面容上显现出来。"飘逸"是自由自在的——就像坐在蓬叶一样的小舟上乘风而去，在无边无际的水面上随意漂流。

"飘逸"不易把握，理解它似乎容易，达成它却很难——它似乎难以捉摸，又像可以懂得；当理解者对"飘逸"已经有所领会，还试图进一步拥有它，它就变成跟它不一样的东西了。

宇文所安说："前面一些品已经有'飘逸'的因素，但本品专谈'飘逸'。概言之，'飘逸'的基本特点是：与物宛转，但并不黏着于物，也没有操心的痕迹。"我们认为，"飘逸"的主要特点是高超、自由和流动性。司空图最后几句说得很玄乎，可能是因为在他的思维逻辑中，所有风格类型都是与"道"相关的——而如果我们在"知易行难"这个层次上来理解，最后四句的意思其实也可以说是浅显的。

## 旷达

生者百岁，相去几何。欢乐苦短，忧愁实多。
何如尊酒，日往烟萝。花覆茅檐，疏雨相过。
倒酒既尽，杖藜行歌。孰不有古，南山峨峨。

"旷达"是以人生忧苦为背景创造的自我满足——人的一生不过百年，从生到死相去多远？欢乐的日子苦于太短，忧愁的岁月实在太多。还不如每天携带美酒，到深幽的草树之间去游荡；或者去鲜花覆盖的茅屋檐下，在稀稀疏疏的细雨中拜访朋友。酒被倒光，饮酒已尽，手持藜杖，边走边唱。人生短暂，谁能无死；唯有南山，永远巍峨。

本品很好懂，连贯性很强，翻译不用分段。需要多加留意的，只是"旷达"背后的人生悲剧意识。宇文所安说，本品虽然"没有多少复杂的思想，但它也避免了弥漫在许多其他诗歌中的那种矫饰和刻意的晦涩"。他又说:"'旷达'品似乎是有意安排的,以反对'悲慨'(第十九品)。这两品都以尘世的有限开始;但'悲慨'简单,没有歧义,而'旷达'却在绝望的背景中建立了一种令人陶醉而又容易破碎的满足。这个背景几乎完全改变了这些风景中令人喜悦的特性,而如果单独出现,它们本可以在任何一品中找到自己的位置。"

## 流动

若纳水輨,如转丸珠。夫岂可道,假体如愚。
荒荒坤轴,悠悠天枢。载要其端,载同其符。
超超神明,返返冥无。来往千载,是之谓乎。

"流动"似乎就像水车转动,又似乎像滚珠滑动。但真正的"流动"是抽象的,它并不遵循任何可见的路径,也不愚蠢地借助任何可见的形体。

真正的"流动",就像苍茫的大地围绕着它自己的中轴展开,深远的天空围绕着它自己的枢纽运行。"流动"也是一样——关键是要把握"道"的端绪,符合天地运行的原理。

最深刻的精神内涵都是具有超越性的,必须一再回归深远虚无的"道",以寻求与"道"的联结。这种精神与"道"之间的来来往往是永久持续的,这就是"流动"的要义。

我们认为,司空图所理解的"流动"不是现象的流动,而是指符合天地运行之道的流动,是一种抽象的、内在的流动。宇文所安说,"司空图有一种真正的道家信徒对一切能轻易捕捉住的事物的不信任感,他坚信任何重要的事物必然是玄妙的","像他的道家前辈一样,司空图经常求助于比喻。我们所达成的任何试探性的理解总是被他否定,不断指向更远的意思"。而如果从"思路""气韵"等文学的角度来理解,这一品也可以说是简单易懂的。

【问题和讨论】

1. 试细读杜甫的《登高》，逐句提问。所提问题应达到15个。

2. 就古典诗歌，分别提出一个客观性命题和两个主观性命题，并对其中一个主观性命题加以讨论。

3. 运用归纳法，讨论李白诗歌意象运用的特点。

4. 试分析李煜词可能受到的影响，并判断他所受到的影响中哪一种因素起到了决定性作用。

5. "李白对杜甫诗歌艺术构成了实际影响"这个命题是客观性的还是主观性的？这个命题是否成立？请做出分析。

6. 诗人或多或少都是浪漫的。被认为是浪漫主义的诗人和被认为是现实主义的诗人，哪类人喝酒喝得多？请搜集证据并做出分析。

7. 分析李白诗歌中"月"和"云"两种意象出现的频率，并尝试做出解释。

8. 对李白《蜀道难》的审美艺术形式做出说明。

9. 试以"平衡"的概念，说明李商隐"无题诗"的意象结构的特点。

10. 就《二十四诗品》中的任意三品，各举一首诗为例，加以说明。

# 第二部分

# 古典诗歌选读赏评

这部分是本课程学习的重点内容，旨在勾勒古典诗史轮廓，通过具体作品的赏读提升理解力和鉴赏力。下面是学习建议：

1. 本部分所有作品，都是中学生熟悉的名篇，应尽可能熟读和背诵。课程目的在于诗词阅读能力的增进，因此有些诗人的代表作未能选入，有兴趣者可自行参看相关资料。

2. 认真阅读各作品后面的赏评文字，深入理解诗意和诗艺，体会其美感与经典性。在此过程中，尽可能保持独立思考。若在阅读思考中有新的想法或发现，应搜寻相关资料，开展研究。

3. 唐诗和唐宋词部分是学习的重点。要争取发现至少一位打动自己的唐宋诗人。接下来，应针对你感兴趣的诗人，设计一个专题研究计划并完成研究。

4. 本部分课程学习完毕后，撰写并提交一份心得报告。

# 一  古典诗史概说

　　任何文学作品以及文学现象都不是孤立的存在,因此,深入鉴赏古典诗歌,要重视对文学史的了解和把握。中国古典诗歌漫长的历史发展,可以归纳为如下三个阶段,下面分别简要说明。本书所选的诗篇,也是根据这三个阶段进行编排的。

## 1  从《诗经》时代到东汉末年

　　《诗经》之前也有诗,但一般认为《诗经》正式开创了中国诗歌。一个被普遍接受的观点是,《诗经》开创了中国诗歌的现实主义传统,屈原开创了中国诗歌的浪漫主义传统。《诗经》比较质实,有明显的民歌特点;屈原作品较为华丽,结构比较宏大,已经呈现出更大的格局。

　　汉赋与楚辞有明显的渊源。汉赋表现出鲜明的语言自觉意识,但它只是介于诗歌和散文之间的一种混合型文体,代表汉代诗歌的是来自民间的乐府诗。汉代乐府诗比较粗朴,多杂言但以五言为主,奠定了五言诗的体裁基础,成为后世中国古典诗歌的主要形式(另一种是七言诗)。

　　从《诗经》时代到东汉末年,大致可以视为中国诗史的第一阶段。在这个阶段,中国诗歌主要是以自发的民间文学的面目出现,诗歌的语言形式处于多样的尝试和不断的变迁之中,还没有形成高度定型的诗歌体裁模式。这个阶段的诗与音乐的关系相当密切，诗歌作为与音乐或歌唱完全脱离的文学文本创作，在末期的《古诗十九首》后才开始大量出现。

## 2　魏晋南北朝时代

儒家伦理在汉代逐渐成为社会主流意识形态。伦理意味着秩序和纪律。东汉后期社会开始混乱，纲纪开始紊乱，王充以来，学术上逐渐出现质疑经学的风潮，个人意识开始觉醒，魏晋时代文人开始了自觉的诗歌创作。建安诗歌标志着中国诗歌的个人精神的建立。这种精神使诗人的个人面目不再像《诗经》和汉乐府那样模糊，诗人从民歌的合唱人群中站出来大声独唱；诗歌的个人性相对于社会性而得到空前的强化，它也蜕化了屈原诗歌中那种神话的色彩而更直接地面对人的现实生活，强烈地表现为对生命个体命运的关注和个人情怀的抒发。建安诗歌就是显明的证据。

儒家经学的没落伴随着道家思想和玄学思潮的兴起，这股潮流融会了在中国开始流传的佛家思想，于是出现了"玄言诗"。在魏晋的时代动荡中，由于对社会的失望与哀伤，部分诗人把目光投向了自然和田野，出现了谢灵运、谢朓的"山水诗"和陶渊明的"田园诗"。诗歌的题材逐渐扩大。六朝诗人对语言形式的探索，促进了对诗歌音韵格律的认识，直接为后来的唐诗提供了丰富的语言经验。这可以看成中国古典诗歌的发展阶段，它为接下来的诗歌高潮做了必要的准备。

魏晋南北朝，中国诗歌已经迈上独立发展的道路。文学逐步与学术分离，政教功利色彩日益淡化，审美意识逐渐增强。在内容方面，无论是表现玄理还是表达感情，都是为了发露个人思想情怀；在形式方面，辞采声律之美的追求，表现技巧的创新，都显示出惊人的进展。丰富多样的探索已为诗歌的进一步繁荣奠定了基础。正是在这样的基础上，唐人迎来了一个诗的辉煌时代。

## 3　唐宋时代

唐代诗人一方面继承和发扬了建安以来的诗人奠定的诗歌精神，一方面继承了南北朝诗人的诗歌语言经验，又在唐代较为开放和高昂的时代氛围的感召下，在以诗取士的制度的催动下，使诗歌创作成为风潮。前代的艺术积淀促进了创作水平的提高；诗歌创作的巨大的量，也保证了若干作品较高的质。唐代诗歌是中国古典诗歌的高潮。

在难以超越的唐诗高峰下，宋代诗歌被迫走上了一条新路，相较于唐诗的情韵，宋诗表现出更多的理趣，这代表着人的理性思辨有了新的成长。而宋代的长短句（词）特别盛行，这意味着作为纯文本的"诗"，向作为与音乐结合的"歌"的回归。宋诗中理性的增长也迫使情感发抒需要新的路径，于是词——从晚唐开始迅猛发展的新诗体——获得巨大的成长机遇。词是一种风格较为柔软的诗体，"儿女情多，风云气少"，题材和风格较为单一。李煜、苏轼和辛弃疾为词体的革新和表现内容的扩大做出了巨大贡献，正是他们的努力，让本来被认为气格卑下的"词"部分地获得了类同于"诗"的庄严的审美风格，这使后起的词具有了与传统的诗平行的地位，构成中国古典诗歌的一个重要组成部分。唐诗与宋词，是中国古典诗歌的第三阶段，即古典诗歌的高潮，它们代表着中国古典诗歌的最高成就。

宋代以后，中国古典诗歌走向没落，中国文学转向了戏曲和小说的时代。诗歌创作者仍然不少，但再也无法取得唐诗宋词那样的成就。元曲具有诗歌的特点，但其主要价值体现为对戏曲的戏剧目的的服从。以诗的标准看，元曲较为活泼者往往不免俚俗，较为雅致者则鲜能另辟天地，基本上没有脱离传统诗词的藩篱。明清时代的诗词创作数量也很庞大，也有一些好的诗篇，但诗歌的时代早就结束了，数量再庞大也无法获得重要的文学史地位。

## 二　汉末以前诗歌

　　中国诗歌传统源远流长。从远古的萌芽到《诗经》时代，诗歌由涓涓细流逐渐汇聚成滔滔江河。《诗经》时代的诗歌实际上已经相当成熟。当然，《诗经》之后，诗歌的发展更是云蒸霞蔚，十分壮观，《诗经》才算是为中国诗歌的辉煌历史开了一个头。从《诗经》时代到东汉末年，中国古典诗歌仍然处于民间自发歌唱时期，一大批中国历史上最杰出的诗人尚未登场。《诗经》和汉乐府民歌的作者，基本上不能指名道姓地加以认定。尽管楚辞的作者们似乎比较明确，如屈原、宋玉等，但这些人的身份和生平，以及他们与楚辞的关系至今仍然不很清晰。

　　现在一般认为，《诗经》开创了中国诗歌的现实主义传统，而楚辞的代表作家屈原开创了中国诗歌的浪漫主义传统。《诗经》的现实主义精神明显地影响到汉乐府；而受楚辞影响并与楚辞合称"辞赋"的汉赋，除了文辞的铺张繁富之外，很难说具有浪漫主义精神。中国民族的务实性格，使得现实主义在整个中国诗歌史上具有相对于浪漫主义更大的优势。

　　汉乐府虽多杂言，却大体以五言为主。五言诗的成立具有划时代意义，从此以后，五言句式成为古典诗歌句式的首要选择，后来的七言诗也不过是五言诗的变体（比如七律的诗句不过是在五言句式前面再加上两个音节）。

汉末的《古诗十九首》不见作者署名，但观其辞气，显然是文人诗。从此以后，文人主导了中国古典诗歌的发展。

## 1　《诗经》

关于《诗经》，做全面的解说是困难的。这里仅提出几个总体特点，供参考。

（1）用词习惯和重章复沓的章法。首先，《诗经》用词较为具象化，例如衣服各有专名，像《秦风·无衣》中"袍""泽""裳"等；很少使用"马"这个抽象名词，却用了三十多个具有描述作用的特殊名词来写马（请同时注意先秦的"白马非马"论）。这种用词习惯表明思维的具象性较强，而抽象的类属观念较弱。其次，重章复沓的章法，诗歌各节被限定在一个简单的模式中，表明思维的延展空间不足，与后代诗歌相比，显得相对单调呆板。

（2）乡土情蕴和以人为本。首先，《诗经》乡土情蕴浓厚，没有对征服的歌颂，没有异域风光的描写，征戍离家勾起的最主要的情感是忧伤。这与《伊利亚特》的歌颂英雄、认同掠夺，《奥德赛》的海上漂流、旅途奇遇，形成鲜明对比。这个特点与中国的农耕文明相关，与不尚冒险的民族品格相关。其次，《诗经》以人为主角，表现的是平凡的现实人生和人伦情感，缺乏宗教感，缺乏对彼岸世界的追求，这与西方的文学传统与神话宗教关系密切的情形，也形成鲜明对比。

（3）浓厚的伦理情味。《诗经》中反映人伦亲情的作品较多。正是这种内在的伦理精神，使得解诗者从伦理角度对《诗经》进行解说成为可能。汉代的《诗序》认为"正得失，动天地，感鬼神，莫近于诗"，谓其可以"经夫妇，成孝敬，厚人伦，美教化，移风俗"，这种观点的合理性，就是基于《诗经》的这个特点。

（4）意象与意境的建构。意象是意识上的回忆，是心理上的图画，是人的心灵"本体"向外部世界投射时找到的"喻体"。多个意象在心灵中统合起来构成一种整体性的审美印象，就是意境。《诗经》建构了中国古典诗歌的一些基本意象和意境，比如在《蒹葭》中，蒹葭、白露、水以及伊人的意象，就营造了一种凄清迷茫、具有深广文化意味的意境。

## 诗经·蒹葭

蒹葭苍苍，白露为霜。所谓伊人，在水一方。
溯洄从之，道阻且长。溯游从之，宛在水中央。
蒹葭萋萋，白露未晞。所谓伊人，在水之湄。
溯洄从之，道阻且跻。溯游从之，宛在水中坻。
蒹葭采采，白露未已。所谓伊人，在水之涘。
溯洄从之，道阻且右。溯游从之，宛在水中沚。

"蒹葭苍苍，白露为霜。"当时过境迁，所愿不成，所求不遂，那水边的白花，就会在曾经吟哦过《诗经》的人的记忆里，苍凉地摇动。而这个时候他也许会生出一种幻觉，"桃之夭夭，灼灼其华"的青春岁月，仿佛幻化成一片片花瓣，划过秋冬季节丛生的芦苇梢头，悄然落下。

本诗内容极为单纯，只有三个静态的镜头，一段怅然的心情。诗中没有具体情节，仅选取一个特定的场景：一个深秋的清晨，有位恋者在蒹苍露白的河畔，徘徊往复，神魂颠倒，焦急地寻求思念的恋人，如此而已。但作品的美感却非常丰富：烟水苍茫的模糊的意象中神秘莫测而又让人心醉神迷的朦胧感，时远时近、时隐时现、时有时无、欲找无方而又令人欲罢不能的"伊人"，追求者感情的热烈、心绪的焦急、迷恋的痴心、相思的刻骨和失落的怅惘，彼此重叠，构成了迷离游移、似实还虚的审美意境。

了知世间万事无可把握，似幻还真、似真亦幻，则渐入人生悟境。人生谁无追求，谁无执着，谁无对彼岸"伊人"（某种美好事物或境界）的向往，此一段心情，真真切切，所以"似幻还真"；人生又几人能够所求如愿，几人能够豁达洒脱，无论结果如何，前尘缘影终归消散，所以"似真亦幻"。此诗意境,深契人生之理,所以能够感人至深。

最美好的东西要么还没来,要么已失去。所以,人一直是活在失乐园里的。唯一真实的乐园,就是失去的乐园,或无法抵达的乐园;唯一具有吸引力的世界,就是你无法进入的世界。《蒹葭》所描绘的,就是人类在此状况中的心境。

## 诗经·氓

氓之蚩蚩,抱布贸丝。匪来贸丝,来即我谋。送子涉淇,至于顿丘。匪我愆期,子无良媒。将子无怒,秋以为期。

乘彼垝垣,以望复关。不见复关,泣涕涟涟。既见复关,载笑载言。尔卜尔筮,体无咎言。以尔车来,以我贿迁。

桑之未落,其叶沃若。于嗟鸠兮,无食桑葚!于嗟女兮,无与士耽!士之耽兮,犹可说也。女之耽兮,不可说也。

桑之落矣,其黄而陨。自我徂尔,三岁食贫。淇水汤汤,渐车帷裳。女也不爽,士贰其行。士也罔极,二三其德。

三岁为妇,靡室劳矣;夙兴夜寐,靡有朝矣。言既遂矣,至于暴矣。兄弟不知,咥其笑矣。静言思之,躬自悼矣。

及尔偕老,老使我怨。淇则有岸,隰则有泮。总角之宴,言笑晏晏。信誓旦旦,不思其反。反是不思,亦已焉哉!

《氓》属于《诗经·国风》中的"卫风",而"郑卫之音"历来被道学先生们认定有点淫靡。道学先生们一向尊经却往往无视孔子

"《诗》三百，一言以蔽之，曰'思无邪'"①的断语，对《诗经》的若干诗篇妄加评说。

在郑卫之风中，如果单从某些字句上说，《氓》也不是一点"淫奔"的意味都没有。"匪来贸丝，来即我谋"，说明男子并不老实，而且这爱情开始时是隐蔽的，未必遵循了正常的渠道。这就有点"淫奔"的意思了。它的题材是与感情生活有关的，带有当地地方特色，与《秦风·无衣》这种带有秦地的金石杀伐之气的诗篇区别十分明显。但是，整体来看，爱情的心理和恋爱的行为不是本诗的重点，它所要表现的是一个女子结婚前后的一段生活经历和情感历程。整首诗感情沉重，在宏观面上应该说没有"淫奔"的意思。

本诗在艺术上也是很有特点的。它没有采用《诗经》常用的重章叠唱的方式，内容饱满扎实。叙事完整而且流畅，善用对比写法来抒情达意，语言也精省，民歌味道相当淡薄。日本明治初年诗人小野湖山曾作《读国风八首》，其中说"氓诗之妙妙无伦，不似村娃口自陈；应是当时能赋士，假他词气咏其人"，明确指出这不是民歌，而是"能赋士"的创作。对《诗经》的整理编纂，历来就有"采诗""献诗""删诗"等说法。观察《诗经》内容和词气，其来源显然是复杂的，有很多是民间歌谣，但《诗经》的地域跨度很大，从口头流传到文本定型，历时久远，经过整理、润饰和删削，自是不必待言的。所以，"采诗""献诗""删诗"等说法都可能成立，几种方式实际上互相补充，并不矛盾。本诗大约源自民间，但也多半经过知识人士的润饰吧。

---

① 孔子"思无邪"的意思，是说《诗经》的思想情感发自人的正常本性。发自本性，则非邪念。后世多以为"思无邪"为"思想纯正"，而"思想纯正"又被道德之士拔高得似乎连男欢女爱都不讲了。男欢女爱是自然而然的人的本性。孔子对包括"郑卫之音"在内的《诗经》"一言以蔽之，曰'思无邪'"，证明了孔子的通达，也证明了道学家的荒谬。

这首诗男主角的人称变化，也是很有意思的。起初是"氓"，这是从社会一般人眼光来看的；而从女子角度看来，则称他为颇有尊重意味的"子"。而这个男子很快就被称为"尔"，称呼变得随便，暗示男女之间已经有了更为亲密的关系。人称变化配合了叙事的进程。

## 2　楚辞

楚辞中最重要的篇章是《离骚》。毫无疑问，《离骚》作为古典诗歌的经典文本不可忽视，其伟大也不容置疑，但它过于浓郁的南方地域特色相对削弱了其本来可以来得更大的影响。今天的读者也容易感觉到，读距今更遥远的《诗经》要比读《离骚》轻松得多。我以为《离骚》的实际影响可能被文学史家夸大了。很显然，由于《离骚》更适合于文化程度相当高的文人雅士阅读（有一种评判名士的标准，就是满足"痛饮酒"加上"熟读《离骚》"两个条件），由于它的浪漫主义情调未必很契合中国民族的务实性格，由于北方中原文化相对于南方楚文化的长期持续的强势地位，它的实际影响不用高估。从稍后的汉代可以看出，以《离骚》为代表的楚辞所影响的主要是作为贵族文学的汉赋，而作为汉代诗歌主要样式的乐府诗继承的还是《诗经》的传统。

屈原的身世引发了司马迁巨大的同情，所以他在《史记》中对屈原及其《离骚》做了热情洋溢的颂扬。《史记》对后世的影响实在太大了，《屈原贾生列传》更是其中的名篇，这无疑产生了巨大的广告效应，极大地提升了屈原的声望。后代不少诗人都提到屈原和《离骚》，总体倾向是对屈原人格的仰慕和对其处境的同情，而这些诗人自己的作品受《离骚》影响的痕迹，通常并不十分明显。有趣的是，屈原及其作品对后世的诗歌理论家影响巨大，"诗骚之辨"甚至成为著名的诗学理论问题。屈原及其作品深刻地影响了中国诗歌精神，这倒是没有什么疑问的。

屈原被视为中国诗歌浪漫主义传统的奠定者。实际上，中国诗歌史上，浪漫主义并不发达，务实的民族性格和不需要太多想象力的农耕文化决定了现实主义始终居于主导地位。尽管能够被称为诗人的人总得有那么一点浪漫情怀，但这点情怀未必足以被称为浪漫主义。比较一下西方的浪漫主义诗人及其作品，就能认识到中国诗人的浪漫还是相当有限。其实，中国诗人大抵执着于现实。屈原在流放途中虽也有脱离世间的缥缈幻梦，但更多的还是渴望回到君主身边，渴望回到现实中的家园。

比照孔子"兴观群怨"的说法审视屈原，可以发现屈原的诗"可以怨"，但不"可以群"。不"可以群"而"可以怨"，无疑更能呈现个人情怀和个体人格。屈原宣称"举世皆浊我独清""众人皆醉我独醒"，可见其明显的自美自恋倾向。这种不可一世、拒人于外的姿态，难免遭受排挤，而使自己处于被放逐、被边缘化的地位。在这种孤独的处境中，屈原的诗变成了自言自语式的内心发抒和自我探索。这是与《诗经》明显不同的地方。

## 离骚 （屈原）

（原诗很长，略）

屈原的《离骚》比较难懂。由于时代距今较远，《离骚》的语言因古奥而显得太过艰深了。它就像一件古董，我们普通人当然知道它很值钱；至于它为何值钱，它的价值何在，却只有古董专家们能比较清楚地了解。

《离骚》的难懂，首先在于它自身的原因，倒不见得全是我们的问题。比如诗题"离骚"，这两个字是什么意思，自司马迁以来就有各种不同的解释。

在我看来，《离骚》难懂，主要有三个原因：一是它的古奥语言产生了理解隔阂，它所操作的语言跟周代以来的"雅言"区别明显。这自然不能算屈原的罪过，却也不是我们的罪过。二是它的好多诗句的意思都差不多，读起来有点绕，写法似乎有些冗烦（这跟屈原诗篇早期通过口头传唱可能有关），用司马迁的话比较好听一点，叫作"一篇之中，三致志焉"。语多重复也可理解，作为中国文学史上第一位大诗人，屈原从事的是前无古人的事业，他没有后世诗人那么多写作资源可以利用和借鉴。不过这两点都应归结到时代的局限，丝毫不影响屈原的伟大。至于第三，是《离骚》中许多场景的描述转换太快，使得我们这些缺少耐心的读者很难从容地领受和把握。一会儿早上，一会儿傍晚；一会儿东边，一会儿西边；一会儿地上，一会儿天上，快速流转，倏忽跳动——屈原焦急地上下求索，他找不到方向，所以透过他的眼帘呈现出的是一个没有焦点的世界。而这个世界失去焦点，找不到出路的彷徨忧虑，恰恰是《离骚》的主题所在。

李白说："屈平辞赋悬日月。"即使读不懂屈原的诗，不了解屈原何以伟大，但一听李白这话，我们总会有些触动。李白是公认的大诗人，他对另一位诗人的判断，我们有理由充分地信任。更何况《离骚》中确实有不少感人至深之处，如"唯草木之零落兮，恐美人之迟暮"的感伤，"路漫漫其修远兮，吾将上下而求索"的坚定，"亦余心之所善兮，虽九死其犹未悔"的执着，"宁溘死以流亡兮，余不忍为此态也"的高洁志，"老冉冉其将至兮，恐修名之不立"的紧迫感，都让人不由得不感动。

《离骚》深广的忧愤和深刻的孤独，大约是阅世不深的年轻人不容易理解的。它带着南方地域风格的意象纷呈的美感，也是一般的诗歌鉴赏者不容易领会的。

且不说《国风》和《离骚》并称"风骚"，代表着中国诗歌传统，单看后代称诗人为"骚人"，就不难感到《离骚》对后世有多深远的影响——尽管这种影响未必很大，但至少很远。不读几句《离骚》，就不会了解"香草美人"的表达方式，大概也难以理解苏轼为什么会在《赤壁赋》里敲着船舷歌唱"望美人兮天一方"。《离骚》是中国文学史上最长的一篇抒情诗，这个记录在两千多年间竟未被打破，这也证明了屈原的伟大难以企及。

## 参考阅读

### 诗人之祖屈原

屈原无疑是在政治上有远大抱负的人。但是，屈原的政治活动史，基本上是一部从失败走向失败的历史。综观屈原一生，他并不是一个成熟的政治家。他缺乏现实感，不懂得政治需要忍耐和妥协。他的心理上有严重弱点，有过深的自恋情结，因此孤独少友。这种弱点注定了他在政治上没有盟友，没有成功的可能。

屈原有鲜明的诗人气质，直率、自负，高洁而且高傲，"其文约，其辞微，其志洁，其行廉"（《史记·屈原贾生列传》），有进无退，有刚无柔，故一生多受挫折，倍感孤独。屈原的孤独感，在其作品中屡屡可见。举世混浊，无人了解，而又自以为怀瑾握瑜，于是更增加了自怜自伤的悲剧感。屈原在孤独中写出的不少作品，都描写了"在路上"的情景，我们不妨把这叫作"流浪情结"，它集中表现了屈原归宿无所的彷徨感。屈原被贬斥，他在路上的徘徊，让我们想起后来阮籍的穷途之哭。

在屈原的代表作《离骚》中，我们可以清楚地看到他"在路上"进退不由的狼狈情形和痛苦彷徨的心理状态。他先是"忽反顾以游目兮"，后来就变成"忽反顾以流涕兮"了。"及行迷之未远"，于是"回朕车以复路"，但是经过一番番"上下求索"之后，得到的还是失望和迷茫。屈原内心的忧虑是很深刻的。他既"恐年岁之不吾与"，再"恐美人之迟暮"，复"恐修名之不立"，又"恐鹈鴂之先鸣"；既"哀民生之多艰"，又"哀朕时之不当"——真是说不完的"恐"和"哀"。《离骚》充分呈现了世界的荒谬和自我的孤独，呈现了自我渴望解救和坚持自我的两难处境中的巨大困惑和深刻疑问。这个疑问与哈姆雷特"to be or not to be"的生存疑问一样，表达了人对世界荒谬无情的抗议，达到了诗歌所能揭示的生存世界的极大深度。

屈原在进退不由的境况中，只好凭空编织出光怪陆离的幻境以自慰。他的多数作品都体现了他本人喜欢幻想的性格和压抑苦闷的精神状态，这种性格和状态容易导致精神的分裂和崩溃。《史记》描述生命后期的屈原的面貌说："被发行吟泽畔，颜色憔悴，形容枯槁。"我们可以推测，屈原在最后自投汨罗之前，事实上很可能已经精神失常了。

屈原被称为浪漫主义诗人。浪漫主义者从来不如现实主义者精明，他们往往窘于世务，而且很难委身屈就混浊的现实。冰冷的现实未必能熄灭他们心头的火，他们心头的火却无法加热这个世界，反而烧得他们自己五内俱焚。浪漫主义者是坚而脆的玉，他们经不住如铁的现实的打击。在这现实世界中，浪漫主义者几乎注定了悲剧的命运。但是，任何一个忠实于自己的信念和理想的浪漫主义者都会令人肃然起敬，因为任何在现实中的投机分子，任何一个俗人，从真实内心看，都不是完全的投机分子和彻底的俗人。我认为这是历史上那么多人敬佩屈原的真正原因。人毕竟是有梦想或理想的动物。

屈原对诗歌史的主要贡献，在于把原始神话中包含的不自觉的超现实想象，提升成了自觉的艺术创作方法。屈原的作品，表达感情极回荡之致，描写外物尽摹状之妙，与《诗经》相比，进步明显。尤其与《诗经》比较克制、温和蕴藉的情感表达相比，屈原的创作显示出巨大的情感烈度，从而形成全新的、富于强大感染力的抒情风格。

在我看来，屈原是我国历史上最伟大的诗人，李白、苏轼等任何诗人都无法跟他相提并论。他是漫长的合唱时代唯一的独唱者，他远远超越了时代。他用自己的方式为诗歌语言立法；他让原本沉默的自然开口，加入了人类的歌唱。屈原的人生是悲摧的，这世间没有他的归所。现实空间总是过于促狭，以至于无法安顿伟大。人的空间总是促狭，而时间却永远浩瀚。逝者如斯夫……但"逝者"是远远不止于"如斯"的。这就是为何对伟大人物的最后裁决，不是诉诸现实，而是诉诸历史。

### 3　战国末期和秦汉间的作品

战国末期和秦汉之间是极端混乱的时代。这是一个社会文化急剧变动的时代，按照"愤怒出诗人"的说法，这个时代应该涌现出许多诗人才对。但实际情况是，这个时代几乎没有诗人。

之所以如此，是因为愤怒是涌现诗人的必要条件，但这个条件并不充分。通观中国历史，在动乱极其猛烈、秩序彻底崩溃的年代，几乎没有什么杰出诗人出现；相对安定的时代，倒出现了王维、李白、苏轼之类的伟大诗人。杜甫虽历经"安史之乱"，但这场动乱是有限的，没有导致社会的全面垮塌；杜甫虽然由于躲避战乱而四处流落，但流落到某个处所安顿下来之后，生活还是基本稳定的，比如在成都——我所在的这座以休闲闻名的城市——他还有闲心听一听"两个黄鹂鸣翠柳"的生命和弦，有闲情过一过"隔篱呼取尽余杯"的逍遥日子。彻底的乱世，人们求生无术，顾命不暇，大概难有吟诗的兴致的。何况战国末期到秦汉之间，中国诗歌基本上还处于民间自发歌唱时期，自觉的文学意识尚未形成，因此可以想象的是，人们的愤怒，多半不是通过诗歌语言，而是通过刺客的匕首、武士的长矛或匹夫的拳脚而得到发泄。即便是有人偶尔想到要吟诗，他也会立即发现这件事可能比杀人报仇还要艰难——民间自发歌唱时期形成一首诗之艰难，看看《诗经》就不难体会：《诗经》总共才多少诗篇啊，历经那么漫长的年代才有这一点点积淀！因而，这个时期能被我们看到的诗歌不多，也不足为怪。

## 易水歌 （荆轲）

风萧萧兮易水寒，壮士一去兮不复还！

这是《战国策》里引述过的一首歌，作者是战国时代的著名刺客荆轲。它的内容和写法都比较简单，我们不能指望荆轲的歌唱像屈原的《离骚》那样意象繁复、光怪陆离，这与荆轲的身份和教养与屈原显而易见的差异相关。慷慨多气的荆轲，他是勇敢的刺客，可以毫无遮拦地直抒胸臆，而不必像忧闷的诗人屈原那样，文笔如同愁肠，宛转九曲。

荆轲的梗直慷慨，使这首诗具有简古的特点。它只有两句，一句写景，一句抒情，十分简括。写景的一句，"绝去形容，略加点缀"（陆时雍），达到了触目见情的境界；抒情的一句，悲壮惨恻，千载以下，仍然令人为之低回。

文学艺术自有它发生、发展和成熟的过程。人对世界的观察和语言表达，普遍的规律是由粗疏渐至精密，由局促渐至自如。就艺术表现的角度说，古诗相对粗糙，后出转精是很正常的现象。但从心理的角度说，人同此心，心同此理，情感体验，不分今古；如果诗语简括，一语道出古今皆同之情理，有时更能引起强烈的共鸣。"一去不回"的悲哀，最易触发古往今来被人们普遍体验到的分离感，何况这还是永远不会回来的死别；而这个句子十分简括，绝少繁复，反而更能直扣心弦，有后人不及的质朴本真之妙。古诗多有情溢于辞之妙，而后出之诗则多见辞胜于情之弊。

要"触目见情"，就需要"绝去形容"，即在语言上不可繁密。语词过细过密，可能导致情意被遮蔽。老子所谓"五色令人目盲，五音令人耳聋"，也是这个道理。诗意淳朴本真，直抒胸臆，单刀直入，本诗之妙在此，古诗高妙之处往往在此。

本诗具有七言诗语言形式的一些特点。"兮"为助词，可以忽略，于是此诗即可读为:"风萧萧,易水寒,壮士一去不复还!"再看看杜甫七言古诗《兵车行》的头二句:"车辚辚,马萧萧,行人弓箭各在腰。"二者句法的相似,一望可知。七言古诗的渊源,至少可以上溯于战国时代吧。

### 垓下歌 (项羽)

力拔山兮气盖世,时不利兮骓不逝。
骓不逝兮可奈何,虞兮虞兮奈若何!

### 大风歌 (刘邦)

大风起兮云飞扬,威加海内兮归故乡。安得猛士兮守四方?

这两首诗的情感基调有相通之处。项羽的《垓下歌》表现了失败者的悲哀,《大风歌》则表现了胜利者的惶恐。"可奈何""奈若何",项羽在惶恐中失去了主张;"安得猛士兮守四方",在刘邦那里既是希冀,也是疑惑、焦灼和忧虑。

与刘邦相比,项羽更多的是关注个人,关注自己,他眼中看到的只有自己、自己的马和美人。而刘邦看到的不只是"威加海内兮归故乡"的自己,他还看到了群雄竞逐的"风云",看到了需要猛士守卫的"四方"。两人眼界有此不同,结局不同就不难理解了。

我以为这两首诗都印证了中国古典文论中的一些道理,简析如下。

(1)"诗有别材,非关书也"

"刘项原来不读书。"但是,不曾读书,并没有妨碍《大风歌》《垓下歌》的问世。其中的道理,就是南宋严羽在《沧浪诗话》中指出的"诗有别材,非关书也"。在严羽看来,诗歌是"吟咏情性"的,而书本知识不等于心情也不等于性情,因此"以文字为诗,以才学为诗"不可取。书本并不能替代人对现实环境的真切感触,诗歌是人的心灵与外部世界相遇时受到触动的结果。世上很多读书人,终其一生都没能写出一首像《大风歌》《垓下歌》那样千载流传的诗篇，也从另外一个角度证明了这个道理，即不读书未必不能写诗，多读书与写好诗之间没有必然联系。

"读书破万卷，下笔如有神"，是杜甫被广泛引用同时又被普遍误解的诗句。写诗的人，固然能够熟参前人作品，学习借鉴前人写作的特点和经验，但总的说来，读书毕竟取代不了创造，因为艺术的根本价值在于创造。"读书破万卷"的"破"字，说的就是要破书而出，从故纸堆中钻出来。如果把它简单理解为"读书过万卷"，那就未免太小看"诗圣"老杜了。

（2）"诗言志""情动于中而形于言"

"没文化"的刘邦、项羽，何以能作出《大风歌》和《垓下歌》呢？我们还可用"诗言志""情动于中而形于言"两句话来解释。

曹操诗云："何以解忧，唯有杜康。"这个"唯有"很不恰当。酒可解忧，但解忧并不是酒的专利。事实上，诗歌和别的艺术都可以起到"解忧"的作用。《诗经·园有桃》说"心之忧矣，我歌且谣"，《汉书·艺文志》也说"哀乐之心感，而歌咏之声发"，都说明诗歌有化解忧伤、排泄情绪的功用。

《尚书·尧典》里说："诗言志。"朱自清以为这是我国古典诗论的"开山的纲领"（《诗言志辨·序》）。诗歌是表达情志的，这个意思在《毛诗序》中有一个著名的展开："诗者，志之所之也，在心为志，发言为诗。情动于中而形于言，言之不足故嗟叹之，嗟叹之不足故永歌之。"既然诗是言志的，情动于中而形于言就是诗，那么不必借助于书本，也可能作出好诗来。

项羽在垓下被包围，风雨飘摇，众叛亲离，四面楚歌，满目萧然，当此英雄末路之际，心中自有不可不吐、不吐不快者在。刘邦衣锦还乡，威风八面，但他亲历秦末变乱风云，而此时根基尚未全稳，迫切需要"猛士"去给他"守四方"，以确保他能长久地"威加海内"，所以此时心境虽与项羽不同，但同样"情动于中"，有不得不言、不言不快者在。于是一吐胸臆，顿显本色。刘邦、项羽，就如郭沫若称赞鲁迅那样，无心做诗人，一有所作，便臻绝唱。

（3）"文（诗）如其人"

诗歌是抒发性情的，自然带有诗人性情的烙印。《大风歌》和《垓下歌》，各有特点，颇能反映刘项二人性格上的区别。

项羽是楚国贵族后裔，身上带有贵族特有的那种高傲。他崇尚自我，个人英雄主义色彩浓重。他喜欢表现自己，尤其是当众表现自己。楚汉两军对垒之时，他曾提出要与刘邦单打独斗；乌江自刎前，他带领数十骑兵分组冲杀，进行搏杀比赛。他自信武功过人，所谓"力拔山兮气盖世"；把失败的原因，归结为"时不利兮"——凡此种种，都是个人意识浓厚的贵族心态的表现。而刘邦出身平民，他很聪明，也很有野心，但发迹全靠用人，所以他唱《大风歌》，想到的还是"安得猛士"来为他"守四方"。

文艺作品，要反映现实，更要表现自我。因为它关联现实，所以了解作品需要"论世"；因为它表现自我，所以理解作品需要"知人"。"知人论世"是分析研究文学作品的重要原则，与"文（诗）如其人"从本质上来说是统一的。既然"文（诗）如其人"，那要理解其"文"，也就必须了解"文"所"如"的"人"。当然，"知人"是天下难事之一，绝不只是了解作者的生平，更要了解他的性格禀赋，了解他的精神世界，了解作者的经历对他的心理状态和思维方式产生或可能产生的影响。深入"知人"，才能"知文"。只有这样，我们才能准确、深入地把握和领悟作品。

## 4　汉诗

王国维所谓"一代之文学"，在汉代是赋。而汉赋在体裁意义上是不是纯正的诗，这存在疑问。尽管汉赋与楚辞关系密切，但楚辞是诗，汉赋不是。即使我们认为楚辞影响了甚至生出了汉赋，但就算遗传过程也存在变异,儒家大师荀况培育出来的就不是儒家后生,而是韩非、李斯这样的法家人物。究其实,汉赋乃是介于散文和诗歌之间的文体,它基质是散文,而具有诗的因素。由司马相如等人的创作实践所形成的"大赋",其性质、功能本为"写物",即我们今天所谓"摹状(描写)文"。《汉书·艺文志·诗赋略》云"作赋以风,咸有恻隐古诗之义",明确地显示了"赋"的意义典范皆归于诗的文化意识。在这种文化意识支配下,"赋"仍向着"诗"这个文化典范归源。不过,从体裁角度说,汉赋大体上是诗化的散文,最多只能说是古诗之流变,不是纯正的诗。

《文心雕龙》以为"赋、颂、歌、赞,则诗立其本",并把乐府、赋、颂、赞、铭、箴、诔等体裁,都归源于诗。这说明以诗为本的文化意识,是中国文学的一个基点。在这种意识支配下,中国古代各种文体几乎都受诗的影响,散文、戏曲、小说中都容易发现诗歌的痕迹。但是,我们不能因此取消文体的界限,所以代表汉代诗歌的不是"赋"而是汉乐府。汉代乐府黏着现实,俚俗者多;但它奠定的五言诗样式,却完成了对《诗经》以来的四言诗的革命,虽仅多一字却极大地扩展了句法的自由度和诗句的表现空间,确立了后世诗歌的基本语言形式,具有重大的文学史意义。下面选的几首汉诗,两首是乐府诗,两首是文人五言诗。《陌上桑》和《孔雀东南飞》虽是乐府诗,但显然有文人加工的痕迹。这些诗都比较雅洁,艺术水平相当高。其中《孔雀东南飞》是中国古典叙事诗的杰出代表,在叙事诗十分萎缩的中国诗歌传统中尤其引人注目;至于《古诗十九首》,已被公认为是汉末文人五言诗,民间乐府诗那种俚俗之味一扫而空,拉开了中国文人诗普遍兴起的序幕。

## 陌上桑 (汉乐府民歌)

日出东南隅,照我秦氏楼。秦氏有好女,自名为罗敷。罗敷喜蚕桑,采桑城南隅。青丝为笼系,桂枝为笼钩。头上倭堕髻，耳中明月珠。缃绮为下裙，紫绮为上襦。行者见罗敷，下担捋髭须。少年见罗敷，脱帽著帩头。耕者忘其犁，锄者忘其锄。来归相怨怒，但坐观罗敷。

使君从南来，五马立踟蹰。使君遣吏往，问是谁家姝。"秦氏有好女，自名为罗敷。""罗敷年几何？""二十尚不足，十五颇有余。"使君谢罗敷："宁可共载不？"罗敷前置辞："使君一何愚！使君自有妇，罗敷自有夫。东方千余骑，夫婿居上头。何用识夫婿？白马从骊驹；青丝系马尾，黄金络马头；腰中鹿卢剑，可值千万余。十五府小吏，二十朝大夫；三十侍中郎，四十专城居。为人洁白皙，鬑鬑颇有须。盈盈公府步，冉冉府中趋。坐中数千人，皆言夫婿殊。"

桑林本是女子采桑的处所。桑叶繁茂，利于隐蔽，所以桑林也是极好的幽会场所。《诗经》中，桑林就不仅是采桑的处所，它也是男女相诱相亲之地，成为酝酿情爱的文学"桑林"。而本诗中，桑林非但不是男女亲昵的爱情乐土，反而变成了女子拒绝男子引诱的道德舞台。在这里，道德主题压倒了爱情主题。

但这里的"道德"，显然是一种功利的道德。"使君自有妇，罗敷自有夫"的严辞拒绝，固然可以视为礼教的道德表现，而这种道德背后的支持力量，却是罗敷丈夫的权力、地位、威势及风采。罗敷话语滔滔，振振有词，只不过因为她的丈夫比使君具有更大的权势。罗敷洋洋洒洒的话语，掩盖不住她张扬得意之情。而这种张扬和得意，其实是对权力的肯定，对等级的赞许。由此也不难明白，为什么诗中那么多人注视着罗敷却不敢上前搭话调情，而只能站在一旁撷取观赏美女的快感。罗敷和使君的对答背后，其实是权力、地位和欲望的较量——在这个意义上，它确实是汉乐府现实主义风格的典型代表。

从手法方面看，本诗"赋（铺陈）"的特征非常鲜明。罗敷的美貌、众人的爱慕以及罗敷对其丈夫权位与风采的描述，都一路铺排，加以强调。这是典型的"赋"的手法。

## 参考阅读

### 五言诗

《陌上桑》是一首五言叙事诗。五言诗成立于汉代是没有疑问的。但在汉代以前，我们能够发现五言诗的胚芽。

《孟子》里记载的《孺子歌》，据说是孔子听到一个小孩唱的："沧浪之水清兮，可以濯我缨。沧浪之水浊兮，可以濯我足。"忽略助词"兮"，全部都是五言句，只不过句法散文化，非成型的五言诗。《论语》记载的楚国狂人接舆的歌中，也有"往者不可谏，来者犹可追"的五言句。可见五言句的萌芽是很早的。

一般认为汉代是五言诗形成和成长的时期。《史记正义》引汉初陆贾《楚汉春秋》虞美人唱和项羽的歌："汉兵已略地，四方楚歌声。大王意气尽，贱妾何聊生！"如果这则资料可靠，说明楚汉之际已有五言诗存在了。《汉书》载戚夫人的歌，又有汉武帝时李延年的一首歌①，都是比较成型的五言诗。

至于枚乘、苏武和李陵的五言诗，一般都认为是伪作。

五言诗的形成应与乐府诗联系起来讨论。汉乐府诗多杂言，但有一部分是五言诗。杂言诗中，五言句也不少。从乐府诗为民间歌谣以及上文所引皆为歌词的事实，我们可以认为西汉的五言诗尚处于口头文学阶段，还不是独立于音乐的文本创造。有文献可证的最早将五言

---

① 戚夫人的歌："子为王，母为虏，终日舂薄暮，常与死为伍。相离三千里，当谁使告女？"李延年的歌："北方有佳人，绝世而独立。一顾倾人城，再顾倾人国。宁不知倾城与倾国，佳人难再得！"

诗引入文坛的是班固和应亨，但他们的诗质木无文，表明当时文人运用这种诗体还缺乏艺术经验。此后文人五言诗逐渐增多，质量也逐渐提高。到东汉末年《古诗十九首》，五言诗的质量才达到一个空前的高度。

五言诗在汉代的兴起，意味着文学的转型。汉末文人拟作乐府诗，如曹操的《蒿里行》《苦寒行》，陈琳的《饮马长城窟行》，王粲的《七哀》《从军行》，曹植的《野田黄雀行》《泰山梁甫行》，等等，都表现了文人向民间诗歌的转向。把眼光投向民间，与当时作为贵族文学样式的辞赋的衰落和"诗教"理论的弛坠，有很大的关系。

五言诗句的容量比四言诗句大，节奏也比四言诗句更多变化。五言诗从兴起直到唐代，一直占据着古典诗歌的统治地位。七言诗成熟后，五言诗便与七言诗一起，构成了中国古典诗歌的最主要的体裁形式。

### 《古诗十九首》之"青青陵上柏"

青青陵上柏，磊磊涧中石。人生天地间，忽如远行客。
斗酒相娱乐，聊厚不为薄。驱车策驽马，游戏宛与洛。
洛中何郁郁，冠带自相索。长衢罗夹巷，王侯多第宅。
两宫遥相望，双阙百余尺。极宴娱心意，戚戚何所迫？

"人生天地间，忽如远行客"，这不假修饰的诗句，这直率质朴的比喻，千载以下，读来依然令人无限神伤。"陵上柏"和"涧中石"两个意象，代表着自然的永恒与安定；在它们的映衬下，"人生天地间，忽如远行客"，人生的短促与动荡，就尤其突出了。

生命短促必然引发人生的危机感和紧迫感。如何解决这一问题，是人类面临的永恒课题。尽管生命的长度不能增加，但生命的密度可以增大。及时行乐，自然是解决方法之一。东汉末年以来的诗歌，较多地流露出及时行乐的想法，直到曹操，他痛感于"人生几何"之际，想到的还是"对酒当歌"。本诗从"斗酒相娱乐"开始,到结尾的"极宴娱心意",与曹操的想法是相通的。

接下来,借着游戏宛洛的话头,以寒士的羡慕的眼光,描写都城的繁华、王侯第宅的众多和帝王宫殿的宏伟。这一节仿佛是另一个天地,别一种人生,似乎与自己的生活境况无关,但是,里面透出的仍然是人生享乐,所以结尾归结到"极宴娱心意,戚戚何所迫"——显贵们这样穷极欢宴尽力娱乐,寒士又何必为人生短促而忧愁,能"游戏宛与洛",加入享乐队伍就挺好了。至此,明显可以观察出全诗的结构:前四句为一个意义单元,后面为另一意义单元;后一单元通过注意力的转移,化解了前一单元中对人生痛苦的关注。死亡是人的宿命,这无法改变;适意行乐,才是可把握的选择。

这里有两点值得注意:第一,寒士与王侯,都希望求得人生享乐,构成一种互相平行的关系。第二,游戏宛洛,也属于所谓"远行",这种"远行"不是"忽如远行客"的"远行",两种不同意义的"远行"构成一种互相补充的关系。游戏宛洛的"远行",是现实空间层面的,他们是远离家乡的游子;"忽如远行客"的"远行",是精神空间层面的,他们失去了生命安顿的家园。"远行",构成了现实的无奈和生命的失落的双重痛苦。

全诗似乎即兴偶感,直接道出,即所谓"浅貌";但从起兴、议论、叙述、描写到感慨,却有层次,有对比,感慨深远,即所谓"深衷"。这类游子诗,多属抒写人生体验之作,往往以情述理,容易引起读者的生活联想,激起感情共鸣。

## 《古诗十九首》之"行行重行行"

行行重行行,与君生别离。相去万余里,各在天一涯。
道路阻且长,会面安可知。胡马依北风,越鸟巢南枝。
相去日已远,衣带日已缓。浮云蔽白日,游子不顾反。
思君令人老,岁月忽已晚。弃捐勿复道,努力加餐饭。

这是《古诗十九首》的第一首，写夫妇离别后妇人的思念之情。

"行行重行行"，五字皆为平声，仿佛这行走一直维持着固定不变的节奏；四个"行"字，通过反复，定格了离别的心情：就这样一步一步愈走愈远，就这样一步一步活生生地别离了。开头六句，层层深入地写离别，生生别离，遥遥万里，会面无期。"各在天一涯""道路阻且长"，意思是说有离别之日而无相见之期，这样就把"生别离"说到最深处了。

当离别的悲哀说到最高点，作者又忽然略作盘旋，不让悲哀漫溢，于是把焦点稍稍转移，转而说"胡马依北风，越鸟巢南枝"——来自北方的马会依偎着北风嘶鸣，南方的鸟儿则总是选树木向南的枝条做巢，动物尚且怀念故乡，远行的游子怎会不怀念故乡呢？这是妇人揣摩远行游子的心理之辞。

"相去日已远，衣带日已缓。浮云蔽白日，游子不顾反。"离别之后，妇人一天天变得憔悴，腰带变得愈来愈宽；游子没有回来，心情如同浮云遮住了白日一样黯然。这几句开启了后来的一些著名诗句，如"衣带渐宽终不悔，为伊消得人憔悴""浮云游子意，落日故人情"等。

收束的最后四句，是进一步表现相思的痛苦。"思君令人老"，相思似乎在迅速缩减生命的长度，这是极言思念的痛苦。"努力加餐饭"，呼应"衣带日已缓"——这样消磨下去也不是办法，饭还是要吃的，但"努力"二字却表示这饭难以下咽，暗含着难以克服的相思的苦楚。

通观全诗，看起来没有什么精雕细刻的巧词丽句，话语朴质明浅，却能深契人心，所谓"深衷浅貌，短语长情"，确乎如此。

## 孔雀东南飞

(原诗见于课本，篇幅较长，略)

《孔雀东南飞》是中国古代最长的叙事诗。它的长度与希腊和印度的古代史诗相比，自然是不及的。中国诗歌以篇幅短小和情味浓郁著称，叙事在诗歌中虽不是一个被排除的因素，却常常是一个被淡化处理的因素。农业文明持续的地方，人类的活动空间通常比游牧文化和商业文明盛行的地方小得多，相对缺少故事，因而中国文学传统中叙事文学的薄弱是正常的。中国诗歌手法上太耽于抒情了，文学观念上太强调载道言志了，竟使叙事文学如戏剧、小说被轻视，散文和诗歌中的叙事因素也相当憔悴萎靡。在这个意义上看《孔雀东南飞》，我们就更能充分地意识到它的文学史价值。

《孔雀东南飞》的伟大意义，我以为是深刻地揭示了人的性格冲突，展现了这种冲突外显于现实而导致的悲剧命运。《孔雀东南飞》之前，没有哪首中国诗歌如此明晰地展现如此复杂丰富的性格冲突。刘兰芝、焦仲卿、焦母，都是性格饱满的人物形象，内心都存在着个人诉求与他人或环境的难以调和的对立。在这首诗中，刘兰芝为维护誓言和尊严而毅然承担苦难，尽管在焦仲卿之外她另有余地可以选择，但她最终决定自我毁灭，这种维护与实现自我的意志，显示出撼人心魄的人格力量。刘兰芝的表现几乎可以用《孟子》中一句著名的话来形容："富贵不能淫，贫贱不能移，威武不能屈"——她拒绝了地位与财富都远胜焦家的人家的求婚，拒绝了焦母的压迫，她用生命为代价拒绝了违背她本心的变故。

刘兰芝为何被驱遣？显然无法归因为兰芝的品德和行为。诗中反复渲染刘兰芝的才干和勤劳，刘兰芝也一再声明"谓言无罪过""儿实无罪过"，可见婆媳的矛盾不是日常生活中的错误引起，只能归结到她与焦母之间内在的性格冲突——尽管这种冲突有一个讲究长幼尊卑的伦理背景。焦母在焦仲卿和刘兰芝面前是强势的，问题是刘兰芝也不甘示弱——焦母也宣称兰芝"自专由"是"吾意久怀忿"的原因，可证此说。

本诗的主要人物是刘兰芝和焦仲卿。焦仲卿是在性格强硬的焦母庇护下成长起来的男人，在没有父亲的背景下成长，缺少男人性格的示范和熏陶，他的性格显得较为温柔怯懦。诗的开始部分，只须辨认一下焦仲卿与母亲对话的语气就不难判断，焦母在这个家庭中处于绝对主宰的地位，她也不允许任何人挑战这个地位，一切都必须按照她的意志进行。而刘兰芝的性格恰好也是强硬的，这势必导致两个女人的冲突。从心理上说，刘兰芝的强硬性格与焦仲卿形成所谓"互补"，这种性格使她在某种意义上对温懦的焦仲卿扮演了"母亲"角色。刘兰芝"妻子"与"母亲"的双重角色使二人情意融洽，但也危及焦母作为母亲的地位，客观上使焦母在焦仲卿心中的地位"边缘化"，从而使焦母感到了挑战与威胁。① 这当然是一向强硬的焦母无法接受的，所以，尽管刘兰芝的品行、才干和勤劳都无可挑剔，但她要休掉刘兰芝的心意仍然十分坚决，不容商量。诗的情节，就由这个矛盾推动展开。

值得注意的是焦仲卿性格的两重性。他在母亲的强硬性格的压制下长大，内心较为压抑，温懦忍耐，行为不如刘兰芝果决。在写死亡的两节诗里，刘兰芝"揽裙脱丝履，举身赴清池"，很果断；而焦仲卿"徘徊庭树下"，然后"自挂东南枝"，就有些犹豫。但压抑中的人也容易产生二重性格，焦仲卿在诗的后半段就很有些尖锐的言辞和坚决的反抗。这说明焦仲卿已不是一个平面化、脸谱化的人物，本诗在人物形象的塑造上达到了一个新的高度。

---

① 在刘兰芝到来之前，这个家庭里的成员显然主要是焦母和焦仲卿二人。焦母的丈夫应该早已死去，从焦母的角度看，焦仲卿不但是自己唯一的儿子，他也是家中唯一的男人，在某种意义上他也成了"丈夫"的替代角色。在这个意义上看，她与刘兰芝的冲突如此剧烈则是容易理解的。诗歌文本中，我们确实看不到焦母必须赶走刘兰芝的现实理由，只能从心理角度加以分析。当然，这个分析未必能被读者接受，但我以为这是一个值得思考的方向。

## 三　魏晋南北朝诗

魏晋南北朝是中国诗歌发展的重要分水岭。此前是中国诗歌的民间自发歌唱阶段，此后的唐宋是中国诗歌的高潮，魏晋南北朝是中国诗歌承前启后的关键时期。这个时期诗人从民间独立出来，发出了个人的声音；这个时期诗歌进行了多样的探索，积淀了丰富的表达经验，形成了多种诗歌类型。从语言形式上说，这个时期有四言诗、五言诗、七言诗；从题材类型上说，这个时期有咏怀诗、玄言诗、游仙诗、山水诗、田园诗、边塞诗等，这些诗扩大了诗歌的表现范围，丰富了诗歌的思想内涵。至于汉语四声的明确分辨，对仗手法的普遍运用，近体诗的逐渐成熟，则为唐代律诗的繁荣创造了必不可少的条件。

汉末以来，直到山水诗兴起的这个时期，中国诗人对生命短暂的痛苦表现得十分强烈，也一直在努力寻找超越时间性的方式。超越时间性意味着永恒。玄言诗努力思考生死问题，但由于玄奥思辨和现实世界脱节，抽象的思辨也不符合诗歌的艺术要求，所以玄言诗很快就没落了；由于根本不存在一个无时间性的超自然世界，所以企图以仙境超越生死的游仙诗很快也衰落了。紧接着是山水诗的兴起，自然景象大量进入诗人视野成为意象，诗人通过对空间世界图景的关注，转移了对时间的注意力。诗人努力观看鲜活的"当下"，把生命尽情地投入"此刻"，从而暂时遗忘了无限的时间对有限的生命的压迫。山水诗的突出特征是时间意识的空间化，至此，古典诗歌开始更多地运用自然意象，更多地具有空间的向度。

山水诗推动了古典诗歌意象大规模发展的进程。它一方面"模山范水",一方面将主体安置其中,使得山水成为人确认自身存在的一个坐标,以及人的心灵的栖息之地。在山水诗兴起之后,自然意象的使用在诗歌中成为自觉的普遍行为,寄情于景、借景抒情,也就逐渐成为中国古典诗歌中最基本的表达模式。

### 短歌行 (曹操)

对酒当歌,人生几何!譬如朝露,去日苦多。
慨当以慷,忧思难忘。何以解忧,唯有杜康。
青青子衿,悠悠我心。但为君故,沉吟至今。
呦呦鹿鸣,食野之苹。我有嘉宾,鼓瑟吹笙。
明明如月,何时可掇。忧从中来,不可断绝。
越陌度阡,枉用相存。契阔谈䜩,心念旧恩。
月明星稀,乌鹊南飞。绕树三匝,何枝可依?
山不厌高,水不厌深。周公吐哺,天下归心。

"对酒当歌,人生几何",恐怕没有几个中国人不知道这两句诗。这首诗的作者曹操,恐怕也没有几个中国人不知道他的大名。《三国演义》的普遍流行使曹操的恶名无远弗届,但曹操其实没有我们所想象的那么可恶和可怕。单从文学史的角度看,曹操是中国历史上继屈原以后的第二个真正意义的杰出诗人,尽管他的诗歌成就远远不能跟屈原相提并论。从他以下,曹丕、曹植等建安诗人开始大量创作诗歌,标志着文人自觉的个人创作勃兴,诗歌迅速从民间的田野走出,向文学的殿堂迈进。

曹操的四言杰作《短歌行》,单是诗句不太难懂,其悲凉慷慨、深沉雄壮的情调,也不难体会。而它的思想感情却较为复杂,历来诠释者之所见也不尽一致。

我以为这首诗的主旨不很单纯。它就像曹操其人一样,颇具不易测度的复杂性。人生易逝的短暂感，建成功业的紧迫感，渴望人才之意，思念故人之情，都缠夹于诗句中，使我们难以找出一个单一的中心来。这与曹操其人的复杂性有关系，也可能与他的创作经验有关系。作为建安诗歌的开创者，曹操的写作显然面临着经验短缺的问题。曹操写诗之时，当然需要借鉴，而他所能借鉴的范本大概就只是《诗经》。《诗经》虽是长期文化积淀的结果，且经过孔子整理，但各首诗的内容仍然是相当单薄的，像《短歌行》这样厚实的抒情诗，《诗经》之中几乎没有。《短歌行》袭用了《诗经》的四字句式，有的诗句甚至直接引自《诗经》，但它在结构上已完全抛弃了《诗经》常用的重章叠句的方式，风格上已完全摆脱了"民歌味"。这样诗歌容量增大了，语言也更雅驯。不过，曹操似乎还没有找到在一首诗中使各种复杂思想和情绪充分协调的方法。这不能怪曹操；也许他可以学习白居易（这当然不可能），通过拉长篇幅来一一道明，但如果这样做，他就不是曹操了。

此诗的意旨稍作梳理，可以这样认为，它表现了当时曹操的如下想法——人生短暂，因此大丈夫需要建功立业以使自己不被埋没；建功立业需要贤人辅助；曹操本人即愿意以周公为模范，容纳彷徨无归的天下人才。此诗的感情，可以这样总结：它表现了曹操对人生短暂的感叹和忧伤，也包含着生命的孤独中对旧时友人相问相访的期待和渴望（"越陌度阡"数句），还包括对当时乱世中像乌鹊一般归宿无所的人们的哀怜。

历来解诗者多认为"呦呦鹿鸣，食野之苹。我有嘉宾，鼓瑟吹笙"表现的是良主嘉宾笙瑟相和的宴会盛况，抒发了曹操招贤纳士的热情。我以为这是不妥的。曹操之所以"悠悠我心"思念人才，并声明要效法周公，正是因为眼下缺乏的就是人才。人才的匮乏使他生出功业难成的忧虑，这种忧虑无以排解，于是他说"何以解忧，唯有杜康"。如果眼下在座嘉宾都是人才，那么曹操就已然得到了安慰，忧又从何而来？又何必说"唯有杜康"解忧呢？诗中所引《小雅》这几句实际上是表达对人才匮乏的感叹，鹿比喻的是高士，而"我有嘉宾，鼓瑟吹笙"（这不是陈述事实，而是表明希望，意思是"我希望有懂得礼乐的人才"），则表明自己有整顿天下、恢复礼乐之意，与后文效法周公、招募高士的意思相应。

"明明如月，何时可掇"中的"掇"，一作"辍"，以"辍"为好。此二句是以月亮说自然的永恒。下句"忧"的是人生的短暂。"掇"为采取的意思，若以明月喻贤人，此等贤人遥在苍穹，岂可掇拾？明月若是喻贤人，后文又怎能把人才比喻为月夜里到处流落的乌鹊呢？我以为这几句写的还是人生的短暂和孤独，所以接下来曹操便想象故人来访的温馨场面，以宽慰内心的孤独。这样理解更合逻辑，似乎比较合理。

在钟嵘的《诗品》中，曹操的诗被列入下品。钟嵘的做法在后代颇有争议，《渔洋诗话》说曹操的诗"宜在上品"，钱锺书《谈艺录》说："以魏武之古直苍浑，特以不屑翰藻，屈为下品……（钟嵘）仍囿于时习而已。"但我以为钟嵘是对的，他说"曹公古直，甚有悲凉之句"，就证明他不是没眼光。问题在于《诗品》论评的是五言诗而不是四言诗，而曹操最脍炙人口的名篇几乎都是四言诗。曹操的五言诗与后出的著名五言诗人如曹植、王粲等人相比有些差距，这是不必讳言的。

## 参考阅读

### 四言诗

《诗经》时代，标准的诗歌句式是四言，《诗经》就是证明。尽管《诗经》中也有一些非四言诗句，如"式微式微，胡不归"这样的句子，也有像著名的《伐檀》这样的杂言诗，但《诗经》诗句的主流是四言诗，这是没有疑问的。

四言诗通常是两字一顿，如"参差－荇菜，左右－采之"。这与《吴越春秋》所载的《弹歌》（"断竹，续竹；飞土，逐肉"）的节奏是一致的。这是早期诗歌的基本节奏。

汉儒奉《诗经》为经典，但其时四言诗盛行的时代已经过去。《文心雕龙》说，"汉初四言，韦孟首唱，匡谏之义，继轨周人"，说明汉代仍然对四言诗写作感兴趣。四言诗直到魏晋时代在知识阶层中依然是强大的存在，从曹操、曹植、嵇康，到后来的陶渊明，都有四言诗流传，而且他们的四言诗作都很有水平，不可等闲视之。钟嵘《诗品》说"每苦文繁而意少，故世罕习焉"，可见钟嵘的时代五言诗较为流行，写四言诗的相当少了。不过说四言诗"文繁而意少"似乎也不甚妥当，曹操的四言名篇就很难说意少文繁。只不过与五言诗相比，四言诗表达的空间确实有限，随着时代的发展，越来越难以充分满足诗人表情达意的要求。

四言诗的句式还被其他韵文文体所吸收。由于四言诗历史悠久，两字一顿的四言诗句节奏稳定，显得古雅、庄严肃穆，因此后世的铭文赞颂，多采四言。辞赋骈文也多用四言句式，尤其是在六朝利用四声构成格律化的排偶句之后，四言句更成了骈文辞赋中的基本句型之一。

四言诗的局限在于语句过于短促使得表达相对窘迫，节奏虽然鲜明但不免单调。随着时代的进步，五言诗发展并成熟起来后，它就不可避免地衰落了。

## 咏怀·其一 （阮籍）

夜中不能寐，起坐弹鸣琴。薄帷鉴明月，清风吹我襟。
孤鸿号外野，翔鸟鸣北林。徘徊将何见？忧思独伤心。

"咏怀"诗重在写心，通过"咏怀"即心理感受的描写，来揭露社会对人性的压抑和对人生的压迫。

阮籍的咏怀诗完全没有五言乐府民歌的气息，表现手法多用象征寓意，形成曲折幽隐的风格特点，使诗的内涵更为深隐。可以说，到了阮籍的咏怀诗，中国诗歌明显变得内敛了。

据《晋书·阮籍传》，阮籍是个"志气宏放，傲然独得，任性不羁"的人。他善做"青白眼"，这说明他本性是爱憎分明的；但他也"喜怒不形于色"，可见环境对他的压抑。阮籍"嗜酒能啸，善弹琴；当其得意，忽忘形骸，时人多谓之痴"，可见其性情。他孤身驾车外出至日暮途穷之时，放声痛哭，然后返回。当黑夜降临，这个孤独的阮籍，又有何等感受呢？通过这首诗，我们可以看到这位徘徊在夜晚中的诗人。

这个夜晚，烦闷的阮籍夜不能寐，起坐弹琴以抒怀。清冷的月光透过帷幕照了进来，清凉的夜风透过窗口吹了过来，于是诗人坐不住了，起身徘徊。只听得野外孤鸿和飞鸟的哀鸣，这些深夜尚无归宿的生灵触发了诗人的忧伤。从"夜中不能寐"含糊的郁闷，到"忧思独伤心"清晰的伤怀，勾画出情绪发展的历程。明月、清风、孤鸿、翔鸟，画出一幅凄清的夜景；不寐、弹琴、徘徊、忧思，乃是诗人在此背景下的一系列活动。至于诗人因何伤心，未经挑明，也不必挑明，就像阮籍为何穷途而哭不必挑明一样。原因不明的痛苦乃是最深沉的痛苦，无端的痛苦最难克服，正如病因不明的病症最难治愈一样。

"徘徊将何见？"这个夜晚，阮籍希望见到的是什么？明月清风，孤鸿翔鸟，这是他已经见到的；可是，阮籍还在徘徊，由此可见他希望见到的是另外的什么。显然，阮籍还在无望地追索。无论在日暮途穷之处，还是在夜中独处之时，阮籍，这个无望的追索者，他注定无法摆脱痛苦和孤独。

## 归园田居 （陶渊明）

少无适俗韵，性本爱丘山。误落尘网中，一去三十年。

> 羁鸟恋旧林,池鱼思故渊。开荒南野际,守拙归园田。
> 方宅十余亩,草屋八九间。榆柳荫后檐,桃李罗堂前。
> 暖暖远人村,依依墟里烟。狗吠深巷中,鸡鸣桑树颠。
> 户庭无尘杂,虚室有余闲。久在樊笼里,复得返自然。

"人多嘴杂",要达成共识很难。历史上那些杰出诗人自然多获赞赏,但以李白、杜甫声望之高,人气之大,仍不免后人非议。而陶渊明却是难得的众口称赞的大诗人。韩愈称赞李白、杜甫说"李杜文章在,光焰万丈长",但快人快语的苏东坡不以为然,直截了当地说陶渊明比李白、杜甫都高:"渊明作诗不多,然其诗质而实绮,癯而实腴,自曹、刘、鲍、谢、李、杜诸人,皆莫及也。"

元好问《论诗绝句》之四说"一语天然万古新,豪华落尽见真淳",这对陶诗特色的概括应该说是准确的。关于陶诗的题材,元好问又说过"君看陶集中,饮酒与归田"(《继愚轩和党承旨雪诗四首》),把陶诗的题材大致归为饮酒与归田两类。《归园田居》就是"归田"一类的代表作。

这首诗确实写出了中国乡村的风貌,"狗吠深巷中,鸡鸣桑树颠"的情形在如今一些偏远的乡村也不难看到。陶渊明流传下来的诗写农村生活的较多,"采菊东篱下,悠然见南山"的"采菊",也可以看作富于诗意的劳作。从《归园田居》来看,农村生活似乎自由而且美妙;看此诗的内容和语气,大抵是他刚到农村时的作品。稍后的作品中渐渐出现了贫穷和忧虑,他的田园诗并非全都如此愉快明朗。

陶渊明以其田园诗被称为"古今隐逸诗人之宗"。其田园诗的来源有三:一是性情使然,所谓"性本爱丘山"者是也。二是魏晋以来时风所致:谈玄之风,知识阶层中流行的道家思想,显然是陶渊明返璞归真的思想源泉;酷好饮酒、纵情山水的魏晋名士做派,对他的诗歌题材也有明显的影响。三是陶渊明的遭遇客观上改变了他的生活,他受官场排挤而投向了自然田园。这些因素,使他开创了带着鲜明的个人标记的"田园诗"。

陶渊明的田园诗以平淡醇美著称。在这首《归园田居》中，田宅村落、草木鸡狗，只是徐徐说出，毫不费力，没有什么渲染、象征、暗示，但细细体味，对它们的依恋和喜爱，就蕴含在不动声色的白描之中。而用词的朴实与确切，又表现出平淡中见功力的特点。诗中多为非对偶句，但也有工整的对偶句，还有似对非对的对偶句，使得造句介于有意与无意之间、用力与不用力之间，十分自然。

自然界的光具有波粒二象性。我们不妨这样理解：光的本体是粒子，却以波动性的方式呈现。一切事物实际上都具有"二象性"：它们一方面作为实体存在，但同时必须以运动来呈现其存在。就人而言，行动显示生命的存在，"动作"乃是生的本质。平淡、恬静和闲适是生命的休息，一切活着的事物最终都要走向永恒的休息，但休息无法凸显生命的意义。人不应完全置身于远离红尘的田园或自然之中，因为那就等于宣告了作为社会动物的人的死亡。人既要按照自然界的规律生活，也必须按照人世间的法则生活。隐逸诗篇不宜受到过高的评价。中国文学传统中对这类诗歌的评价较高，原因可能就在于传统社会对人的压抑力量强大——像陶渊明这样写过"猛志逸四海"的诗人也被逼进了田园——陶渊明恰好提供了一个精神空间，使人们能暂时逃避压抑。但是，田园诗毕竟无法呈现出人类伟大的精神力量。杰出人物有时也难免作出世之想，孔子就说过"道不行，乘桴浮于海"之类的话，但他最终还是觉得"鸟兽不可与同群"，不愿做退耕的荷蓧丈人，不愿躲进桃花源般的乌托邦。在孔子看来，任何时候，人都必须担负起自己的社会责任。孔子比陶渊明更为伟大，这也是一个重要的原因。

## 饮酒·其五 （陶渊明）

结庐在人境，而无车马喧。
问君何能尔？心远地自偏。
采菊东篱下，悠然见南山。

山气日夕佳，飞鸟相与还。

此中有真意，欲辨已忘言。

"采菊东篱下，悠然见南山"，陶渊明的这两句诗早被公认为他的"注册商标"，乃至于经过十分漫长的年代之后，鲁迅还认真地强调，陶渊明之伟大，并非因为他浑身都是静穆。从这首诗本身看，它确实显得有些"悠然"，王国维拈出上面这两句诗来说明浑同自然的"无我之境"，也是有原因的。

但是，"无我之境"其实是不甚精确的界说。严格地说，所谓"无我之境"，实际上根本不存在。首先，世界上任何一种语言，都是基于人的思维和表达的需要而成立的，它本身的作用是要说明事物的关系，因此某种逻辑的和分析的智力活动，在语言行为中是必不可免的，绕过语言直达自然、与自然完全契合是根本不可能的。其次，诗歌的创作本身就是人作为存在主体的活动，也就是"我"必定在场，"无我"根本不可能。绝对的"无我之境"必须取消人这个主体，也就取消了诗歌创作。因此，所谓"无我之境"，只能被定义为人的主观意识和情感相对淡化的表达状态。

在陶渊明这首诗里，确实存在着自然与人的和谐——这种和谐只能是孔子所谓"和而不同"——相遇。悠然的南山之望，"山气日夕佳，飞鸟相与还"之景，都有这种和谐的"真意"（若联系标题考虑，陶渊明也可能是说"饮酒"中的"真意"）。但诗里隐约透露出来的显然不止于此，"而无车马喧""心远地自偏"，都暗示了诗人远离人群的心理趋向，表明他与自然的和谐其实是基于与人的不和谐。于是，我们看到了他的悠然背后那不太悠然的一面。在这个意义上理解陶渊明，比单纯赞扬他的"悠然"似乎更贴近他的胸怀。他的平静后面的丰富意味，值得深入体会。

## 参考阅读

### 陶渊明

"少无适俗韵，性本爱丘山"，陶渊明是热爱自然的人。在这个意义上，我们不妨把他视为一个具有道家倾向的诗人。不过，热爱自然，有时是由于厌倦人事，陶渊明存在这种情况。正如所有人类成员一样，陶渊明不能不食人间烟火，他曾有"猛志逸四海"的豪情，也有一段在红尘世界艰难奔波的生活历程。当我们设身处地，想一想不得不应付人事而时时眷恋着自然的陶渊明的心境，想一想"归去来兮，田园将芜胡不归"那悲凉的长叹，就会感到"误落尘网中，一去三十年"这看似平淡的句子下面涌动着多少无奈和酸涩。

陶渊明是一位理想主义者。他理想的乌托邦，在《桃花源记》中有细致的描写。这个乌托邦小国寡民、与世隔绝，与儒家人士的理想意趣迥乎不同。陶渊明早年有过大志，但这番大志很早就已消磨；他曾有过几次短暂的出仕，主要都是为了生计，也不见有什么政绩。他当官的原因是"家贫，耕织不足以自给"，"公田之利，足以为酒"，说明他此时已经没有了造福苍生的远大抱负。他的理想是个人化的、自然主义的逍遥自适境界，因此在几次为官后，陶渊明终于归耕田园，做起了孔子虽然不无美慕但也不无微辞的"荷蓧丈人"。

陶渊明是一位人道主义者。在担任那个只能挣五斗米的彭泽令时，他送了一个仆人给儿子并附上一封信说，我送这人帮你干活，但他也是别人家的孩子，一定要善待他。可见陶渊明不仅仅是一个厌恶官场的愤世嫉俗者，他也是一个有血有肉的人，一个爱人的仁者。

陶渊明是一位具有独立人格和自由精神的知识分子。他辞官并不是真的受了多少打击或冤屈，只是他不适应官场生活，反感官场应酬。

他想当官混碗饭吃，却不肯调整心态适应官场环境。当他发现官场将迫使他付出"为五斗米折腰向乡里小人"的代价，于是挂冠而去。这固然有为了"五斗米"是否值得的功利性算计——陶渊明毕竟还是一个不吃饭就会饿死的人——但他最终的选择仍然显示了一位士人应当具有的气节（陶渊明自己说最后一次辞官是为程氏妹奔丧，但他此时确已厌倦官场）。至此陶渊明完全看破世相，完成了向自我的彻底回归。后来他两次被征召为著作郎，均不就。江州刺史檀道济上任后亲自带着米肉去看望他，但他挥而去之，仍"不以躬耕为耻，不以无财为病"。"出淤泥而不染""处涸辙以犹欢"，这个境界，陶渊明大致达到了。伟大不应是一个过于抽象和遥远的形容词，在红尘滚滚、物欲横流的世间，陶渊明能洁身自好，持守人格，无疑算得上杰出之士了。

陶渊明喜欢饮酒，喜欢弹琴（虽然他不懂音乐，《南史》说他"不解音声"），喜欢菊花，这些是他诗歌的重要题材，也是后世文人津津乐道的雅趣。鲁迅说陶渊明并不成天总是飘逸，他也有金刚怒目的时候，但从陶渊明的生平和他的作品来看，"猛"并不是他性格的主导方面。桃花源的理想，就反映了他不愿被打扰和难以干预世间生活的无力感；数量众多的田园诗也间接折射出他对红尘世界的无奈情绪。人的性格常常是多面的，所谓"猛"，或可解释为无奈和无力之中一种偶然的强烈抒发，以求得情绪的平衡吧。

陶渊明是中国第一个伟大的田园诗人。他的田园诗里既有田园生活的情趣，也有田间劳作的艰辛。与他那个时代的山水诗相比，在陶渊明的诗里我们能够看到真实的田家生活和田园情趣，而不仅仅是对山水风光的精致刻画。陶渊明的诗歌大多平和，平和下面往往埋藏着深刻的哲学感悟和深沉的人生悲哀。在那个贵族气息浓厚的时代，陶渊明和他平淡自然的诗，都是另类。他和他的诗歌超然特立于那个时代之外，所以他的内心不可避免地十分寂寞。李白说"古来圣贤皆寂寞"，陶渊明一生正是如此。

陶渊明的诗平淡自然。苏轼说，陶渊明的诗看起来枯瘠质朴而实际上膏腴绮丽,这是很有眼光的见解。字面上的朴素和意味上的悠远,使他的诗亦枯亦腴,亦质亦绮,达到了艺术的"化境"。陶诗的境界是前此未有的,在后代也极难模仿。在陶渊明生活的那个时代,他太独特了,所以只能是一个默默无闻的诗人。在宋代以前,他虽已有名声,但并不特别响亮。宋代告别了盛唐气象,诗歌的审美范式发生了变化,转以恬静平淡为美,陶渊明的诗歌才受到越来越高的推崇。但陶诗的境界是难以达到的,宋代大诗人苏轼就作了不少模仿陶诗的诗,却仍然自以为差陶渊明很远,仅此一点就足以证明陶渊明的艺术高度,远非一般诗人之所能及。

## 相送 (何逊)

客心已百念,孤游重千里。
江暗雨欲来,浪白风初起。

何逊早慧,八岁能赋诗。何诗风格清冷,作品不多,而足成家数。杜甫说他自己"颇学阴何苦用心","何"指的就是何逊。

何逊集中有题为"相送"的联句五首。从"客心"等字眼推测,可知不是送朋友远行的诗,而是留赠送行的朋友的诗。远行者是自己,前二句是自己即将远行的情感的吐露。此诗的结构很有特点。首二句与后二句,位置似乎可以互换,但互换之后的效果却不同。先写景后抒情,这是一般的套路,也就是说,如果互换,此诗的结构就与一般的诗作相近了。先动情后写景,结尾的景象则含蓄不尽,意味深长。何逊这首诗的好处,差不多建立在它的结构之上:它先以纷乱善感的流浪心绪和远行无友的孤独情绪营造出情感背景,然后再以风已起而雨欲来的景状渲染动荡暗淡、人生前景无从把握的感受——"江暗雨欲来,浪白风初起"让人想起唐诗中的"山雨欲来风满楼"——前面的情感氛围加强了后面两个写景诗句的情意内涵,达成了沈德潜所谓"情辞宛转,浅语俱深"的艺术效果。这首诗的韵致,与唐宋绝句相比，也无逊色之处。

## 敕勒歌 （北朝乐府民歌）

敕勒川，阴山下。天似穹庐，笼盖四野。天苍苍，野茫茫，风吹草低见牛羊。

史书上说，"北齐神武（高欢）……使斛律金唱《敕勒》"，《乐府广题》称"其歌本鲜卑语，易为齐（北齐）言，故其句长短不齐（整齐）"，可见这是鲜卑民族的歌谣，它被翻译成汉语，翻译者也许就是斛律金。至于把句子长短不一的原因归结为翻译过程，我以为是谬说。民间歌谣句子长短不一的情形，比比皆是，鲜卑语原歌也未必句式整齐。我们现在无法知道鲜卑语的《敕勒歌》是怎样的，但读这首汉语的《敕勒歌》就不难判断，这是一首杰出的诗，而对这首鲜卑民歌的翻译，措辞简古而到位，深得汉语语言韵味。我们应该向它的翻译者致敬。

空间的开旷，画面的静远，风土的情调，在这首短诗中都得到了恰如其分的展现。寥寥 27 字，容量巨大，出色地勾勒出北方草原辽阔苍茫的景象，反映了北方民族的生活情景。"穹庐"是人的住所，以此比喻天空，既暗含着北人的生活，也暗示着人与自然和谐相应的关系。"风吹草低见牛羊"，从侧面写出了未在诗句中出场的人。本诗风味质朴而又神思悠远，同类诗作难出其右。

# 四　唐宋诗词

唐诗是中国文学也是中国文化最辉煌的章节之一。

由于长期的诗歌经验积淀，诗歌在唐代呈现出爆炸式繁荣，在盛中唐之时达到了高峰。中唐时出现了从情到情理相兼的转型。游国恩说："从中唐以来，若以'言志'一义绳之，中唐以前之诗，只能做到'情'字，中唐以后之诗，则兼做到'思'字，实诗学一大进步时期也。"到了宋代，随着北宋频繁的政治论争，新儒学对理性的肯定及其人人皆可学以成圣的观念，促进了理性精神的发扬，宋诗运用议论化的词句方式，表达宋人心灵中"尚理"的审美内蕴，相对于唐诗而言是一种新的开拓。同时，宋代私人财富的稳步积累、不断发展的城市文化消费，推动了文学与文化的世俗化，推动着词、戏剧和小说等新兴文体的兴起。

在宋代，诗的转型与词作为"一代之文学"达到巅峰，都是社会审美观念和审美需求多元化的证据。词有突出的娱乐性，多是为了愉悦心情而创作，感官的追求和情绪的舒散是基本的创作动机。词体在北宋繁荣的事实，意味着权威的儒家诗歌观念在文人和民众观念中的弱化。

词体是社会底层民众所能理解和接受的文体样式。"凡有井水处皆能歌柳词"，证明具有世俗化特征的文人词之流行。柳永大量作词，自称"白衣卿相"，即具备近代平民文学的观念，明显不同于文学传统中征圣宗经的观念、文以载道的观念、复古的观念。在这个意义上说，"词别是一家"完全是正确的。

各种民间文学如弹词、鼓词、话本普遍兴起，这在宋代以前是不曾有过的。平民文学更加世俗化，即更加贴近现实人生。话本的产生，是中国文学即将发生重大转折的信号。尽管话本作者根本无意于发动一场文学革命，他们甚至未必意识到自己的创作乃是文学，但是，操作白话的话本的出现，客观上突破了既有的文学话语方式，冲破了雅文学的传统的樊篱。在中国文学传统中，以诗体为主的抒情文学一直是主流；抒情文学居于主导地位的时代，叙事文学一直都比较衰弱，处于不发达状态。话本兴起使得文学在抒情之外获得一个新的面向。宋元以后，作为叙事文学的戏曲和小说最终成为中国文学事实上的主流——尽管文人士大夫在观念上仍然顽固地守卫着诗文本位的文学传统，但传统诗文再也无法占有垄断性的文学史地位了。

基于以上的理由，我以为到宋代结束之时，中国古典诗歌的时代事实上也结束了。至此，贵族化的古典诗歌业已衰落，尽管元明清三代仍有大量的诗歌创作，有些诗作水平也很高，但都不过是诗歌传统强大惯性下的余响，不再是中国文学发展的主流。元代的戏曲和明清的小说成就辉煌，使得这几个时代的诗歌相形见绌，暗淡无光。

# 1 唐诗

唐朝是古典诗歌的黄金时代。

唐诗繁荣的原因很多。我认为首要原因在于唐代文化重心的重新下移。早期诗歌生长于民间土壤，带有自发的性质，比如《诗经》和汉乐府民歌，整体上看其艺术手法是比较粗糙的；汉末以来诗歌经过文人参与，发展出更深刻的思想和更丰富的手法，在艺术上渐趋成熟。魏晋南北朝诗歌在艺术手法上进步了，同时也带上了浓厚的文人气和贵族气，淡去了民间诗歌的那种生动活泼。随着隋唐时代开科取士，地位较低的庶族开始较多地介入社会上层，又带来主流文化中贵族气息的衰减。诗歌不再仅仅是贵族的风雅吟唱，诗人的数量在增加，诗歌的创造力在释放，并逐渐找到了雅俗的平衡。诗赋取士的制度加强了这个趋势。

在中国诗歌的发展上，文化重心的下移起着重大的作用。贵族们的宫体诗趋于瓦解，陈子昂于是能够"开唐诗之盛"。魏晋以后，伴随着文化重心的每次下移，一移造就了唐诗，再移繁荣了宋词，三移产生了元曲。此非本节主题，此处不加阐述。

唐人对诗歌有普遍的爱好。李白诗歌作得好，可以使唐玄宗御手调羹，令高力士为之脱靴，虽是恃才傲物，也可见彼时诗人受到的欢迎和敬重。宋人葛立方《韵语阳秋》说，唐朝人士往往因一篇之善，一句之工，名公先达为之游谈延誉，遂至名声远播。孟浩然以"微云淡河汉，疏雨滴梧桐"得名，李益以"敲门风动竹，疑是故人来"得名，贾岛以"鸟宿池边树，僧敲月下门"得名，钱起以"曲终人不见，江上数峰青"得名，张祜以"故国三千里，深宫二十年"得名。这些例子证明了唐人对佳妙诗歌的激赏。唐代对诗人也相当宽容，王维在"安史之乱"后因为在动乱期间写有怀念唐王朝的诗句而免罪，贾岛竟可以对翻阅他诗稿的唐宣宗作色攘臂，都可为证。

唐代出现了许多严肃地追求诗歌艺术的诗人。李白见崔颢《黄鹤楼》而搁笔，可见不滥作的认真态度；杜甫"语不惊人死不休"，可见锤炼语言的执着精神。李贺呕心搜觅诗句，贾岛"二句三年得，一吟双泪流"的反复"推敲"，更是人所共知的佳话。唐诗的艺术成就，与诗人的苦心经营是分不开的。

当然，唐诗的兴盛及其成就，并不只是因为这一代涌现出大量热心诗歌艺术的杰出诗人。诗意根植于人心，任何时代都不稀缺具有诗人气质和艺术素质的人。从历史的大视野观察，唐代恰逢前代诗歌艺术经验积累成熟，并处于国力雄厚、民族精神振奋的时期，这个时代的精神气貌和艺术经验，也构成了唐诗繁荣的一项条件。

唐代诗人众多。上自帝王将相，下至庶民和尚，都涌现出著名的诗歌作者。其中最伟大的诗人是李白、杜甫。李白诗青春浪漫，杜甫诗老成沉郁，他们谱写了中国诗歌最绚烂的篇章。李杜上承诗骚，汲取魏晋，借鉴六朝，取精用弘，成就卓异。他们以丰沛的激情、丰富的形象意义和深厚的语言功力，把诗歌推向了一个新的高度。李杜代表着唐诗的最高成就，但笼罩不了唐诗的全部风格。王维和孟浩然，高适和岑参，韩愈和李贺，白居易和柳宗元，杜牧和李商隐，都是一流的诗人，都有杰出的诗篇。唐代杰出的诗人实在太多，如果一一列举那些名字，读者将不胜其烦。

隋唐时代中国的统一促进了南北文化的融合，为文化的发展繁荣创造了条件。随着门阀制度在唐朝被有限地打破，社会上下层之间的流动性增加，整个社会的活力得以释放，造就了浑厚开朗的盛唐诗歌。而由于门阀制度逐渐被打破，贵族气派也逐渐让位于世俗风度，中唐以后的诗歌逐渐分化，有的走向世俗化。白居易的诗因较为浅易而广为流行，受众的增多扩大了诗歌的接受基础。浅俗诗歌的流行，既表现了这一时代的审美趣味的变化趋势，反过来也诱导着诗歌持续向世俗化方向前进。这个趋势预示了晚唐词的兴起和宋词的繁荣。往必有复，中唐韩愈等人的诗歌创作则是对浅俗化方向的抗拒，而开宋诗之先声。

唐诗经常被划分为初、盛、中、晚四个时期。这是按照唐代政治历史发展的时期机械划分的，以此划分诗歌时期不见得妥帖，因为政治兴衰与诗歌发展不见得是同步的，毕竟诗歌有它自己的内在发展逻辑。不过，政治现实往往会影响到人们的精神气貌，影响到人类的社会生活，也就会间接地影响到诗歌。随着国家政治局面的变化，中晚唐诗歌多了些衰飒之气，确实也是不争的事实。

### 野望 （王绩）

东皋薄暮望，徙倚欲何依。树树皆秋色，山山唯落晖。
牧人驱犊返，猎马带禽归。相顾无相识，长歌怀采薇。

也许可以这样说，王绩的代表作《野望》，是初唐最早的优秀诗篇。

"东皋薄暮望，徙倚欲何依。"前句暗用陶渊明《归去来兮辞》"登东皋以舒啸"的诗句，表明归隐躬耕身份；后句表现了彷徨心情，或许化用了曹操《短歌行》中"月明星稀，乌鹊南飞。绕树三匝，何枝可依"的语意。"徙倚"是徘徊的意思。

"树树皆秋色，山山唯落晖。牧人驱犊返，猎马带禽归。"四句写黄昏时所见景物。举目四望，山、树都是一片秋色，在夕照中越发显得萧瑟。在这静谧的背景中，牧人与猎马的出现，使整个画面活动了起来。这四句诗构成一幅山村秋晚图，光与色、远景与近景、静态与动态，都一并呈现。

但王绩终究不是陶渊明，他无法从"牧人驱犊"和"猎马带禽"的田园情景中找到充分的慰藉，所以他最后说的不是"此中有真意，欲辨已忘言"，而是"相顾无相识，长歌怀采薇"，意思是自己在现实中难觅知音孤独无依，只好追怀古代的隐士，和伯夷、叔齐那样的人交朋友了。这里显然呼应了诗的首联，揭示出彷徨的原因。诗句中透露出幽怨和忧闷，但是它很曲折，属于儒家诗论家说的那种"怨而不怒,哀而不伤"的格调。

这首诗的情感是寂寞孤高的,"相顾无相识",诗人和周围的所有人都保持着距离;文字上却很合众,显得晓畅自然,很多人都把它看成第一首真正意义上的唐诗。文学并不见得非要晓畅自然才好,然而受华靡艳丽的六朝遗风影响,尤其是在贵族气浓重的宫廷诗从南朝盛行至唐初的大背景下,这样的诗就显得很特别了。

这首诗是五言律诗。一般认为,律诗是在初唐的沈佺期、宋之问手上成型而成为一种重要的诗歌体裁。而早于沈、宋六十余年的王绩,已经写出《野望》这样成熟的律诗来了,足见沈、宋之功,也是其来有自。

### 送杜少府之任蜀州 (王勃)

城阙辅三秦,风烟望五津。与君离别意,同是宦游人。
海内存知己,天涯若比邻。无为在歧路,儿女共沾巾。

送别诗容易写得悲悲戚戚,这是人情之常,所谓"黯然销魂者,唯别而已"。离别最易引发聚散无常之感,所以像本诗这样旷达开朗的送别诗,是不多见的。本诗既有"与君离别意,同是宦游人"的心意感通,又有"海内存知己,天涯若比邻"的达观胸怀,更有"无为在歧路,儿女共沾巾"的劝勉激励,可谓深情而不伤情。所以古人评论它说"慰安其情,开广其意,可作正小雅"。

这种开朗的精神气度,已与六朝诗歌大有区别。写法直抒胸臆,伸展开张,与六朝诗的繁芜华丽也全然有异。本诗专注于情感的发露,在意象经营上很简单,除了开头略有一点写景的因素,几乎没有什么写景,这一点与唐代及唐以后的多数律诗是不同的。

首联场景开阔,是唐诗风味。遥"望""风烟",已露惜别之情。"海内存知己,天涯若比邻",脱胎于曹植"丈夫志四海,万里犹比邻",是慰人,也是自慰,境界虽不如《论语》中所说的"四海之内皆兄弟",但也措辞大气,情理交融,是全诗最精警的名句。

## 春江花月夜 （张若虚）

春江潮水连海平，海上明月共潮生。
滟滟随波千万里，何处春江无月明。
江流宛转绕芳甸，月照花林皆似霰。
空里流霜不觉飞，汀上白沙看不见。
江天一色无纤尘，皎皎空中孤月轮。
江畔何人初见月？江月何年初照人？
人生代代无穷已，江月年年只相似。
不知江月待何人，但见长江送流水。
白云一片去悠悠，青枫浦上不胜愁。
谁家今夜扁舟子？何处相思明月楼？
可怜楼上月徘徊，应照离人妆镜台。
玉户帘中卷不去，捣衣砧上拂还来。
此时相望不相闻，愿逐月华流照君。
鸿雁长飞光不度，鱼龙潜跃水成文。
昨夜闲潭梦落花，可怜春半不还家。
江水流春去欲尽，江潭落月复西斜。
斜月沉沉藏海雾，碣石潇湘无限路。
不知乘月几人归，落月摇情满江树。

  这是极其著名的唐诗。闻一多在《宫体诗的自赎》一文中，热情洋溢地颂扬说，这首诗是"诗中的诗，顶峰上的顶峰。从这边回头一望，连刘希夷都是过程了，不用说卢照邻和他的配角骆宾王，更是过程的过程"。

  这首诗是不是真的如闻一多所说的那样伟大，是可以讨论的；但不管怎么说，它在艺术上的成功是显而易见的。它的题材并不新鲜，但诗人以不同凡响的铺排功力，在意境、情趣的表现上开拓了新的天地，使这首诗成为唐诗宝库中的明珠。

全诗紧扣标题中"春""江""花""月""夜"五字铺写。开篇前八句，将五字逐字吐出；结尾后八句，又将五字逐字收拾。题目五字，以"江""月"二字为中心（请统计这两个字出现的频率），环转交错，运用多角度写景的方法，构造出一幅景象清雅、哲思警醒、情意深厚的艺术画面。全诗在结构上，横向上按照时间顺序，以"月"为基点，从月生、月照、月轮、月徘徊、月华、月斜，直写到月落；纵向上根据空间分布，以"江"为焦点，用江潮、江流、江天、江畔、江月、江浦、江潭、江树等景状衬托月色。围绕"江""月"，用了海、潮、波、流、汀、沙、浦、潭、鱼龙、天、霰、霜、云、楼、雾、帘、砧、妆台、鸿雁等做陪衬，构图元素丰富而不使人觉得杂乱。这就是善于铺排的功夫。全诗三十六句，四句一转韵，韵脚平仄交错，加上顶针句的运用，使诗歌章法摇曳，错落有致。

上述技巧还仅仅是表层的。技巧上更为内在和高明的地方，是它在情感的怅惘与意象的半透明状态之间，达成了无缝的融合，"情"与"景"的协调程度几乎达到极限。江畔的景象在月光下柔和、静谧、朦胧，匹配着丝丝缕缕淡淡凉凉的忧伤。怅惘的情感难以清晰地言说，这与月下意象的半透明状态形成和谐的呼应。"情"与"景"之间细密地相互渗透，深度交融，是本诗做得最成功的地方。

人生易老而苍天不老，明月永恒而人似流水，诗中的这层意思，就是闻一多赞叹的"宇宙意识"。对人命不常的感叹，本是魏晋以来的诗歌中常见的主题。但从整体上看，这似乎并非诗人构思立意的重心之所在，它只是深沉的相思离愁中一个小小的插曲，只是诗人望月怀远时一个带有哲理性的心理片段。

"此时相望不相闻，愿逐月华流照君"，是一往情深之语，与曹植的"愿为西南风，长逝入君怀"、李白的"我寄愁心与明月，随风直到夜郎西"和王维的"唯有相思似春色，江南江北送君归"等诗句，有异曲同工之妙。

## 参考阅读

### 七言诗

《春江花月夜》是七言诗。

《世说新语·排调》有这样一段记载:"王子猷诣谢公,谢曰:'云何七言诗?'子猷承问,答曰:'昂昂若千里之驹,泛泛若水中之凫。'"

王子猷就是王羲之的儿子王徽之。他把出自屈原《卜居》的两句话(原作"宁昂昂若千里之驹乎?将泛泛若水中之凫")称为七言诗,可见他对什么是七言诗并不了然。《卜居》里这两句虽然都是七个字,但并不符合七言诗句的节奏,而且上下两句都用了虚词,具有散文句法的明显特征。这说明,魏晋虽已有"七言诗"的名目,但很多人并不知道它是什么。那个时代的诗人,也罕有写七言诗的。七言诗到南朝鲍照的手里才基本成熟。

但七言诗的渊源却非常悠久。我以为《诗经》中就有七言的胚芽。《周南·关雎》的诗句"参差荇菜,左右流之。窈窕淑女,寤寐求之",把虚词"之"省掉,以韵脚"流""求"收尾,就成了"参差荇菜左右流,窈窕淑女寤寐求",这是七言诗上四下三的典型句式。《召南·摽有梅》:"摽有梅,其实七兮。求我庶士,迨其吉兮。"把语气词"兮"忽略掉,就成了标准的七言歌行常见的起头句式:"摽有梅,其实七,求我庶士迨其吉。"屈原的《九章·橘颂》,把语气词"兮"去掉,前面的几行诗句也就成了七言样式:"后皇嘉树橘徕服,受命不迁生南国。深固难徙更壹志,绿叶素荣纷可喜。"战国时代荆轲的《易水歌》也可以如此简化:"风萧萧,易水寒,壮士一去不复还!"

发展到汉武帝时,有所谓"柏梁诗"。柏梁诗出于《东方朔别传》,据说是汉武帝修成柏梁台后,与群臣联句而成。原诗太长不赘录,其首四句云:"日月星辰和四时(武帝),骖驾驷马从梁来(梁王)。郡国士马羽林材(大司马),总领天下诚难治(丞相)。"后世对其真伪提出过怀疑,但西汉出现这种七言联句的可能性是很大的。东汉的张衡作《四愁诗》,有人认为它是七言诗的起源(许学夷《诗源辨体》),但张衡这首诗的形式和语言较为成熟,视为起源未免过于谨慎,不符合文体需要长期缓慢的探索和积累才能比较成熟的发展规律。

在汉代有大量的七言歌谣。有的被采入乐府,就成了乐府诗,如《平陵东》。七言诗到魏晋时代仍然只限于歌行,像曹丕著名的《燕歌行》,还是属于乐府诗。

七言诗直到晋代还保持着类似于柏梁诗的句句押韵的写法。押韵意味着该句的音韵和句法的完整;句句押韵强化了每个句子的独立表意功能,表情达意的空间比较局促。如果打破句句押韵的限制,以两句构成一联,表意空间则由七个字扩展到十四个字,作者就能获得更充分的表达自由,七言诗也才能发展出更丰富的表达技术。这个突破,由南朝的鲍照完成,他的《拟行路难》十八首,打破了句句押韵的柏梁诗格局,创造出一种新的七言歌行体,成为唐代以后七言古诗的基本模式。随着南朝诗句的逐渐律化,跟着五言律诗的成立,七言律诗也慢慢诞生并逐步成熟。不过,直到初唐,五言诗的势力还是大于七言诗。

### 望月怀远 (张九龄)

海上生明月,天涯共此时。情人怨遥夜,竟夕起相思。
灭烛怜光满,披衣觉露滋。不堪盈手赠,还寝梦佳期。

月亮从来就是中国诗人灵感和诗兴的重要来源。在这首诗里,"望月"是"怀远"的发动力,对月亮的望,触发了对远方的怀想。至于怀想谁,是亲人还是情人,都不影响对诗意的理解。

明月的普照无远弗届,而人总是局限于某一狭小时空之中。当月亮升起，它能照耀我们，同时也能照耀远方的人，于是此刻通过月亮，我们与远方所怀想之人拥有了一种共时性的存在感。这就是"海上生明月，天涯共此时"中包含的意蕴。这是一对自然得让人无所觉察的对偶句，也开阔大气，令人难忘。接下来诗人告诉我们，他因离别的幽怨和终夜的相思失眠了，他在抱怨夜长；在无聊的长夜里，他灭掉烛光，看着满屋月光，有时也披上衣服，因为他感觉到寒凉，夜晚的雾气凝结成露水慢慢在滋长。末了，他想，无形的月光毕竟不像有形的红豆或茱萸（后来王维就用过这两种事物来寄托相思），不能抓一把送给远方的亲人，望月怀想，相思何用，只好回屋睡觉，希望有一个关于将来见面的好梦。

　　望月怀远，相思难眠，本是人世间常有的情景，不足为奇。在本诗中，"灭烛""披衣""还寝"，这个过程写得颇为曲折，相思的情味因之而婉曲感人。"悠哉悠哉，辗转反侧"，《诗经》的这个写法还比较简括；这首诗完全也是这种情味，但写得更具体、更细腻了。

　　杜甫"香雾云鬟湿，清辉玉臂寒"中的"湿""寒"与本诗中"披衣觉露滋"的"滋"都是同样的用法，暗示在月光下相思的时间之长，以至于头发被雾气弄湿了，手臂被月光照冷了，露水随夜深而滋长了。相比之下，杜甫写的是想象中而非现实中的情形，因此还要婉曲一些。

## 春晓 （孟浩然）

　　春眠不觉晓，处处闻啼鸟。
　　夜来风雨声，花落知多少。

　　这是孟浩然传诵最广的一首诗，小学生甚至幼儿园的小孩子，大都能够背诵。这首诗很能代表孟浩然的朴素冲淡，字面看似浅淡，而意味犹自隽永，并不是粗略一看就可一览无余的。为了说明这一点，且先看看一些读者的意见。

有人拈出"春眠不觉晓"一句，认为它表现了孟浩然高卧不起的懒散情绪。这种疏懒闲适的情绪，旧时文人多有。有人抓住"处处闻啼鸟"，认为诗意非但不懒散颓废，反倒表现了勃勃的生命力。

有人认为诗意并不生意盎然，"夜来风雨声，花落知多少"，表明诗人对摧残春花的风雨的憎恨和控诉。有人认为诗人睡眠安稳，天亮尚且不知，醒来又"处处闻啼鸟"，哪有什么憎恨，分明表现了诗人的闲适自在。

这些意见不能说没有道理，但都很难说全面和深刻。读诗大忌，在择其片言，而失其大旨。拈出一言半句，容易偏离诗的本意。比如看到"春眠不觉晓"，就说睡眠安稳，疏散闲适，其实就是误解。"夜来风雨声"，诗人如何听见？这不明明说诗人在晚上也有枕上失眠、卧听风雨的心事吗？

我以为，这首诗表面好像是写文人的闲适落寞，而它的深层，是通过喻示生命的"花"在无人知晓的夜晚中陨落，来表现生存的寂寞，生命被忽视、被遗忘的普遍状态。尘世间众生渺小，用苏轼的话来说是"寄蜉蝣于天地，渺沧海之一粟"，人们却都有像花的开放一样展现自我生存的执着愿望；但人的一生，都难免在别人的"不觉"中过活，在无人关注的"夜来风雨声"中悄然消逝。"处处闻啼鸟"，白昼的春天是多么热闹啊，可是夜晚的春天却有那么多的死亡在不被关注地发生。这首诗隐藏着诗人对人类寂寞生存的大悲慨。

由此可见，这首小诗意蕴丰厚、意味深远。记得有人说过，一个会写诗的人，是不会因为五言绝句只有二十个字，而抱怨说无法让他尽情发挥的。

### 过故人庄 （孟浩然）

故人具鸡黍，邀我至田家。绿树村边合，青山郭外斜。
开轩面场圃，把酒话桑麻。待到重阳日，还来就菊花。

本诗没有像"气蒸云梦泽,波撼岳阳城"那样气势磅礴的名句,它语言打点匀净,亲切省净,如话家常。田园景物,清新恬静;朋友情谊,深厚真挚;田家生活,简朴亲切。然而正是这如话家常的风格,与田家简朴亲切的生活情调形成了和谐的对应,所以《瀛奎律髓》说"此诗句句自然,无刻划之迹"。

闻一多《唐诗杂论》说,像这样的诗,"不是将诗紧紧地筑在一联或一句里,而是将它冲淡了,平均地分散在全篇中,淡到看不见诗了,才是真正孟浩然的诗",这就是在描述它"打点匀净"的特点。写作当然需要智力和人工,然而高明的诗人能够让人工痕迹淡化到读者不会注意到的程度。驾驭才华而不显山露水,这个境界不容易达到,像古诗中我们常常称道的"炼字炼句",其中不少都属于"露才"过甚。即便是孟浩然"气蒸云梦泽,波撼岳阳城"这样的名句,"蒸""撼"二字,确实很好,却也难免"露才"的痕迹。

### 鸟鸣涧 (王维)

人闲桂花落,夜静春山空。
月出惊山鸟,时鸣深涧中。

一般认为,王维是所谓"诗佛",他和李白、杜甫分别代表了盛唐诗歌的佛、道、儒三种思想倾向。王维后期诗作多有浓厚的田园气息,像《渭川田家》《汉江临泛》《辋川闲居赠裴秀才迪》《积雨辋川庄作》《田园乐》等名篇,都有典型的道家情调,与佛教并无明显的关涉。《竹里馆》很有点阮籍的味道。王维崇信佛教,但这并不等于他就必须是像寒山、拾得那样的佛教诗人。开元、天宝年间,朝廷崇奉道教,甚至将其抬高到要以道经开科取士的程度,生活在这期间的王维,不可能不深受道家经典的影响。唐朝人的观念中,往往佛老并举,道家思想与佛家思想并非判若鸿沟,王维本人也的确深受佛教思想的熏染。王维诗歌的佛道思想和情调特别鲜明,不必仔细辨别即能体会。而其佛道思想密切融合，是不易也不必分得太清的。

《鸟鸣涧》是王维的一首比较明显地与佛教思想相合的诗作。

王维字摩诘，名字出自《维摩诘所说经》。他本好佛学，晚年尤甚。王维生在玄奘之后，略晚于中国禅宗开创者惠能。中国禅宗创始之初在南方传布，广泛流传则是中晚唐的事了。王维曾遇到惠能的弟子神会，听其说教并撰写《能禅师碑》，当然可能受到禅宗的影响；但早年即信佛的王维，佛教观念应早已大体确立。唐人的宗教思想本来就复杂，王维也是如此。《旧唐书》本传说他"居常蔬食，不茹荤血。晚年长斋，不衣文彩。……斋中无所有，唯茶铛、药臼、经案、绳床而已。退朝之后，焚香独坐，以禅诵为事"。由此可见，王维重视戒律，重视禅诵，简朴谨严，甚至有点苦行的意味，从修行方式看不像禅宗，更近于净土宗。《过香积寺》中"薄暮空潭曲，安禅制毒龙"的诗句，也证明王维以禅定制服妄念（"毒龙"）的修行思想，与中国禅宗本来清净、不假修行的顿悟思想并不吻合。王维留意于净土法门，留下了一些称赞净土的文字。他称赞净土的《画西方阿弥陀变赞》，用儒家经典《易经》来解释净土义理，更能看出他倾向于净土。因此，王维诗中的佛教因素，不宜皆以禅宗来解释。很多学者喜欢以禅宗思想解说王维的诗，比如《鸟鸣涧》。但我认为，这首诗表现的是普通的大乘佛教思想，与禅宗思想的独特性无关。

本诗首二句出现了四种物事：人、桂花、夜、春山。四者可以理解为四种景致的并列，也可以解读为比喻关系，即理解为"人闲如桂花之落，夜静觉春山之空"。这两句都是"空"的意思。首句是说人的"空"，主体的"空"，人闲静之时的意识如同桂花之落，而桂花飘落是没有意识的，也就等于说主体意识的"空"；次句是说物（作为时间的"夜"和作为空间的"春山"）的"空"，客体对象的"空"。用佛教语言说，第一句是说"能空空"，"我执"松动；第二句是说"所空空"，"法执"消融。人到了执着消融之际，便如桂花之落，无不随顺；又如春山之空，处处无碍。

第三句的"月出",说的是真如显现。佛教典籍中常用月亮来比喻圆满的真如。夜晚的"山鸟"比喻偶尔闪现的念头,"惊山鸟"是说妄念受到震动。真如显现,人始开悟,逼使妄念远离,于是到第四句"时鸣深涧中",妄念("山鸟")只是在意识的幽微处("深涧中")偶尔一现("时鸣")了。从这首诗来看,王维认为妄念是逐渐消落的,由凡入圣需要过程,这是"渐悟"的论点,与禅宗立地成佛的"顿悟"思想显然不同。

《金刚经》说:"若以色见我,以音声求我,是人行邪道,不能见如来。"王维的诗,却恰好以把握音色的能力特别敏锐见长。本诗如果不按照上面的佛教观念去解释①,我们也能感受到它如画的意味。这就是说,王维这首诗有现实的表象世界和宗教的理念世界的二重结构。

## 辛夷坞 (王维)

木末芙蓉花,山中发红萼。
涧户寂无人,纷纷开且落。

有道是"出淤泥而不染"。世间君子们觉得,要想做"出淤泥而不

---

① 诗歌作为文学文本,它的内容可以涉及宗教,大量禅诗的存在就是证明。但诗歌作为文学艺术,它所追求的境界与宗教不同。艺术有时不乏宗教精神,但艺术与宗教仍各自有其不同的境界。诗歌以表达人的思想情感为任务,所以根本不可能像道家那样"绝圣弃智";诗歌必须以语言表达工具,与佛家尤其是禅宗"不立文字"的主张更不相合。根据禅理,凡语言文字,皆涉戏论;戏论不灭,不能通达诸法实相。《华严经》说,"一切动心忆想分别悉皆止息",以无功用觉慧观,"如所有性尽所有性",此即所谓"现观",言语道断,心行处灭,方可达于真实境界。据此,任何文字表达,皆不可达终极禅理。"翠竹黄花皆佛性",固然如此;然以语言强取翠竹黄花入诗,不管多么玄妙,即涉名言分辨。诗歌都是世间有情"动心忆想分别"皆未止息而作,不必用禅理去衡量之。所以,评论诗歌,应该着力探索诗歌自身的规律,而不必攀附禅理。

染"的莲花，就只好处于污泥之中。没有污泥，何以显出莲花的高洁？莲花的种种价值，正是因它站在"淤泥"中才得以呈现。

从某种意义上说，每个人都是站在污泥中的莲花。按照孟子的观念，人性是善的；按照佛教的观念，一切众生皆有佛性；道家也是信任人性的，因其主张回归人性的先天本原。每个人原本都是纯洁的，但让人感到尴尬和滑稽的是，这个世界太肮脏了。

在这个背景下，人的出路有这么几条：第一，改造这个世界（具备与此相应的抱负、意志和才能的只有极少数杰出人物）。这是儒家的道路。第二，远离这个世界，避入桃花源中，莲花做不了，做菊花去。这是道家的道路。第三，以出世的精神做入世的事业，秉持空性，心怀慈悲，以莲为舟，度化众生。这是大乘佛法的道路。第四，与这个世界同流合污，莲花做不了，变成污泥，"和光同尘"。这是世俗的道路。我们毫不费力就可以观察到，在这个世界上，污泥的数量远比莲花要多。即使以污泥中的莲花自诩的君子，也多半不过是包装成莲花的污泥罢了。

在这样的思想背景下理解这首诗，我们将获得更为超脱的领悟。王维的道路是佛道合流的道路。《辛夷坞》把辛夷花比作芙蓉即莲花，用意十分巧妙。但它表现的并不是"莲，花之君子"的意思，莲花也是佛教的符号。这首诗表现的既不是积极入世，也不是消极避世，更不是以烂为烂或委曲求全的顺世。它表现的是一种无人干预的"空"的状态（佛），一个真正自然的生命过程（道）。山中之花，自开自落，完全展示了生命在时间中最原始、最真实的状态。这首诗里有寂寞，但这是一种活泼的寂寞，是浸润着生命意趣的寂寞，是生命自然地展现、没有丝毫尘世欲念沾染的最纯正的寂寞。在这里，红萼繁盛，纷纷开落，有独自生灭的寂寞而没有孤独；在这里，没有莲花与污泥的区别，没有观念的分别，一个自然的过程就在自然规律本身的支配下发生，就在只显现自身的本然状态下进行。

读这几句诗，我突出的感受是，自然本身就是美的，是真的，世界真正的污染源不是世界本身，而是人自己。我以为，与其自吹性善而呼吁回归人之本性，还不如减少矫饰而效法自然状态。这当然不是叫大家去做居士或隐士，强忍悲哀和怨愤去做"居士"或"隐士"也是违背自然之道的。我只是想，假如我们能活泼泼地顺随自然，像诗中的山花，开也不由人，落也不由人，必定会解脱沉重的做作和虚伪。生命一旦失去机心，就会赢回机趣。

本诗中有空性的展现，这是佛；有自然的机趣，这是道。佛法是讲空性与慈悲双运的，但这首诗里面没有慈悲。所以王维并不是只受佛教思想影响，道家的意趣在他的笔下表现得更多。

### 相思 （王维）

红豆生南国，春来发几枝？
愿君多采撷，此物最相思。

这首诗的结构没有什么起伏跌宕，写法上也没有什么"诗中有画，画中有诗"的明显特点。好就好在它看似直白而构思巧妙。全诗语言直白浅近，十分易懂，但构思却有讲究，无一字道及眼前实景，笔墨全落在想象中对远方的悬揣之中。"红豆生南国，春来发几枝"之景，是诗人思念的友人所在的南国之景；然而也不就是南国的实景，而是诗人想象的南方情景。这番虚拟的情景全由相思之情带出，是由情生景，与一般诗歌的"触景生情、情由景出"，完全是两种方式。诗人不说眼下自己如何思念，而思念之深，历历可见。全诗二十字，无一不扣"相思"之题。

王维此诗，字面上平易通俗。然"多"字亦嫌浅俗。我以为，把"多"字改为"休"字，或许更妙。既然"此物最相思"，那么从体贴朋友的角度出发，劝他少采撷一点，减一点相思之苦，似乎更能显示自己体贴对方的厚意深情。

## 送沈子福归江东 （王维）

杨柳渡头行客稀，罟师荡桨向临圻。
唯有相思似春色，江南江北送君归。

这是一首送别诗。此诗平平而起，绵邈而收，开头和结尾都淡淡说来，辞气和缓，毫不费力。全诗引人注目之点，在于"唯有相思似春色，江南江北送君归"。此二句运用移情的方式，通过比喻，把心内的"相思"，置换为心外无所不在的"春色"，使得相思之情溢出自己的内心，在广大的世界中到处流淌。这种手法，李白的"我寄愁心与明月，随风直到夜郎西"，也是同一机杼，都属于所谓"移情作用"的运用。以春色之清丽和暖比喻人间友情，也觉温馨宜人；与李白的诗相比，王维情感中和，相思虽深而不至于愁苦。由此可见王维和李白个性的差异。

## 山居秋暝 （王维）

空山新雨后，天气晚来秋。明月松间照，清泉石上流。
竹喧归浣女，莲动下渔舟。随意春芳歇，王孙自可留。

这是王维五言律诗的代表作之一。本诗章法严整，由景到人，由事到情，句句相牵，一气呵成。王维诗歌"诗中有画"的特点和优点，表露无遗。此诗最为人称道的是颔联："明月松间照，清泉石上流。"此联妙在哪里呢？当然有所谓"诗中有画"的一面，有上与下、点与面和谐搭配的画面感。但画面感突出的诗句，古人诗中多有，并不稀奇。中国诗歌有写景抒情的传统，绝大部分诗歌都是要写景的，不少诗人写景的诗句相当到位。早于王维的，像杜审言"云霞出海曙，梅柳渡江春"，王湾"潮平两岸阔，风正一帆悬"；大约与王维同时的，像李白"野竹分青霭，飞泉挂碧峰"，杜甫"星垂平野阔，月涌大江流"，都把景物写得十分精彩；比王维晚的，把景物写得有声有色的诗人那就更多了。我想说的是，写景能像王维那样写得微妙而富于机趣的，并不多见。"明月松间照，清泉石上流"，没有上引那些诗句那样有气魄，却写出了那些诗人笔下没有的东西——寂静中活泼的机趣。这是中国传统推崇的"静观万物皆自得"的境界。寂静而不呆板，而不阴郁，能让寂静活泼起来，使寂静中含蕴机趣，这是王维诗写景的显著特征。王维写景的笔触也很微妙，我们欣赏其诗之时必须想到他也是杰出的画家，他对声色的触角特别敏感。"明月松间照"，是写形色，但这是明月与松树之间清幽的光与影，是"无色之色"，王维并未使用表示颜色的字眼；"清泉石上流"，是写声音，但只是用泉流暗示必有声音，这是"无声之声"，王维没用一个表示声音的字。

颈联也显示了王维作为艺术家的才能。"竹喧归浣女，莲动下渔舟"，写的是浣洗衣服的女子傍晚回村经过竹林，竹林里传来爽朗的人声；晚渔的船沿水下行，船看不见，而水中之莲却纷纷摇动起来。这样写很含蓄，不见其人，闻其声而其人可见；不见渔船，观莲动而渔船可知。这联诗的句型很贴切地展示了这种感觉的先后顺序。平庸的诗人可能会依据逻辑顺序写成"浣女归竹喧，渔舟下莲动"，这样写来，竹何以喧，莲何以动，因果明白，次第清晰，而诗意却死去了。很多不懂感觉顺序的人认为这是倒装句，见解与上述平庸的诗人一样平庸。

## 竹里馆 （王维）

独坐幽篁里，弹琴复长啸。
深林人不知，明月来相照。

这首诗展现了诗意的幽寂。王维性格不趋时，所以他容易寂寞；他又不怪僻，所以也不容易孤独。"深林""独坐"，当然是寂寞的，然而既有"明月来相照"，他又在月光的抚慰中获得了某种来自大自然的慰藉。独自一人"弹琴"，没有欣赏者，没有知音，王维在这个深夜里，既是演奏者，也是倾听者，他是他自己的知音。深夜"弹琴"也非自娱自乐，"弹琴"未足，继以"长啸"，折射出他内心仍有某种难以抒发或不易化解的郁闷。然而，王维的心毕竟比一般人平和澄澈，就在这个"人不知"的夜晚，他还是在月光无声的陪伴中，领略到明晰而永恒、寂寞而安详的幽寂之趣。

孟浩然说"欲取鸣琴弹，恨无知音赏"，刘长卿说"古调虽自爱，今人多不弹"，都含着一股幽怨愤懑之气。王维没有幽怨，没有愤懑，他静静地独坐竹林中，看着自己的琴声浸染着月光，漫过幽寂的夜色。

## 参考阅读

## 王 维

王维是个早熟的诗人。著名的《九月九日忆山东兄弟》就是他十七岁时的作品。一个人过于聪明，容易过早看破世相；过于早熟，也就容易早衰。他的前期作品《老将行》据某些文学史家称具有岑、高诗派的雄浑之气，但这首诗中"昔时飞箭无全目，今日垂杨生左肘。路旁时卖故侯瓜，门前学种先生柳。苍茫古木连穷巷，寥落寒山对虚牖"，却有几分衰飒的气象。王维多才多艺，能诗能画，头脑聪明而性格和软，智有余而力不足，这种情况下受到佛道思想的影响是非常自然的。加上他妻子早死，后期政治失意，使得他更趋恬淡消极，这在他的诗歌里表现得十分明显。

王维是陶渊明之后最杰出的山水田园诗人。他艺术造诣精深而个性和软恬淡，他诗歌艺术的得力点就在于此种性格，沈德潜说王维的艺术境界"正从不着力处得之"，搔到了王维性格和他的诗歌之间关系的痒处。王维本来就不是那种金刚怒目的人，天性近于艺术和宗教，所以他的诗中感情流露往往比较和婉，景象也幽静清丽，雅致平和。出于性格和宗教情怀，王维对世间烦恼有一种本能的逃避意识，山水成为他安顿灵魂之乡，一种解脱烦恼的生存形式。因此，王维亲和山水主要并不是为了远离或对抗政治，它具有灵魂的自我拯救的深广意义。

王维对山水田园独到的表现性描绘，超越了此前的再现性描绘。把自然景物呈现得更适于审美眼光，这是王维对中国诗歌的重大贡献。在谢灵运和陶渊明时代，山水田园还只是作为人确认自身生命依托和存在的对象，而在王维那里，山水田园已经与人的生命打成一片，人的"情"与山水田园之"景"实现了充分的交融，彻底摆脱了谢灵运以来"模山范水"的再现性描摹方法。王维的山水田园诗具有贵族（谢灵运）和隐士（陶渊明）的双重气质，其幽静的性情、出色的景物描写，具有地道的中国文人诗特点，对后世影响极大。后代写山水田园诗的诗人，既在他的笼罩之下，也就基本上无出其右了。

王维的诗，自然而不拙直，明净而见含蓄，清丽精致，浓淡得宜，达到了很高的艺术境界。他的好诗很多，以五言诗为主，七绝也很有味。与同时代的李白、杜甫相比，王维的短诗较多。他把诗限制在较短的篇幅内，最大限度地抑制了表达的历时性，同时也最大限度地消解了情感的动荡过程，更强化了他诗歌的静止感。王维诗的静止感，不仅与他的性格、心境有关，也与他的诗篇的"时间长度"有关。

绘画是缺乏"时间长度"的。王维本人恰好是一位杰出的画家，他也自称"前身应画师"。苏轼称王维"诗中有画，画中有诗"，可能是鉴于王维诗人兼画家的双重身份而发的一时兴到之语，后来却被视为对王维的定评。作为画家的王维，对以诗句捕捉画面固然会有特别的敏感，但"诗中有画"也算不上什么了不得的褒扬。其实从六朝以来，山水诗几乎都有画意。诗与画毕竟是两种艺术，各有彼此不相替代的表现机能。诗能否画出来，当然不是评价诗歌艺术的标准。诗中可以有画，但诗不全是画。任何优秀的山水诗，都必然有画不出来的部分。我们肯定不能否认身兼画家的诗人王维的诗歌作品很有画意，因为画家王维和诗人王维本来就是同一个王维，他的艺术思维方式具有内在的一致性；但是，王维心中那一点诗意如果可以用绘画来表现，那就没有写诗的必要了。王安石说"意态由来画不成"，诗意的精微处，大概也是绘画难以直观呈现在眼前的吧。

王维被称为"诗佛"。他闲静冷寂、恬淡悠然的诗篇，确实可见佛家思想的浸润，但也很难说与道家思想全然无关。"若以色见我，以音声求我，是人行邪道，不能见如来"，这是佛教重要典籍《金刚经》中的话，而诗歌却是不免"有声有色"的，"诗中有画"的王维更是如此。严格地说，"言语道断，心行处灭"，佛教的这种境界是难以言说的。诗歌不必强行攀附宗教。称王维为"诗佛"，或许只是个美丽的误会而已。①

## 黄鹤楼 （崔颢）

昔人已乘黄鹤去，此地空余黄鹤楼。
黄鹤一去不复返，白云千载空悠悠。
晴川历历汉阳树，芳草萋萋鹦鹉洲。
日暮乡关何处是？烟波江上使人愁。

崔颢《黄鹤楼》，严羽推许为唐人七律第一；辛文房《唐才子传》中也说，李白登楼见得此诗，也只好搁笔叹赏。

首先引起我们注意的，可能是本诗中时间的设置。诗中前四句，写传说中乘鹤而去的"昔人"，白云"千载"的悠悠飘浮，具有漫长的时间跨度。后四句是触目所见之景和触景而生之情，时间收缩到眼

---

① 宇文所安《盛唐诗》一书中这几句很中肯："无论王维的佛教信仰多么虔诚，他仍然是一位诗人而不是佛教思想家。宗教在他的诗歌中起了重要的作用，但他所接受的诗歌传统和诗歌观念，使他不可能写出真正宗教的、虔诚的诗歌。直到九世纪，诗歌范围才扩大到足以接受对宗教价值观的抽象的、思考的处理，如白居易的某些诗。至于以宗教为主要倾向的诗集，只能离开世俗诗歌传统，到寒山和王梵志的集子中去寻找。"

前"日暮"的时刻。整首诗的时间,是由漫长而缩短。这种时间设计,表现了过往的无限时间对当下的挤压,加重了尾联的日暮途穷之感。

其次,本诗内涵是很深刻的。诗人登楼而仙人已去,面对悠悠白云,心境一片混茫。而汉阳树历历可见,鹦鹉洲芳草萋萋,眼前景象的清晰真切与心境的迷茫空落,形成了鲜明的反差。经验中的空间真实感,随着"日暮"的时间推移变得再度迷茫——"烟波"再度把"历历"的景象推向缥缈,与前面"白云"的意象相互呼应:白云是飘忽的,烟波是渺远的。因此我们可以说,诗中的景象和诗人的心境,都有一种不定感。追怀着已去的仙人,在这个黄昏中诗人问道:故乡在哪里呢?这个问,本身就表示了一种不确定感。那么诗人到底想说什么呢?我以为"日暮乡关何处是"一句是理解的关键。

"日暮乡关何处是",蕴含着日暮途穷、归宿无所之意。诗人问的,表面上是故乡何在这个问题,但我们却不能把这首诗的主题简单地划归"思乡"——因为如果只是思乡,前四句的今昔之叹,追慕仙人,就将难以理解。此处的"乡关",不必仅仅理解为地理意义上的家乡;这个"乡关"应是生命安顿之所。"昔人""黄鹤""白云千载"构成的永恒时空背景下的"乡关"之思,是一个带着哲学意义的"你将归于何处"的追问。它问的是人如何在永恒的时间中安顿生命的问题,表现的是生命的流落感,一种极其普遍和深刻的生存体验;它触及生命与时间的关系、人与自然的法则和秩序这类具有哲学意义的命题。这就是本诗旨趣之所在,也是它名垂后世的根本原因。

《黄鹤楼》一诗,在结构上的特殊之处,是上半的文气因为音律而错综奇拗[①],下半的文气因为音律而平顺;上半高而奇,下半悠而远。全诗由生命的幽思到乡关的归宿,音律的奇拗刚好呼应了幽思的曲折

---

[①] 本诗前四句不合律诗的格律,后四句则基本符合。从音律上看,尤其是"黄鹤一去不复返"一句,除了"黄"字,全是仄声,严重违背了正常律句的音韵规则。

深邃，音律的平顺刚好呼应了归宿的茫然悠远。上半打破律诗的格律，富于错综变化，而下半又保存了律诗的整齐美，整齐与错综之美，前后互相映衬，形成一种动态中保持平衡的审美结构。

### 出塞 （王昌龄）

秦时明月汉时关，万里长征人未还。
但使龙城飞将在，不教胡马度阴山。

有史以来，游牧于中国西北和北部的各民族和南方以汉族为主体的农耕民族之间，一直发生着无休无止的血与火的冲突。这难以简单地用统治者好大喜功和民族矛盾做出完备的解释，从根本上说这是不同人类群体之间残酷的生存竞争，是这一地理区域内的人们难以摆脱的历史命运。"秦时明月汉时关，万里长征人未还"，就是对这一漫长的历史做出的高度概括。这首诗开头巨大的时空跨度所引发的开阔寂寥之感，使读者不必细察诗意就能领略到强烈的震撼。这个开头力度很强大，意思极饱满，以至对下面的诗句如何承接，构成了压力和挑战。《唐音癸签》卷十就语带遗憾地说"发端句虽奇，而后劲尚属中驷"，王夫之《姜斋诗话》以为"未免有头重之病"，从措辞的角度说，都算是中肯的意见。后续诗句措辞的力度确实难以超越首句，很难再向上翻出一层。要是后续能够接上像中唐李益"碛里征人三十万，一时回向月中看"那样虽然悲凉而场面大气的句子，前后的力度可能会更匹配。

但是细玩这首诗，又觉得《唐音癸签》和《姜斋诗话》的评论有问题。这首诗的意义结构是完整的，表意是连贯的。后面两句是无可奈何的感叹，意思是说现在已无李广那样能力超群的飞将军了，如果我们还拥有李广那样的将领，胡马是不可能越过阴山侵入内地的。由此反观前两句"秦时明月汉时关，万里长征人未还"，则可认为是陈述当前的现实——秦汉时的明月和残留至今的关隘，仍在眼前；戍守边塞的士兵万里征战，无法回家。后面两句显然是对"万里长征人未还"

原因的揭示：当今再也没有"龙城飞将"了，无人能阻止"胡马度阴山"了。如此理解，诗意豁然，前后贯通。本诗意思很简单，就是感叹世无名将。

《唐音癸签》和《姜斋诗话》的批评，看来是由于对诗意的把握不够确切。即使单从措辞来看，对于大多数诗人来说，要在首句这种透视今古、目力已穷的境界上再扩大眼界，无论怎么瞪眼，都未免艰难。我们对诗人也不宜过于苛刻。

但看《王昌龄诗格》"心偶照境，率然而生"的主张，就不难感觉到王昌龄是个灵感式的诗人。灵感式诗人通常在语言层面很敏感，易得妙句，而难于结构。他们往往擅长"一鼓作气"作绝句一类的短篇，而作起长篇来，就不免"再而衰，三而竭"了。王昌龄确实是典型的灵感式诗人，其才不善作长篇，他绝句很好，而五古、五律、七律都不见特别的长处，他的七律甚至被讥笑为"拙弱可笑"（《诗薮》内编卷五）。和王昌龄一样，李白也是一个灵感式诗人，七绝也同样拿手，但李白的古体长篇也很好。由此可见李白确是天才。

### 从军行·其二（王昌龄）

琵琶起舞换新声，总是关山旧别情。
撩乱边愁听不尽，高高秋月照长城。

王昌龄的几首《从军行》，总的看来，愁苦之音较重。他边塞、从军题材的诗，往往写得悲多于壮；而女性和情爱题材的诗，却绵密细致，深婉曲折——这折射出王昌龄的性格特质。

本诗写戍守边疆的军人，但看不到"匈奴未灭，何以家为"的气概，倒大有匈奴虽未灭，时时总想家的哀怨。边塞和闺怨题材的诗，都是王昌龄最拿手、成就也最高的，但在王昌龄边塞诗中，金石之音、杀伐之气却很稀薄，他倒以女子闺怨的口吻吐露过"悔教夫婿觅封侯"的真实想法。写闺怨诗的王昌龄，才是"本色"的王昌龄。

王昌龄是典型的文人，他缺少武人的慷慨豪壮。《唐诗纪事》引殷璠的话说，王昌龄"孤洁恬澹，与物无伤"。《出塞》一诗，"但使龙城飞将在，不教胡马度阴山"似乎有点豪壮的意思了，但那只是"古人"的豪壮，他是把希望寄托在早已死去的"龙城飞将"身上的，而这恰好暗示了诗人自己的无力和难以担当。"安史之乱"中王昌龄弃官家居，就是他缺少担当的一个表现。"疾风"一来，就检验出王昌龄并非"劲草"。

这首诗尾句的写法，在古典诗歌中常见。白居易《琵琶行》写听音乐后的心境，就用"唯见江心秋月白"来暗示萧瑟冷寂的内心感受。以永恒的月亮孤独地照着古老的长城的画面来暗示"撩乱边愁"之冷落与无尽，给人极辽阔极幽渺的时空之感。

### 采莲曲 （王昌龄）

> 荷叶罗裙一色裁，芙蓉向脸两边开。
> 乱入池中看不见，闻歌始觉有人来。

《采莲曲》是乐府旧题，这是沿用前人题目，意味着王昌龄是了解前代诗歌的。杰出的诗人总是要向前人学习的，他们总是站在前人的肩膀上，继续向上攀登。对于盛唐诗人来说，他们受前朝的影响，尤其是魏晋以降的六朝诗人的影响最大。李白、杜甫等伟大诗人的诗篇里，就经常提到陶渊明、谢灵运、谢朓、庾信、鲍照等人的名字。王昌龄这首诗，也明显借鉴了梁元帝萧绎的《碧玉诗》。《碧玉诗》的"莲花乱脸色，荷叶杂衣香"，与本诗的意思很相像，但意味厚薄有所区别。"后出转精"，王昌龄比萧绎，确实要精妙一些。

诗的首二句与《碧玉诗》相近，但在《碧玉诗》中，莲花与脸色、荷叶与衣裳，其间用"乱""杂"二字，只能表明两者之间容易混淆的相似；而王昌龄的诗句中，荷叶与罗裙、芙蓉与人脸，则完全混同为一体了。"芙蓉向脸两边开"，一个"开"字把女人的脸和荷花直接等同了起来；"乱入池中看不见"，一个"乱"字不仅表明绿裙与荷叶难以分辨，也暗示在池中可能发生了人们看不见的风流韵事（这个"乱"也有"坐怀不乱"的"乱"的含义）。"闻歌始觉有人来"，则由形态的描写转为声音的描写，使全诗声色并茂，当然这歌声中也暗示了"采莲曲"中经常发生的爱情的愉悦。而这种歌声为什么如此愉悦？答案隐藏在诗句的下面，激发出的只是也只能是适可而止的联想，完全符合儒家"乐而不淫"的审美规范。全诗含蓄有韵致，意思层层转深，回味悠长。

## 回乡偶书 （贺知章）

少小离家老大回，乡音无改鬓毛衰。
儿童相见不相识，笑问客从何处来。

野人怀土，小草恋山。中国悠久的农业文明培养起来的对乡土的眷恋，根深蒂固地融入了中国人的意识情感之中。回家，是中国人情感的重要主题。项羽认为富贵必归故里，刘邦居长安而思沛，"他乡遇故知"是古人认定的人生四大喜事之一，乡愁直到现当代文学中仍然是重要主题——凡此种种，都从不同角度证明了故乡在中国民族心目中的分量。

乡思乡愁，既有对家乡与亲人的依恋，更有在苍茫岁月中归依无凭的自伤自怜。家乡，这个生命的降临之地，这个积淀着生命最初的最单纯最美好的经验的地方，这个保存着命运之力尚未显现之前的最安定的感觉的处所，被人们视为寄托安身立命的情思的天堂。命运迫使人们离开故土，奔波疲惫之时自然会想到故乡；即使能够回到故乡，时间推移，世事变迁，往事虽历历在目，而已成梦幻泡影。人被时间之墙，永远挡在了属于他的那个故乡之外。我自不忘故乡，故乡可记得我？乡愁，这是人们对自己已经消逝的过去的无尽追念，是对生命不会逆流的永远的伤怀。乡愁是永恒的失落。昔我往矣，杨柳依依；今我来思，雨雪霏霏。少小离家老大回，儿童相见不相识。世途难免坎坷，日月无情飞逝,贺知章青春出门,白首还家,这里面有多少感慨!

前面两句,诗人置身于既熟悉而又陌生的故乡,一路行来,颇不平静:当年离家风华正茂,今日返归鬓毛疏落,不禁感慨系之,为唤起下两句儿童不相识而发问做好铺垫。三四句转而为富于戏剧性的儿童笑问的场面:"笑问客从何处来",在幼小的儿童,这只是无心的一问;在年老的诗人,却引出了不尽的沧桑之感。情境变迁,时间流逝,已经永远把诗人阻挡在属于他自己的那个故乡之外了。这看似平淡的一问,正包含着诗人老迈衰颓与反主为客的悲哀。全诗就在这有问无答处悄然作结,而弦外之音却哀婉备至,久久不绝。

## 蜀道难 (李白)

噫!吁嚱!危乎高哉!蜀道之难,难于上青天!蚕丛及鱼凫,开国何茫然!尔来四万八千岁,不与秦塞通人烟。西当太白有鸟道,可以横绝峨眉巅。地崩山摧壮士死,然后天梯石栈相钩连。上有六龙回日之高标,下有冲波逆折之回川。黄鹤之飞尚不得过,猿猱欲度愁攀援。青泥何盘盘,百步九折萦岩峦。扪参历井仰胁息,以手抚膺坐长叹。

问君西游何时还,畏途巉岩不可攀。但见悲鸟号古木,雄飞雌从绕林间。又闻子规啼夜月,愁空山。蜀道之难,难于上青天!使人听此凋朱颜。连峰去天不盈尺,枯松倒挂倚绝壁。飞湍瀑流争喧豗,砯崖转石万壑雷。其险也如此,嗟尔远道之人胡为乎来哉?

剑阁峥嵘而崔嵬,一夫当关,万夫莫开。所守或匪亲,化为狼与豺。朝避猛虎,夕避长蛇。磨牙吮血,杀人如麻。锦城虽云乐,不如早还家。蜀道之难,难于上青天,侧身西望长咨嗟!

"奇之又奇,然自骚人以还,鲜有此体调",本诗在唐代就有此评

(见《河岳英灵集》)。唐代孟棨的《本事诗》中还记载,贺知章读到李白《蜀道难》,"读未竟,称叹者数四,号为谪仙,解金龟换酒,与倾尽醉"。贺知章赞叹李白为"谪仙",显然也是基于《蜀道难》"奇之又奇"的特点。一个"奇"字,堪为本诗定评。这样的诗篇,在古典诗歌中确实是不多见的。

本诗的"奇"表现为几个方面:

第一,想象之奇。这点无须多说,凡是到过四川的人都知道,蜀道是难,可是没有李白写的那么难。"西当太白有鸟道,可以横绝峨眉巅""上有六龙回日之高标,下有冲波逆折之回川。黄鹤之飞尚不得过,猿猱欲度愁攀援""扪参历井仰胁息,以手抚膺坐长叹",都是典型的浪漫想象,都是明显的夸张之词。

第二,起笔之奇。"噫!吁嚱!危乎高哉!蜀道之难,难于上青天!"连用惊奇的语调,在古典诗中也是罕见的。"噫""吁嚱""乎""哉"几个表示惊叹的语气词,使用密集;尤其是"噫""吁嚱"这两个在古诗文中通常不会连用的词而被连用,效果特别强烈。顺便说下,"吁嚱"就是"呜呼",古代也作"于戏"。宋庠《宋景文公笔记》卷上说,"蜀人见物惊异,辄曰'噫吁嚱'",这是不确的。"噫"与"呜呼",都是古人常用感叹词,非蜀地仅有之方言。本诗没有所谓蜀地方言。

第三,句法之奇。人们常说韩愈"以文为诗",其实本诗中没有一个标准的对偶句,几乎都是散文化语句,在句法参差错落方面,李白本诗并不让于韩愈。且看"蜀道之难,难于上青天""地崩山摧壮士死,然后天梯石栈相钩连""上有六龙回日之高标,下有冲波逆折之回川""其险也如此,嗟尔远道之人胡为乎来哉""剑阁峥嵘而崔嵬,一夫当关,万夫莫开",是何等散文化的句法。想象之奇构成诗句内容之奇,而句子的参差错落、随意放纵,则构成了句法之奇。

尽管本诗看起来自在不拘,但结构却是次第分明的。诗中三用"蜀道之难,难于上青天",反复惊叹,勾连全篇,这很明显;而各诗段也层次分明，简要图示如下：

```
蜀道难
⎰ 自然之险 ⎰ 第一段：整体的：从宏观的历史、地理的角度
⎱          ⎱ 第二段：局部的：从（想象中的）实际景状角度
  人事之险   第三段：由自然之险转写蜀地人事处境之险
```

本诗一气贯注。也许天才的李白没有刻意经营结构，不过这首诗客观上达到了次第分明的效果。

## 将进酒 （李白）

君不见黄河之水天上来，奔流到海不复回。君不见高堂明镜悲白发，朝如青丝暮成雪。人生得意须尽欢，莫使金樽空对月。天生我材必有用，千金散尽还复来。烹羊宰牛且为乐，会须一饮三百杯。

岑夫子，丹丘生，将进酒，杯莫停。与君歌一曲，请君为我倾耳听。钟鼓馔玉不足贵，但愿长醉不复醒。古来圣贤皆寂寞，唯有饮者留其名。陈王昔时宴平乐，斗酒十千恣欢谑。主人何为言少钱，径须沽取对君酌。五花马，千金裘，呼儿将出换美酒，与尔同销万古愁。

饮酒想起诗，赋诗想起酒。酒与诗像是孪生兄弟，结下了不解之缘。让我们把饮酒与赋诗二者在意念上紧密联系起来的人物，首推李白。"李白一斗诗百篇，长安市上酒家眠"，杜甫《饮中八仙歌》对李白的描绘，激发了后人浪漫的想象，李白逐渐被定格为一位手把酒杯、冷眼傲世的诗人。

李白诗歌里面确实经常写到酒。中国的酒文化，如果没有阮籍、刘伶、陶渊明、李白、苏轼等人，那是不可想象的，因为正是他们，

代表着中国"酒文化"的"文化"二字——没有他们,"酒文化"就不成其为文化;没有他们,嗜好饮酒者大概只会被人们视为无聊的"酒徒"。李白把醉意升华为一种诗学思维方式,其意义有似于怀素把醉意贯注于书法之中。

这首诗以从天而降的黄河开始,以万古不尽的悲愁告终,始于自然,终于人事,一气呵成,气韵浩荡。它以饮酒为题材,却没有停留在饮酒一事上,诗人带着酒气的喉咙里,发出的是对宇宙人生的深沉慨叹。开头四句一向为人称颂,但这和酒实际上没有关系,它说的是人生易老之苦;李白先说人生多苦恼,他才开始劝酒。正因为痛感年华的易逝与生命的短暂,所谓"朝如青丝暮成雪",他才不惜一切,"五花马,千金裘"都不要了,要把这些常人以为"宝贝"的东西拿去换酒,以浇灭心中的万古哀愁。

"万古愁"就是古今皆不能解脱的人生易老之愁。生命无常的哀愁无法真正浇灭,只要有衰老和死亡存在,人类必须永远承受这种哀愁。李白心中有这种哀愁,但李白心中不仅仅是哀愁。他的精神之中有另一种酒神的狂欢,所以哀愁之外也洋溢着豪气与洒脱。"钟鼓馔玉不足贵",权势和财富都不是他所看重的,他想在人类生存的这出悲剧中,寻找到生命的狂欢——这狂欢,就是可以不要钟鼓馔玉,不要五花马、千金裘,除了"酒"所带来的生命快感,可以不顾一切。

本诗表达畅快急促,意态飞扬跋扈,读起来就很有酒意,很能表现李白的个性。跟杜甫比起来,杜甫诗较有密度,李白诗较有速度,本诗气势足而节奏快,"思疾而语豪",在李白诗中具有代表性。"思疾而语豪",却并不粗率。就以前四句为例,且不说李白把黄河从水平线拉成垂直线,似乎黄河之水要像瀑布一样从天上径直跌入大海这样气势恢宏的艺术夸张,使得"飞流直下三千尺"都变成大巫面前的小巫了,就算是韵脚的运用,也别具艺术匠心——平声的"来""回"都起到拖长音声的效果,加强了气势,而入声的"发""雪"都造成声韵上的急促感,一读即可感到相对于黄河之长的人生的局促。也许李白从容挥洒之际并没有这样斟酌,可能是他那非凡的天才,使他无意之间就造成了这种非同凡响的艺术效果。

## 宣州谢朓楼饯别校书叔云 (李白)

弃我去者,昨日之日不可留。乱我心者,今日之日多烦忧。长风万里送秋雁,对此可以酣高楼。蓬莱文章建安骨,中间小谢又清发。俱怀逸兴壮思飞,欲上青天览明月。抽刀断水水更流,举杯销愁愁更愁。人生在世不称意,明朝散发弄扁舟。

这似乎是一首文不对题的送别诗。李白没有对送别对象叔云说什么,他只是说自己的愁。这就是李白,自在的李白。他很自我,在临别之际,他不说努力加餐饭,不说珍重再见,不说友谊万岁,不说明天会更好。他只说愁,但不是离别朋友之愁,而是横亘在他自己心中的生命的大愁。

李白的悲愁不容易解决,或者说根本无法解决,因为这正是他《将进酒》中的那种"万古愁"。"弃我去者,昨日之日不可留。乱我心者,今日之日多烦忧",这是说生命受到时间的限制,时间是线性的,人生在不断流失,昨天不可能再回去,而今日也不能停驻,也在不断地流逝,正如此刻的离别,证明了昨日相聚的终结,也预告了明日无常的烦忧。自命谪仙的李白,心中总有一种受到时间挤压的悲愁,"抽刀断水水更流,举杯销愁愁更愁",这种压迫感挥之不去。在中国文化里,水不是单纯的空间意象,很多时候水是时间的意象,孔子说"逝者如斯夫,不舍昼夜",看到水就产生了时间乃至万物的流逝感。"人生在世不称意"是李白作为谪仙最基本的生命状态——人间肯定不是神仙所居的合适的地方——在此世间,他的失落是注定的,所以只好"明朝散发弄扁舟"了。

面对永恒的时间,如果着眼于时间的流逝,通常会引起无常变幻之悲感,意识到生命的短暂与渺小;而如果着眼于时间的"当下""此刻",他看到的则是连接在过去和未来之间的一个"实在"的存在。而如果能有忘却时间的一瞬,他将获得超越,领略到超越悲喜的境界。这种境界,王维偶尔会有到达。但李白不是王维。他心中有太多的激情,远不如王维平静。所以自称"谪仙人"的李白,其实不如王维更有神仙的气度。

本诗开头二句,起笔突兀,句法特别。"弃我去者"其实就是昨日,"昨日之日"表示过去是所有昨日的累积,也有突出强调的作用。我估计这种特别的句法只有情绪奔放的李白可用,其他诗人一用就会出错。

### 玉阶怨 (李白)

玉阶生白露,夜久侵罗袜。
却下水精帘,玲珑望秋月。

秋夜,一个女子在庭外石阶上静静地伫立,等人归来。等到夜深,冷露浸湿了罗袜,人还未归。于是她退进屋子,放下帘子,准备入睡。但她仍然难以安睡,隔着透明的窗帘,还在呆呆地遥望帘外的秋月。诗题有"怨",而诗中无一"怨"字,却句句都含有幽怨之意:"生""侵"两个词语,暗示了漫长而无结果的等待过程;"下""望"两个词语,既暗示等候已经无望,也表明等待还在持续。透过诗中作者勾勒的画面,女人的"痴"与"怨",虽不言而跃然欲出。

李白诗中曾提及的显然也影响过李白的诗人谢朓,也有一首《玉阶怨》:

夕殿下珠帘,流萤飞复息。
长夜缝罗衣,思君此何极!

这首诗也是五绝,也表现闺怨,表现夜晚思人的情景。但与李白的诗相比，就出现了"思君"的字样，情绪表面化得多，明显不及李白含蓄。李白完全是用具体的形象和情节来展现闺怨的主题的。

李白诗超过谢朓诗，是汉语语言形式发展的结果。汉字多取象而成，容易生成形象感，这决定了汉字文化直观形象的特点，也强化了汉语思维的直观形象倾向。汉语诗歌倾向于借景托物，就是这个特点的重要表现。李白的诗比谢朓更集中和典型地体现了这个特点，它的形象性和暗示性都超过了谢朓，由此可见唐诗的形象水平在齐梁诗基础上的跃升。唐诗在这方面达到了极致，宋代诗歌在理趣方面有了新的发展却在这个方面有了一定的退化，所以往往被认为不及唐诗。如果从汉字文化的直观性角度理解汉语诗歌的成就，唐诗超过宋诗的说法，还是有其道理的。

### 秋浦歌 （李白）

白发三千丈，缘愁似个长。
不知明镜里，何处得秋霜。

情感可能引发现实事物在感觉中的变形，想象使不可能的事在诗人的感情世界里变得可能。诗人的内心世界是感性的。本诗中"三千丈"的白发，是不能用现实生活中的尺度来丈量的，而要以李白的"愁"所设定的情感标准来衡量。首句突兀怪诞，李白愁得眼睛失去了正常的视力，揽镜自照时，满眼都是白发在夸张地飘荡。此句写愁非常传神。"何处得秋霜"一句，感叹生命的流逝正在人的不知不觉之间，"不知"与"何处"之中有种种未经指明的复杂原因和难以道尽的沧桑经历，含蓄，有余味。此诗开头急而结尾缓，符合古人常说的"开头如爆竹，结尾如撞钟"的结构要求。

"问余何事栖碧山，笑而不答心自闲。桃花流水窅然去，别有天地非人间。"李白自认贬谪人间的仙人，不承认自己属于这个世界。然而李白最深刻的悲哀和愁苦也在这里，他的"万古愁"，"白发三千丈"

之愁,"弃我去者,昨日之日不可留"之愁,都是痛感生命流逝之愁。自以为仙人,仍不免老去,这会导致"我本谪仙人"的信念的动摇。"三千丈"的夸张,"何处得秋霜"的疑惑,表现了李白面对生命衰老的恐慌和哀伤。李白一生好入名山游,一生爱酒,都是他试图超越人间、逃避人间的表现。

　　白发是生命萎缩的标志,更常常是愁苦的化身,是事功不成、命运蹇涩的倒霉蛋的标准相。古典诗文中多有对白发普遍的恐惧,哀叹白发几乎成为心理脆弱、心思敏感的诗人面对镜子的习惯性反应。白发是生命和生活出现重大危机的信号。"君不见高堂明镜悲白发,朝如青丝暮成雪""晓镜但愁云鬓改""多情应笑我,早生华发""可怜白发生"——我们看到的中国古代诗人,很少有人意识到白发或许代表着躲过了早夭的幸运,几乎没有一个对头发的变白热情地加以盛赞和讴歌的。

　　白发催生愁苦,暮年偏多回忆。当青丝变成白发,青春的韶光沦为苍凉的回忆,此时此刻,又有几人能避开生命的忧思呢?

### 独坐敬亭山 (李白)

众鸟高飞尽,孤云独去闲。
相看两不厌,只有敬亭山。

　　《兰亭集序》说,人要遣怀,有两种方式,其中一种便是"因寄所托,放浪形骸之外"。敬亭山就是诗人形骸之外的寄托。"众鸟"就是庸庸碌碌的世人,他们都不见了,此地剩下的只有一片独自飘游的孤云,这孤云就是诗人自己的投影。"孤云独去闲"一句,与英国诗人华兹华斯的"lonely as a cloud"一句很相似,只是李白眼中这片云影不只有"孤",更有一分"闲"。"闲"字开启了后面两句。后两句把敬亭山拟人化,山所代表的通常是自在、沉默、超然,诗人从敬亭山那里发现了自我——也不妨说敬亭山还是敬亭山,但是诗人却物化了,化身为和敬亭山一样自在的、超越人事的山。在这里,人即是山,山即是人;人山同体,无有分别。"相看"之时,山还是人所观照的对象;"只有"二字,人与山则已合为一体。心中离开观照的对象,别无所有,在不知不觉之中,进入物我两忘、物我同一的境界,这也是移情作用表现之一种。

## 参考阅读

### "诗仙"李白

中国古代诗人中,李白是个"不可无一,不可有二"的人物。没有他,辉煌的唐诗就会减低一些亮度,中国文学史就会留下一块不可忍受的残缺;但他这种人又不能太多,因为李白是个天生的诗人,他的方式不能拿来面对现实:现实世界是为现实主义者和功利之徒准备的,往往容不下像李白那样天真烂漫和耽于幻想的人。对李白来说,"诗仙"是个最准确的评价——他的魅力在于他的高蹈不俗,他的存在标举着一种个性境界的高度;而他既是"仙人",则非普通人所能效法。李白有仙的高度,但缺乏人的韧度。李白韧性不如杜甫,不能真正地面对痛苦。一旦痛苦,他马上想到的就是喝酒之类的逃避方法。宋代的王安石就批评李白,他说李白的诗大抵不过写妇人和醇酒。

《唐语林》叙述过李白谒见宰相的一件事。李白的名片上这样写着:"海上钓鳖客李白"。宰相问道:"先生面对沧海钓巨鳖,拿什么做钓线呢?"李白说:"风波逸其情,乾坤纵其志。以虹霓为线,明月为钩。"又问:"拿什么做鱼饵?"李白答:"以天下无义气丈夫为饵。"大言炎炎,意气高蹈,很可见李白之精神。李白诗多有脱俗超凡的意味,但以其大,易流于疏;写诗则可,治国则未必行得通。李白凭借他的诗才,在朝廷混了一阵,但终究被请出朝廷,这固然因为他傲视权贵的气质,也因为他并非治国之才。不过,作为诗人,这种气魄却成为他追求和歌颂壮丽人生的立足点；在不得志的时候，也正是这种高自期许的精神优势使他敢于蔑视王侯，发出"安能摧眉折腰事权贵，使我不得开心颜"的高亢呼声。

克尔凯郭尔说"唯发挥个性，为至高之道德"，我们也不妨说，在诗歌方面，唯发挥个性，方能取得最高之成就。李白诗歌从总体风格看，个性淋漓，意气高蹈，自在不羁，决不局促如辕下驹。从具体写法看，他常常用"以我观物"的姿态，豪纵不拘、傲然不群，将自己的满腔热情倾注到所描写的对象中，表现出强烈的主观色彩。当寻常的形象难以表现他的澎湃诗情时，李白往往就展开天马行空般的想象和幻想，以气骋词，使形象突破常规而染上奇幻的色彩。李白诗歌的意象往往是超越现实的，他较少着眼生活过程，而让想象神游，将历史、神话、幻觉以及人物故事、自然景象组合起来，捕捉许多看似缺乏逻辑的意象，来构成令人惊愕的奇异画面。即使描写日常事物，李白也喜欢张大其词，使平常事物显出不平常的面目。如"白发三千丈""黄河之水天上来""飞流直下三千尺"之类，夸张大胆，出言无忌，让人叹为观止。正是这些特色，使我们读到他的诗篇时，在精神上得到享受和解放，获得一种酣畅与满足。

李白以其天才，极大地丰富了古体诗的表现技巧，把乐府诗推进到一个新的高度。他的七言绝句与王昌龄的七言绝句一起被后世推为唐代七绝的代表作。李白为人豪迈奔放，无拘无束，因此他较擅长写句子较长、回旋余地较大的七言诗和杂言诗。五言诗的句式较凝练，律诗则相对紧凑，不是特别适合李白大开大阖的艺术风格①——当然，

---

① 小川环树认为，李白缺乏律诗的写作训练。尽管李白曾经跻身翰林侍奉玄宗，但在李白诗集中，以"应制"为题的作品极少，而其奉玄宗之命而作的《清平调词三首》，只是绝句而不是律诗。自初唐以来，"应制"诗的固定体裁形式是律诗（一般是五律）。可见李白是缺少律诗训练的。参见《唐代诗人序说》。

李白凭借他的天才，五言诗也有写得极好的。像李白的代表作《蜀道难》《将进酒》《梦游天姥吟留别》等，大抵属于七言古诗，而诗中杂言并出，放纵不拘，多用散文句法，最能代表李白的艺术个性。他诗中的杂言句法，使诗歌具有强烈动感，表现了他活泼多变的不稳定的心理特征，这与他变幻莫测的想象结合在一起，形成一种特殊的艺术魅力。

李白的诗写得较为自由，长诗容易让人感到淋漓酣畅，一气呵成；短诗给人的感觉是自然流利，干净明朗。但不必讳言的是，李白也有一些绝句匆促吟成，意味不永，在艺术上还显得粗糙，比如《赠汪伦》。率性而发，则难免粗率，"于一唱三叹之音，有所欠焉"。

在我们的印象中，李白是个一手拿着酒杯、双眼望着月亮的诗人。传说中李白在酒醉后伸手去捞水中的月亮，失足跌入长江而死。与杜甫吃牛肉过多而死的死法相比，李白的死法是"浪漫主义"的，而杜甫的死法则是"现实主义"的。这两个诗人的死法都是传说，但确实很切合他们的特点。

## 春望 （杜甫）

国破山河在，城春草木深。感时花溅泪，恨别鸟惊心。
烽火连三月，家书抵万金。白头搔更短，浑欲不胜簪。

杜甫律诗之好，人所共称。杜甫是很精细的人，李白是很豪放的人，所以杜甫长于格律精严的律诗，而李白长于放纵不羁的古体。

杜甫的精细，但看本诗"感时花溅泪，恨别鸟惊心"一联便可明白大半。花应时而开，所以"花溅泪"对应"感时"；鸟随处而鸣，所以"鸟惊心"对应"恨别"。如果错开这个对应，改作"感时鸟惊心，恨别花溅泪"就不行。至于"溅""惊"则属于考究的炼字，春花的绽放和泪水的飞溅，在意念上都是向外的离心的运动；飞鸟胆子很小，总是一有响动就飞走，用一"惊"字也很传神。这两句有两种解说：

一说是诗人因感伤时事,牵挂亲人,所以见花开而落泪(或曰泪溅于花),闻鸟鸣也感到心惊。另说是以花鸟拟人,因感时伤乱,花也流泪,鸟也惊心。二说皆可通。

司马光解说"国破山河在,城春草木深",说"山河在,明无余物矣;草木深,明无人矣",这也是在说杜甫用心精细,善于在字句之中埋伏字面之外的意思。这解说也证明了司马光本人的精细,鉴赏诗歌需要有这样的精细。

本诗首联蕴含国家变故的"黍离之悲",是从大处着笔;颔联则从小处落笔,花鸟春色本来可喜可乐,却映衬出诗人的哀伤,这是反向的情感激发。颈联写忧国忧家之愁,是"家常话",然而用"家书抵万金"这样的"家常话"有意味地道出普遍感受而引发共感共鸣,非高手不能办成,此句于是成为广为传诵的名句。真理是朴实的、简单的,真情也都是朴素的、亲切的,所以不少精警的名句,看起来都很家常,而且也正因其家常,贴近常识和人之常情,从而在传播上具有更大的优势。尾联说愁闷之深,与前面的诗句相比,这一联显得较一般。

## 旅夜书怀 (杜甫)

细草微风岸,危樯独夜舟。星垂平野阔,月涌大江流。
名岂文章著,官应老病休。飘飘何所似,天地一沙鸥。

这是杜诗五律中号称"通首神完气足"(纪昀)的名篇。

本诗首联是名词性短语的并列句型,这是多见于古典诗歌的特殊句法,如"鸡声茅店月,人迹板桥霜""雨中黄叶树,灯下白头人""桃李春风一杯酒,江湖夜雨十年灯""枯藤老树昏鸦,小桥流水人家"等。这种句法的特点是容量特别大,杜甫这里十个字中聚集了六个名词,勾勒出夜泊孤舟的环境。

颔联描绘的景象很壮阔。水平面上的"平野阔"与"大江流",构成横向的巨大平面;向下的"垂"与向上的"涌",构成纵向的对立运动。构图是很好的。此联用阔大无垠的空间映衬了人的孤独渺小,使读者感受到诗人深沉滞重而又澎湃难平的心情。《四溟诗话》评此诗"句法森严,'涌'字尤奇",那么"奇"在哪里呢? 体察诗意,"涌"是说江水反射着月光而涌动,这不算什么"奇";然而,在"月涌大江流"这个句子中,"月"处于主语的位置,"月涌"给人的感觉似乎是月亮也在涌动——江水涌动,很平常;月亮涌动,这就"奇"了。

颈联写得很伤心。大凡有抱负的人,都渴望不朽,"君子疾没世而名不称焉"。"名岂文章著",立言的事业不成;"官应老病休",立功的事业也不成。杜甫痛感人生的失败,觉得天地之大而人生无所依托,故有飘飘然没有着落之感,于是自比为"天地一沙鸥"。"天地一沙鸥"与前面的"危樯独夜舟"相应——一个人孤独地在船上,而船,本身就容易引发漂泊之感。

## 江汉 (杜甫)

江汉思归客,乾坤一腐儒。片云天共远,永夜月同孤。
落日心犹壮,秋风病欲苏。古来存老马,不必取长途。

杜甫是所谓诗中圣人(诗圣),他的诗向来不乏研究者。"千秋万岁名,寂寞身后事。"杜甫确有"千秋万岁"之"名",但这都是他"寂寞身后"之事了。杜甫活着的时候孤独寂寞,蹇涩艰难,在他的诗里就能屡见。他的沉郁诗风,乃出于他的忧愤。读杜诗而感沉郁忧愤,即得杜诗大貌;读其一诗而随文起兴,即得一诗之味。如果能把一首诗内部串联起来,且和诗人整体风格结合,则较易得出对这首诗的恰当理解。寻章摘句,扯住一点就说,拉着半截就跑,则只会离本意越来越远。

《江汉》一诗,具有典型的杜甫风格,不难索解。诗意相当显豁:流落江汉,自伤孤独,虽有大志而不见用,于是作"思归"之想。这层意思,串读《江汉》全诗即可明白。有注解家说:

"落日"仿佛后来李商隐《登乐游原》中的"夕阳","心犹壮"仿佛"无限好",但杜甫是写"烈士暮年壮心未已"的自强不息而没有哀叹"只是近黄昏"的悲凉辛酸。……杜甫自比老马,《韩非子·说林上》记载春秋时齐桓公伐孤竹,春天出兵,冬天返国,但却迷了路,管仲便建议"放老马而随之",因为"老马之智可用也"。杜甫用这个典故是说,不必路遥才知马力,老马的智慧也是可用的,言外之意是说自己虽年老,但自信还有才智。

这个注解乍看起来,考索深入,引据丰富,可信度很高。杜甫在这样的解释下变得积极自信了,但仅凭这首诗而不必考据我们就能知道,这是注解家一手操纵的变化。对我们这些同情老杜的人来说,老杜果真能有这种乐观主义的变化,我们无疑会热烈欢迎;然而不幸的是,这完全不符合颠沛流离而至垂暮的杜甫的凄凉心境,不符合杜甫晚年诗歌的整体风貌,也不符合这首诗失落思归、夜永月孤的文意与情调。如果杜甫真的自信可用,壮心不已,那他又何必"思归"?"乾坤一腐儒"表现的其实正是他《旅夜书怀》中"天地一沙鸥"的渺小感和孤独感,与所谓"'烈士暮年壮心未已'的自强不息"毫不沾边。《江汉》后四句意思是说:老杜自己就像一匹老马,虽然"心犹壮""病欲苏",但是也未必能为君主所用而驱驰长途;骈死于槽枥之间的千里马,古来甚多,亦不必过于自伤。尾联既隐含对历来黄钟毁弃、贤人见弃的现象之愤激,也包含着无奈之余只好自我安慰的意思。意蕴深厚,颇耐咀嚼,这正是体现杜诗"沉郁"的地方。

杜甫漂泊在江汉期间另有《地隅》一诗,可与此诗在情味上互参:

江汉山重阻,风云地一隅。年年非故物,处处是穷途。

丧乱秦公子,悲凉楚大夫。平生心已折,行路日荒芜。

"处处是穷途""平生心已折",杜甫的满心失落、满怀忧愤是显而易见的。"行路日荒芜",他对未来的预期也是悲观的。当然,《地隅》的悲观并不能证明《江汉》必定是悲观的,它只能提供一种辅助性的参照,文本的思想情感只能根据文本自身来加以说明。

## 江南逢李龟年 (杜甫)

岐王宅里寻常见,崔九堂前几度闻。
正是江南好风景,落花时节又逢君。

此诗最为人称道的是"落花时节"一语中的丰富意味。"落花时节"既是和李龟年相逢的时节,也可理解为杜和李二人人生的落花时节,或理解为"安史之乱"后大唐王朝的落花时节,从而包含着对人生和时代的多重感慨。而这前面一句用"好风景"一语,使后面一句的悲情表达因反差而更有意味,在美好的自然风物映衬之下,读者更能感受到人世变迁之凄凉和无限辛酸。

这番情景和表现手法,让人联想起王安石的诗:"柳叶鸣蜩绿暗,荷花落日红酣。三十六陂春水,白头想见江南。"王安石的诗情味浓郁,但诗意似乎还是不如"落花时节"丰厚。

岐王(李范)和崔九(崔涤)死时,杜甫才十五岁,因此宋代开始就有人怀疑杜甫与李龟年能否像诗中所说的那样相遇。

把杜甫的诗说成"诗史",这说法本身就很不准确,尽管杜诗的某些篇章确有史实为依据。"诗"与"史"是有明确界限的,不容混淆。欣赏诗歌,固然不妨"知人论世",但艺术不等同于历史,"诗史"并不真的就是"史"。亚里士多德说:"诗人的职责不在于描述已发生的事,而在于描述可能发生的事。"文学不受客观事实的限制,因而可能具有比历史更普遍的意义,它的意味可能更深刻。杜诗号称"诗史",但毕竟是诗,而不是史。所以,就算是杜诗不符合史实也没有关系,因为诗人没有义务讲述历史。当然,以杜甫的忠厚,我相信他不会骗我们，岐王和崔九虽然不在了，但是那宅子总是还在的，更重要的是杜甫只说他在这些地点与李龟年见面，并未说岐王和崔九当时在场啊。

杜甫与李龟年能否相遇，我们不必过分关心，把这部分工作留给历史爱好者去做吧。欣赏诗歌，需要的是读诗的态度和趣味。

## 绝句 （杜甫）

两个黄鹂鸣翠柳，一行白鹭上青天。
窗含西岭千秋雪，门泊东吴万里船。

一般认为，这首诗描写了春天的景色。前两句写近景，后两句写远景：莺鸣翠柳，白鹭飞天，窗外可见远处岷山的千年积雪，门前停泊可达东吴的万里行船。整首诗有动有静，有声有色，构成一幅优美明媚的春景图。

细心的读者可能会意识到，从这首诗的文本本身还不能符合逻辑地得出是描写春天的结论，因为夏天也能见到黄鹂、白鹭飞翔，柳树在夏天也是"翠"的。王维的名句"漠漠水田飞白鹭，阴阴夏木啭黄鹂"，写的就是夏天的景色。那么，把这首诗理解为是对夏天的描写，也未尝不恰当。实际上，黄鹂鸣翠柳，白鹭上青天，西岭见积雪，都是在夏天的成都看得到的景象。

本诗引人注目的地方，在于全用对仗构成，讲究秩序，十分整饬，但又不令人觉得呆板。"两个"，是点；"一行"，是线；尾二句门窗所框定者，是面。"千秋"是时间，"万里"是空间，结尾两句还有时空的对应。我们读诗之后的感觉，就是这世界是一个有组织的系统，存在一种恰当的秩序，万物在其中各得其所。万物就在这个秩序之中，表现出和畅的生机，适应着各自的命运。

## 参考阅读

### "诗圣"杜甫

这位被后人尊为"诗圣"的诗人，被认为是古典诗歌创作上的集大成者，他也是后代许多诗人的诗歌导师。他的作品很少孤立地摹写景物或抒写内心情感而不牵涉时局与社会，这使其作品被视为真实的历史图卷，这些作品被称为"诗史"。"诗圣""诗史"，都可见出后人对杜甫的无比尊崇；其实流离奔波的杜甫活着的时候没有谁把他当作圣人来供奉，他的诗也并不真的就是客观现实的记录。诗也不会仅仅因为记载了某些史实就成为好诗——作为诗人，杜甫大概是无意去抢夺历史学家的饭碗的。

经过汉魏六朝的发展，唐代已到了"文（包括诗）起八代之衰"的鼎盛时代，各种新旧体诗歌在唐代达到了成熟的阶段，各种不同风格、不同流派的诗人相继涌现；这时正需要一位集大成的人物来对已有的成就加以总结并将诗歌创作进一步推向新的高峰，于是杜甫应运而出。杜甫之诗转益多师，充分汲取了前人的艺术经验，培之亦厚，养之亦固，卓然见其大，浩然见其正，渊然见其深，也显示了非凡的个人才华。但杜甫能成为"诗圣"，除了融聚前代经验和发挥个人才华外，的确也与他所处的中国文学发展阶段的运会有关。

李白的主要成就在古体诗，杜甫博采众家之长而加以创造发展，使各体诗歌在他手中都达到一个新的极限，晚年在格律技巧上更是有独到的成就。对于杜甫这样的诗人，要想用一个简单的词语来概括他全部作品的风格，并不容易。不过，人们通常用"沉郁顿挫"来概括杜甫的风格。

沉郁指的是作品中意境的沉潜深邃和情调的浑厚苍凉；顿挫是形

容一种有节奏的感情震荡,表现为语言和韵律的屈折,使情感之流成为有力度且受控制的涌动,而不是平滑流利或任情奔放。沉郁与作品的思想情感相关,顿挫与作品的谋篇结构、遣词造句的技巧相关。

沉郁并不等同于个人肤浅的伤感或忧郁;沉郁首先意味着情感的深沉厚重。我们说杜诗沉郁,首先就是因为杜诗抒写的并不只是个人的苦难,杜甫更多地想到了国家和民众,想到了周围世界的过去和未来。这种宽广的胸襟和深沉的感情,也有助于形成这种风格;像《茅屋为秋风所破歌》,就很能代表他的胸襟和怀抱,代表他作品中思想感情的高度与深度。这样,杜诗中表现出的不是一种自私委琐的感情,而是一种深沉有力、博大厚重的感情。与之相比,唐代的孟郊和贾岛也是公认的两个穷愁困苦的诗人,但他们感情上就不如杜甫恢宏博大。因此,"郊寒"与"岛瘦",始终不如杜甫的沉郁。

沉郁顿挫是杜诗风格的总体概括,并不是说他的每一首诗都是相同的格调。艺术忌讳的是复制,擅长"复制"的印刷永远无法达到书法艺术的境界。就各首诗而论,杜诗大多有着各具魅力的不同面貌和特征。事实上,"新诗改罢自长吟""语不惊人死不休"的杜甫,对诗歌艺术有着执着的追求,他作诗是非常精细、讲求法度的,几乎没有一首随便敷衍而成的诗,而李白的一些诗,主要是绝句,则像是随口吟成,比如著名的《赠汪伦》《静夜思》等。随口吟成的诗,有的很好,比如《静夜思》言浅而意远;有的却未必,比如《赠汪伦》就显得直露浮泛。杜甫的精细,使他能够在反复斟酌中找到强化情感力度和拓展思想深度的语言形式,也有利于形成沉郁顿挫的风格。

杜甫的诗众体兼备,风格以沉郁顿挫为基调而又富于变化。王安石就明确地指出了这一点。《苕溪渔隐丛话》卷六引王安石比较李白、杜甫的话说:"白之歌诗,豪放飘逸,人固莫及,然其格止于此而已,不知变也。至于甫,则悲欢穷泰,发敛抑扬,疾徐纵横,无施不可,故其诗有平淡简易者,有绵丽精确者,有严重威武若三军之帅者,有奋迅驰骤若泛驾之马者,有淡泊闲静若山谷隐士者,有风流蕴藉若贵介公子者。"

杜甫诗综兼众长，各体皆备，不同的阅读者都能从中读到自己感兴趣的东西，因而流传广泛。宋朝杜诗风行，苏州公库镂板印刷杜诗，一印就是万部，每部千钱，贩卖杜诗所得的钱，为公库弥补了一大笔建筑亏空（《吴郡志》），这从侧面反映了杜诗影响之大。杜诗技巧高超，既有"读书破万卷"的基础做本钱，又有"思飘云物外，律中鬼神惊。毫发无遗憾，波澜独老成"的追求做鹄的，还有"独立苍茫自咏诗"的投入态度，更有"新诗改罢自长吟"的严谨作风。杜甫把诗歌作为人生事业来追求，故能在艺术上达到极高的境界。杜诗对技巧的讲究，也给后代诗人以示范和启示，开启了后人作诗的方便法门。学李白无门，学杜甫有路。

当然，对杜甫也不无批评的声音。如杨亿"不喜杜子美诗"，"谓之村夫子"（赵执信《谈龙录》）；朱熹说杜甫的"《夔州》诗却说得郑重烦絮"（《文论》）；叶梦得《石林诗话》说杜诗《八哀诗》有"累句"之病；王士禛说《八哀诗》"钝滞冗长"（《渔洋诗话》）；袁枚认为杜诗《秋兴八首》"不过一时兴到语，……习气太重，毫无意味"（《随园诗话》）；明代的杨慎甚至指斥杜诗"直陈时事，类于讪讦，乃其下乘末脚"（《升庵诗话》）。

### 征人怨 （柳中庸）

岁岁金河复玉关，朝朝马策与刀环。
三春白雪归青冢，万里黄河绕黑山。

"岁岁""朝朝"表示时间单调的循环，"复"则说明生活的单调重复：将士们在金河和玉关之间来回奔波，"与"也说明每天枯燥乏味的征战生活：除了"马策"，便是"刀环"，一日复一日跃马横刀。生活没有任何变化，时间好像不是在线性地前进，人与时间都在一个封闭的结构里打转，看不到任何的出路和希望。"三春"尚有"白雪"落在青色的坟茔上，很冷，了无生机；"万里黄河"围着黑色的山丘绕来绕去，找不到出口。这一切，都折射出将士们对征战无止无休的悲怨。

从色彩上看，诗中没有温暖亮丽的色彩，表明将士们的心境是清冷黯淡的。从用字上看，"复""与""归""绕"都有单调和封闭之意，突出了走不出这闭环的无望的悲剧感。全诗由两组对偶组成，所有句子对应的位置都安排着词性相同的词语，整饬不变的形式强化了生活沉闷单调的感受——这象征性地表明，这种生活被严格约束在一个打不破的框架之中，没有突破的可能，而这，恰好便是题目中这些征人"怨"之所在。

### 秋思 （张籍）

洛阳城里见秋风，欲作家书意万重。
复恐匆匆说不尽，行人临发又开封。

秋天是最易引起愁思的季节。秋风起来，在洛阳想家，于是"欲作家书"寄回去。然而想家之情太浓，所谓"意万重"，既说明这份情思是很难说尽的，也说明写信时已经尽可能说得很详尽了。当送信人要出发之际，写信人觉得还没有说够，于是拆开已经封好的信，还想再写一点什么。"行人临发又开封"，这样一个小小的微妙动作，表现了既寻常却又"说不尽"的思乡心理。这只是一个平常的细节，却让读者回味无穷。能捕捉这种细节的诗人，都是高手。

岑参《逢入京使》也是抓住向亲人报信这一生活情节来写的：

故园东望路漫漫，双袖龙钟泪不干。
马上相逢无纸笔，凭君传语报平安。

此诗妙处，也在于一个看似平淡的生活情节。东望故园，思乡心切，热泪滚滚之时，好不容易遇见可以送信之人，然而马上仓促相逢，没有纸笔无法写信,只好捎个口信报平安。"凭君传语报平安",是因无法写信的退而求其次,这份遗憾和无奈,于是呼之欲出。

## 寒食 (韩翃)

春城无处不飞花,寒食东风御柳斜。
日暮汉宫传蜡烛,轻烟散入五侯家。

"寒食"是中国传统节日,据说是为了纪念春秋时被焚而死的介子推,而在冬至后105天连续禁火三日。这是一种民俗。这首诗题为"寒食",但描绘这种民俗并非诗人的意图。此诗的关窍,全在最后一句,而理解最后一句的关键,则在"五侯"一典。《汉书》记载,汉成帝时封王谭等五个外戚为侯;《后汉书·宦官列传》记载,宦官单超等五人同日封侯,世称"五侯"。这里的"五侯"是前者还是后者并不重要,但指权贵是显而易见的。

本诗后面两句说,寒食节的新火从皇宫中开始点燃,首先传给了权贵。这就暗含着《春秋》笔法或"微言大义":皇帝并不是同等看待天下的子民。皇帝之偏宠不公,在第二个诗句中的"斜"字已有暗示,"斜"就是有偏,就是不正;"东风"隐喻浩荡的皇恩,"御柳斜"则隐喻浩荡皇恩有所偏宠。这样,全诗意思就前后勾连起来了。

"春城无处不飞花"是很有名的诗句,当时就广为传诵。此句之"花"喻柳絮,描写的是满城柳絮纷纷扬扬的情景,给人的印象美丽而且深刻。但对它的理解不能停留在这一层面;我以为这句诗用柳絮无处不飞暗示了天道平等,与第二句的东风偏及"御柳"形成对比,从而暗含着对皇帝不遵天道、偏爱宠臣的批评。此诗之特点和妙处,也正在这些很含蓄的地方。

读这首诗,看出里面暗含着的对朝政的批评,才算读懂。有人认为不必读出它的讽喻,只消看到寒食节的景象和风俗就够了。但是这无法解释为什么作者视野里呈现的偏偏只是"御柳""汉宫""五侯"

而非其他。

## 山石 （韩愈）

山石荦确行径微，黄昏到寺蝙蝠飞。
升堂坐阶新雨足，芭蕉叶大栀子肥。
僧言古壁佛画好，以火来照所见稀。
铺床拂席置羹饭，疏粝亦足饱我饥。
夜深静卧百虫绝，清月出岭光入扉。
天明独去无道路，出入高下穷烟霏。
山红涧碧纷烂漫，时见松枥皆十围。
当流赤足蹋涧石，水声激激风吹衣。
人生如此自可乐，岂必局束为人靰。
嗟哉吾党二三子，安得至老不更归？

　　元好问《论诗绝句》说："有情芍药含春泪，无力蔷薇卧晚枝。拈出退之山石句，始知渠是女郎诗。"他将韩愈此诗与秦观诗比较，说明秦、韩之诗有女性与男性之别。秦观的"有情芍药含春泪，无力蔷薇卧晚枝"，泪水太多，力度太少，阴柔细腻；相比之下，韩愈这首诗，襟怀宽广，洒脱自在得多。

　　历来的说法是，韩愈"以文为诗"，苏轼"以诗为词"，辛弃疾"以文为词"。"以文为诗"并不单是用参差的散文句法来写诗，如果是这样，李白的《蜀道难》就是很散文化的了；韩愈的"以文为诗"，不仅表现在用散文化的语汇、句法、章法写诗，更表现在少用比兴、夸张等诗歌手段，而善用倾向于散文方式的"赋"的手法，平实地叙述他的经历和观感。

　　全诗不换韵，加强了叙述的连贯性。下午游山，黄昏到寺，晚上所见，次日出山，顺序分明。黄昏中的蝙蝠、斑驳的古壁佛画、百虫不鸣的静夜、山岭上清冷的月光，都突出了深山古寺的神秘和幽静。

这与天亮后所见的"山红涧碧纷烂漫""水声激激风吹衣"的明朗和动感形成一种对比，对比之间形成艺术张力。当诗人越过这个昏暗神秘的夜晚，漫步在烟霞烂漫、水声激激的山中，他忽然意识到：此时他是这深山中唯一的人类，在自然界中自在穿行；远离尘嚣自有一番自由的乐趣，"岂必局束为人鞿"？

韩愈的七古不喜欢用对偶句，或者说，他有意避免用对偶句。这当然也是"以文为诗"的一种表现。对偶句是一种典型的人工营造，很难脱离人工刻画的痕迹。本诗不用对偶，句法上显得要随意一些，也更有利于诗中时间和场景的流动变化，显得自然而然，漫不经心似的。这恰好与本诗自在可乐的情感意趣相呼应。何焯《义门读书记》评此诗云："直书即目，无意求工，而文自至。"

## 参考阅读

### 韩 愈

唐诗到杜甫，达到极致。自"众体兼善"的杜甫之后，写诗要百尺竿头更进一步，已经不易，于是随后的一批唐代诗人，极力求新求变，或像白居易那样向浅俗平易的方向发展，或像孟郊、韩愈、李贺那样剑走偏锋向奇崛险怪的方向寻求变化，或像李商隐那样在诗歌表现的含蓄幽僻方面探索。杜甫以前的高华中和的唐诗品格，慢慢就发生了变化。

如果说王维、李白、杜甫等盛唐诗人是高人，那么，韩愈、卢仝、李贺等中唐诗人就是怪人。

韩愈是唐代诗风变化的重要人物。他的博学高才以及急躁褊狭的性格，成就了其特殊的文学风貌。韩愈不同于一般文人，他富有激情，胆大倔强，自居正统，攘斥异端；他在文学追求上也以道自负，气势凌人，耻随人后，辞必己出。他敢言人所不敢言，像他上表劝阻唐宪宗迎佛骨，竟说"自佛法入中国，帝王事之，寿不能长"。这样刺耳的话，除了自以为因义正而不妨词严的韩愈，他人实在难以说出。韩愈强硬的性格加以雄厚的才力，使他在散文方面成就卓然，雄踞"唐宋八大家"之首；诗歌方面也气魄雄浑，意境奥衍，独具一格。

韩愈以文为诗，狠重奇险，形象与语言都不求圆润温和，像"赤龙拔须血淋漓""巨灵高其捧，保此一掬悭"之类的形象，像《南山》诗中连用五十一个"或"字的句法和连用十四个叠字的词法，像《忽忽》诗中"忽忽乎余未知生之为乐也，愿脱去而无因。安得长翮大翼如云生我身，乘风振奋出六合"之类的散文化语言，都显示了他独特的审美趣味。韩愈对语言的意图征服之心，历历可见。霸气十足的韩愈凌驾于语言之上，在他眼中，语言不过是一群被驱遣的婢女，文学不是一座精致的象牙塔，诗歌也没有一个女神叫"缪斯"。辞章要温婉工丽，形象要和谐美丽，这些旧有诗歌观念，被韩愈用"不美之美"的怪异之美打破。他和他周围的孟郊、贾岛、卢仝、张籍、李贺等诗人求新求变的努力，为中国诗歌开辟了另一条道路。这条道路不甚广阔，但延伸甚远。宋代的诗人和古文家，受韩愈的影响很深。苏轼就激赏韩愈的诗，他说，"诗之美者，莫如韩退之"。

韩愈的思维方式是散文的。所以他写散文时，奇崛也无碍于文从字顺；而写诗的时候，奇崛却容易陷于佶屈艰涩。韩愈"以文为诗"，因此也只能像他自己宣称的那样"余事作诗人"；散文化思维方式的强大优势，使得他作的古文比诗多得多，古文的成就也比诗大得多。韩愈的诗，律诗、绝句比较少，古体诗则较多，因为古体诗本身比较散文化，适合于韩愈思维方式的发挥。

韩愈的诗，往往用心太过，用力过猛，带有很重的斧凿之痕，甚至佶屈聱牙，缺乏音韵的和谐。沈括批评韩愈的诗是"押韵之文，虽健美富赡，然终不是诗"，袁枚批评韩愈"斗险""拉杂"，王夫之甚至嘲笑说"适可为酒令而已"。奇崛而至于生硬，险怪而至于艰涩，正是韩愈的短处。

韩愈在思想方面宗奉孟子。《孟子》气势雄健,历史上宗奉孟子的文人,在气分上与孟子多有近似,最著名的如韩愈、王安石,都自信倔强,盛气凌人。韩愈和王安石的诗,宁可生硬也不愿圆熟,宁可艰涩也不愿平俗,不落陈套,甚至吓唬流俗,显示出与他们的性格一致的特点。

## 游子吟 （孟郊）

慈母手中线,游子身上衣。
临行密密缝,意恐迟迟归。
谁言寸草心,报得三春晖。

"元轻白俗,郊寒岛瘦",苏轼以"寒""瘦"论孟郊和贾岛的艺术风格,遂成千古定评。其实比苏轼更早,在孟郊活着的时候,就有人注意到"郊寒"的艺术风格。贾岛在《投孟郊》诗中提到"容飘清冷余,自蕴襟抱中",就注意到了孟郊诗的清冷,并且指出这种清冷意境与他的襟抱有关。

孟郊的这首《游子吟》,读起来自然流畅,情意温暖,好像并不符合"郊寒"的评价。开头两句写线和衣,这是母子间情意之线及孩子依恋母亲的意象。"密密"既指衣线的细密,又指母子感情的亲密。"密密"和"迟迟"是叠词,语音黏着,增强了母子相互依恋之感。最后两句诗意一转,从母慈转到子孝,表达亲恩难报之愧疚。"三春晖"也是对母爱的升华和颂扬——母爱有如温暖的阳光有恩于万物那么浩大,诗的意境也因此更显开阔深远。

孟郊的大多数诗清冷生涩,像《游子吟》之类的诗篇较少,其原因何在?这需要从孟郊生平中寻求。孟郊人生不顺,心情郁闷,多有愁苦,命运的蹇涩使他诗心苦涩而语句生涩,从而形成所谓"郊寒"的诗风。至于他的"春风得意马蹄疾",无非是长期压抑后难得吐出的一口闷气；同样，在本诗中，对母爱的温暖的感怀和留恋，正间接反映了他在人生中的失望和在社会里的孤独，这与司马迁在《屈原贾生列传》中所说的"人穷则反本"的普遍原理完全相符。此为人情之常，这首"迎母溧上作"的短诗，也因而获得了一种更深刻和更永久的意义。

由此可见，在母子之间脉脉温情的背后，隐藏着诗人孟郊失落的忧伤。纸面上是温暖的，纸面下还是透露了一丝寒意。诗的尾二句"谁言寸草心，报得三春晖"，以一个问句来强调有报恩之心而无报恩之力，也许正表达了一种人生失败、无以报答母恩的愁苦吧。

### 寻隐者不遇 （贾岛）

> 松下问童子，言师采药去。
> 只在此山中，云深不知处。

此诗字面浅易，童蒙能解，而诗意却颇耐寻味。

从语句特征上来说，本诗各个句子都没有主语。首句没有主语，不过可以看出发问者是拜访者；第二三句没有主语，也容易看出被省去的主语分别是童子与他的师父；第四句"不知"也没有主语，这个被省去的主语却难以补出来——可能是"童子"和拜访者，还可能是隐者渺远的踪迹。到诗的结束，一切都陷入了"不知"之中。主语都消遁了，"云深不知处"成为无人在场的景象，成为一片混沌和茫然。

来访者在松下询问，希望得到却没有得到确切的回答，"只在"一语似乎标明了一个固定的处所，但这个似乎固定的处所却令人无从入手。因"不知"而"问"，最后仍然以"不知"告终。这样，诗就更加有悬念，也更加有玄机：好奇的人们时时发问，想知道来龙去脉，然而等待人们的，只是无解的迷茫。最后一句的"不知"，大概就是唯一的"所知"或"已知"吧。有道是"神龙见首不见尾"，本诗中这条隐藏的"神龙"，既不见其首，也不见其尾，甚至不见一丝寻觅的线索。于是，读完这首诗，我们和那位来访者一样，都沦陷在神往与迷惘相互渗入的感受中。

## 江雪 （柳宗元）

千山鸟飞绝，万径人踪灭。
孤舟蓑笠翁，独钓寒江雪。

语言简洁凝练而意境幽深清峻，柳宗元诗歌的冷峭，在他之前的中国诗人中比较少见，前人就说柳宗元的诗"似得摩诘之洁，而颇近孤峭"。这首《江雪》就体现了柳宗元诗的这一特色。

读这首诗，容易感到寒苦孤寂的滋味。此诗关窍全在最后一句。这个渔翁独来寒江空候鱼的到来，他的困境容易引起我们的悲悯；既然"钓"的宾语是"雪"，那就是无鱼可钓，而渔翁偏要来钓，则说明渔翁不是要解决吃鱼的问题，如此则让我们追索到他清冷落寞的心境。渔翁的出现，以"千山""万径""孤舟""寒江""雪"为背景，广阔的画面凸显了渔翁的落寞，无边的寒冷强化了心境的清冷。诗中各景物在冷寂的基调上统合起来，对读者的欣赏起到了定向的作用，把我们对这雪天天寒地冻的感受，引导到对渔翁彼时心境的体察之中。于是我们可能想到，这个"渔翁"想必不是现实生活中一个以钓鱼为生的普通渔翁，他可能是柳宗元自己的写照。事实上，这首诗是柳宗元贬谪时作的，他不过是借这个"渔翁"的钓竿，来呈现自己的孤独罢了。

## 金铜仙人辞汉歌·并序 （李贺）

魏明帝青龙元年八月，诏宫官牵车西取汉孝武捧露盘仙人，欲立置前殿。宫官既拆盘，仙人临载，乃潸然泪下。唐诸王孙李长吉遂作《金铜仙人辞汉歌》。

茂陵刘郎秋风客，夜闻马嘶晓无迹。

画栏桂树悬秋香,三十六宫土花碧。
魏官牵车指千里,东关酸风射眸子。
空将汉月出宫门,忆君清泪如铅水。
衰兰送客咸阳道,天若有情天亦老!
携盘独出月荒凉,渭城已远波声小。

这首诗很能代表李贺幽峭、凄清的风格。魏已代汉,迁离金铜仙人,金铜仙人居然潸然落泪,强烈地表现了历史变迁之感。在这首诗中,下泪的铜人、惆怅的衰兰,都像人一样具有情感,出人意表的想象,使诗篇带有强烈的浪漫主义色彩。"天若有情天亦老",曾被毛泽东借用,已经成为众口传诵的警句了。

李贺是一位富于创造性的诗人。在诗歌意象的追求上,他作了创造性的开拓。像写太阳,说"羲和敲日玻璃声";形容骏马,说"向前敲瘦骨,犹自带铜声";描写水中之光,说"荒沟古水光如刀";本诗说铜人"忆君清泪如铅水"——道前人所未道,真是亏他想得出。他奇崛幽峭的风格带着鲜明的个人印记,任何人都难以重复。

李贺以诗句多奇著称。奇货可居,以其货奇。物稀乃奇,奇乃可居,可卖好价钱。若一篇之中,句句猎奇,奇货太多,则不复为奇,也就凡庸贬值了。李贺之诗,好处在奇,病处也在奇。他诗歌艺术的缺点与优点一样,都是很明显的。专注于求字句和意象之奇,往往使他忽略了章法,成了"有句而无篇"。他的一些诗仅有奇句,缺乏完整的形象和连贯的情思脉络。前人(谢榛)批评李贺"奇而不正",点到了李贺诗歌的痛处。"奇而不正"则流于怪诞,与"正而不奇"的白居易的过于平浅,都有偏弊。比起"奇正参伍"(谢榛)的李白、杜甫来,艺术的综合效果就不免逊色,这就是所谓"奇过则凡"的道理。不过本诗大体还是打点匀净的:诗句固然新奇,却也并不费解;结构完整,寄意深远,篇章上也没有什么可指摘的。或许可以说,它是李贺艺术上最完美的诗篇之一。

## 南园十三首·其一（李贺）

花枝草蔓眼中开，小白长红越女腮。
可怜日暮嫣香落，嫁与春风不用媒。

这首绝句最后两句最有意味。"嫁与春风不用媒"很有情味，花儿嫁给春风，这番景象实在是太有诗意了。然而花儿出嫁欢喜背后的事实，却是死亡。"可怜日暮嫣香落"，花儿生命中最具诗意的这个时刻，正是她生命结束的时刻。在这里，李贺看待死亡的态度是很有趣的。理解了这一点，"小白长红越女腮"的美艳，"嫣香"造语的奇特，都是末事了。

李商隐在《李长吉小传》说，李贺经常带着仆人，骑着驴子，背着锦囊，出门寻诗。"遇有所得，即书投囊中。及暮归，太夫人使婢受囊出之，见所书多，辄曰：'是儿要当呕出心乃已尔！'上灯，与食。长吉从婢取书，研墨叠纸足成之，投他囊中。"可见李贺采用的是现代人经常提倡的向生活学习、向自然学习的写作方法，这种方法保证了诗意的新鲜。同时，他白天寻找到的显然是一句一句的诗，晚上再凑成完整的诗章，用这样的拼凑法有时候就难免不畅达。如果这首诗也是这样写成的，我以为他是首先写出了最后两句，或者最后一句。你认为呢？

## 参考阅读

### 李 贺

和韩愈一样，李贺的风格，得于他的性格。韩愈性格的强硬倔强，李贺性情的孤僻衰弱，各自独特的禀赋和鲜明的个性，造就了他们特殊的风格。韩愈的诗雄而奇，李贺的诗哀而艳。李贺七岁就名动京师，惊绝一时。他"眼大心雄"（《唐儿歌》），在《高轩过》中声称"二十八宿罗心胸""笔补造化天无功"，童年的成功，使他极其自负。然而李贺的禀性，正如他的体质，总的说来偏于弱。《昆仑使者》"金盘玉露自淋漓，元气茫茫收不得"，《美人梳头歌》"纤手却盘老鸦色，翠滑宝钗簪不得"，《官街鼓》"孝武秦王听不得"，《致酒行》"我有迷魂招不得"，句多否定，大有衰弱之象。罗家伦谓弱者只有"永远的否定"（Everlasting No），唯强者乃有"永远的肯定"（Everlasting Yes），观李贺上述诗句，信然。

　　李贺命运蹇涩，一如他的诗歌；李贺诗歌蹇涩，一如他的命运。他的诗，其思险怪，其调晦僻，能凿幽而不能抉明，无春意之和畅，多秋气之肃杀，"老""死"诸字，篇中屡见。"明朝枫树老"（《大堤曲》）、"风前几人老"（《感讽五首》）、"颜子鬓先老"（《春归昌谷》）、"天若有情天亦老"（《金铜仙人辞汉歌》）、"鲤鱼风起芙蓉老"（《江楼曲》）、"竹黄池冷芙蓉死"（《河南府试十二月乐词》）、"九节菖蒲石上死"（《帝子歌》）、"提携玉龙为君死"（《雁门太守行》）、"彭祖巫咸几回死"（《浩歌》）、"青狸哭血寒狐死"（《神弦曲》）、"南山桂树为君死"（《神弦别曲》）、"黄河冰合鱼龙死"（《北中寒》）、"不惜倒戈死"（《平城下》），都是含"老""死"之句。意识里总有"老""死"的念头晃动，足见李贺大有忧生之嗟。他享年仅二十六，固然有不得志的因素，但更主要的原因可能在于他确实孱弱多病。《苦昼短》中"唯见月寒日暖，来煎人寿"，正是他忧生心态的真实写照。其诗境的奇诡幽僻，在很大程度上也是这种心理的投影。而李贺性情的衰弱，对生存的忧虑，与其身体的先天不足可能有密切的关系。敏于言者讷于行，乏于形者富于思。思想的巨人往往是行动的矮子；身体衰朽和命运蹇涩的人缺少行动能力，却往往心思灵敏，文采出色。这在历史上是常见的现象。

　　李贺的诗是美得出奇的——假如"出奇"可以严格按照字面理解

为"显出奇特"的话。李贺的诗歌是个性鲜明的，正因为个性的过于突出，使得一般读者难以亲近。如果让读者都来投票表决，他可能无法得到承认他是大诗人的足够的选票。假如我们把李白、杜甫定为伟大诗人的标准，李贺算不上一个伟大的诗人。因为，一个伟大的作家必须是博大的，他要能给我们提供足够丰富的人生和精神的体验。经验与艺术家有密不可分的关联。经验的独特会造就一个作家，比如李贺独特的人生感悟和艺术经验造就了他独特的风格；但经验如果仅仅独特而不丰富却可能限制一个作家，使他定型而缺少变化。显然，李贺的人生体验不够丰富，他过多地沉溺于自己幽隐深邃的内心世界；他的艺术经验也不够丰富，作品的艺术风格相对单调。这或许与他的孤僻性格和阴郁心态关系密切，也与他的寿命过短有关。假如他能活得更长久，也许他能写出风格更多样的诗篇。但同时也可能因此削弱他风格的独特性。不过，历史不需要假设。能够像李贺这样为中国诗歌贡献出特色鲜明的作品的诗人，本来就不多。

唐朝诗人之中，李白被称为"诗仙"，杜甫被称为"诗圣"，王维被称为"诗佛"，李贺被称为"诗鬼"，如此等等。被称为诗仙，被称为诗鬼，是因为他们是仙是鬼，而不是人。圣人是儒家追求的人生极境，佛（觉悟者）是佛家推崇的生命极境，所以杜甫、王维本质上仍是人，他们和他们的诗在我们看来比李白、李贺亲切得多。人大抵还是很现实的，仙与鬼则远离现实。人、仙和鬼的行动方式，在我看来区别很大。仙在天上飞，人在地上走，鬼在地狱爬。所以李白的诗是姿态飘逸的，杜甫的诗是步履稳健的，李贺的诗是迟滞謇涩的——人不是爬行动物，爬行总是不很顺畅，前人批评李贺的诗"有句而无篇"，也含着这层道理。

## 近试上张水部 （朱庆馀）

洞房昨夜停红烛，待晓堂前拜舅姑。
妆罢低声问夫婿，画眉深浅入时无？

此诗作者是个男人，但他说话的口吻却是女性的。男人说女人话，这在中国古典诗歌中并不是罕见的现象。从本诗的标题看，这是考生朱庆馀在临近考试时献给水部郎中张籍的作品，目的是探问自己的才能是否合乎时宜。它的构思确实很特别，但动机并不见得高尚——虽然在唐代献诗问路是流行的做法，不必责之太苛。

如果没有标题，这倒是一首很细腻传神的好诗。我虽不是女人，但那种"新媳妇见公婆"的心态，仍可以想象得之。

一个男人（朱庆馀）为什么要以女人的口吻，对着另一个男人（张籍）说话呢？我以为，这与说话者的个人心态、民族的文化心态相关。在男权社会里，女人处在从属地位，男人说女人话，则表明说话者被边缘化和被矮化的心态。他地位低下，有求于人，无法理直气壮挺胸做人，所以不自觉地温软了下去。这里面暗含着一种"性"化了的附庸意识或奴隶意识。

### 酬乐天扬州初逢席上有赠　（刘禹锡）

巴山楚水凄凉地，二十三年弃置身。
怀旧空吟闻笛赋，到乡翻似烂柯人。
沉舟侧畔千帆过，病树前头万木春。
今日听君歌一曲，暂凭杯酒长精神。

中国思维方式中静态地理解事物和现象的倾向，可以从古典诗歌语言的某些表达方式观察出来。这种静态理解的思维，表现在两个方面：一是以意象的共时性表达为基本方法，历时性的叙述在诗歌中被有意无意地排挤——这在古典诗歌中极其普遍；二是在表现当下的某种感觉时，偏重对过去经验的依赖，使现在与过去之间不是历时性的发展而是共时性的重叠——换句话说，以往昔古人的经验作为当下自己感觉的先决模式——这体现为用典等技巧的大量运用。刘禹锡此时沉潜在"怀旧"的感觉中，但他是吟诵着晋人向秀的《闻笛赋》体验这种怀旧感的；"到乡"时的世事沧桑之感，也是通过《述异记》中王质的传说来表现的。诗人当下的感觉，被转移到历史记忆和历史经验之中；或者说，历史记忆和历史经验，被注入诗人当下的感觉之中。

此诗前四句感慨身世凄凉，半生怀才不遇，岁月蹉跎，人事全非；后四句化沉郁为通达，变悲怨为无奈。"沉舟侧畔千帆过，病树前头万木春"是名句，蕴含着新陈代谢都是必然、宇宙人生以变为常的通达观念，前人称为"有道之言"。不过"沉舟""病树"的比喻，也暗含着自伤身世之痛。尾联看似欢快，实则沉痛，"暂凭杯酒长精神"中一"暂"字，表示他内心精神实际上是委顿的，只有此时在宴席上遇到朋友，精神才暂时兴奋了起来。

### 悯农·其一（李绅）

春种一粒粟，秋收万颗子。
四海无闲田，农夫犹饿死。

古代社会，中国农民生存之惨、哀痛之切，是社会地位稍高的人难以体会的。农民手中只有农具，他们没有皮鞭、武器，或者笔。农民既没有政治权力也没有话语权力，他们对自己的命运，只能保持沉默。

古典诗歌中关注农民命运的很少，文人集子中充斥着大量的吟咏风月、感叹离别、自我嗟叹、追忆往事，乃至自吹自擂或歌功颂德之作。像杜甫这样"穷年忧黎元"有圣人襟怀的诗人，他哀叹自己茅屋漏雨时连带想到的也只是"大庇"身份与自己近似的"天下寒士"，而不是处境更为悲惨的饥寒交迫的农民。

李绅的《悯农》是一首带着悲悯色彩的诗。从总体上来说，李绅算不上杰出的诗歌艺术家，他的多数诗篇被历史遗忘就是证明。但就这首《悯农》来看，他运用对比手段达成的震撼人心的力量，甚至超过了杜甫的名句"朱门酒肉臭,路有冻死骨"。"四海无闲田"并获得了种一粒而收万颗的丰收,辛勤耕作的农民尚且不免被饿死,那么天灾或动乱中的农民将会如何,更可想见。"朱门酒肉臭,路有冻死骨"虽也对比鲜明,但动乱年月里,富人朝不保夕而及时行乐、穷人流离失所而饱受冻馁,乃是常事,杜甫无非对此做了精练的概括,而农民被压榨、被欺凌的惨痛,并不比李绅这首《悯农》表现得更催人泪下。"四海无闲田",正是太平之世,即鲁迅所谓"暂时做稳了奴隶的时代",而这样的时代,"奴隶"的生存也竟至如此悲惨。

## 江南曲 （李益）

嫁得瞿塘贾,朝朝误妾期。
早知潮有信,嫁与弄潮儿。

这是一首写商人之妇候夫不归的闺怨诗,全诗以商人之妇的口吻写出。首二句,说商人丈夫外出经商,而自己独守空闺的孤寂;后二句,写商人之妇想入非非,悔不嫁个弄潮之人,能如潮水,涨落有信。语言平实,不事雕饰,在平淡的语调和直率的坦陈中,空闺之苦,怨夫之情,跃然纸上。

男人仿拟女人的口吻写诗,这不是李益的独创。而李益如此揣摩女人心事,却有深刻的心理缘由。

《旧唐书·李益传》有这么一则记载:"（李益）少有痴病,而多猜忌,防闲妻妾,过为苛酷,而有散灰扃户之谈闻于时。"这是了解李益心理的重要资料。商人之妇"朝朝误妾期"的空闺之怨,"嫁与弄潮儿"的非非之想,正是李益心目中的女人的心态。在这种意识的支配下,他防范妻妾,"散灰扃户"（锁上门并在门前撒灰）的行为,就不难理解了。而这种心理与行为的异常,表明他在女人面前缺乏足够的自信,折射出他早年的"痴病"并未痊愈。这种过敏和柔弱的气质影响到他相当数量的诗歌,使他的诗从整体上呈现出一种感伤的情调。

就算是他边塞题材的诗，也缺乏慷慨昂扬之气，如《夜上受降城闻笛》"回乐峰前沙似雪，受降城外月如霜。不知何处吹芦管，一夜征人尽望乡"，又如《从军北征》"天山雪后海风寒，横笛偏吹《行路难》。碛里征人三十万，一时回向月中看"，其中都蕴含着浓烈的乡愁和悲凉的情调。这种感伤情调，也弥漫在李益其他一些诗里。如《春夜闻笛》："寒山吹笛唤春归，迁客相看泪满衣。洞庭一夜无穷雁，不待天明尽北飞。"《扬州万里送客》："青枫江畔白蘋洲，楚客伤离不待秋。君看隋朝更何事，柳津南渡水悠悠。"

《江南曲》字面上显得质实明快，而实际上充满了幽怨之气。大历时期的唐朝已经衰落，诗歌领域也缺少像李白、杜甫那样具有恢宏气度和饱满的人格力量的巨匠。李益写罢幽怨的《江南曲》，白居易也要开始写感伤的《琵琶行》了。不同的是，白居易的那首诗中衰飒之气更浓：幽怨的不只是一个商人之妇，落魄的士人包括白居易自己，也加入哭哭啼啼的行列了。

### 离思五首·其四 （元稹）

> 曾经沧海难为水，除却巫山不是云。
> 取次花丛懒回顾，半缘修道半缘君。

"曾经沧海难为水，除却巫山不是云。"这就是说，爱情是一种有限的资源，越用越少。刻骨铭心的爱情只能有一次，那一次之后，爱的能力只能持续地衰减。我们通常能观察到一条规律，那就是：大多数人只在年轻时有机会体验到真纯的爱情；人的感情的强烈和真诚程度，与他的年龄基本上成反比。

孟子说"观于海者难为水"，意思是有了观看大海的经验之后，其他的水，比如江水、湖水就没什么看头了。巫山云的典故出自宋玉《高唐赋》，巫山之女自称"旦为朝云，暮为行雨，朝朝暮暮，阳台之下"，含有男女之情的暗示。诗中这两句极言所爱之人如沧海、巫山之美，也暗示对她的爱恋之情如沧海之水和巫山之云，绵邈不绝，无与伦比。"取次"是随便的意思，后两句说自己在"花丛"（或可理解为女人堆）之中之所以漫不经心，了无心绪，是因为他有一个"曾经"，当爱已成往事，死灰难以复燃。现在这种懒洋洋的意绪，一半是为了要修道（之所以要修道也是因为爱已不再而看破红尘），一半是为了那个已成过往的你（"君"）。

这首诗写得一往情深，极其动人，因而极其有名。不过，资料显示，元稹并非用情专一的人。诗人多是多情种子，这无须苛责。我以为元稹在诗中所流露的情感，应是真诚的。回忆通常会美化那些过往的事实，所以诗人喜欢讴歌一生只爱一次的纯情。但诗人自己，往往是做不到一生只爱一次的。有多少人能在初恋失败后，终生不再恋爱，不嫁不娶呢？用情不专，不等于用情不真。爱是人生中持续的需要，当一个人的爱人不幸去世后，这个人爱和被爱的需要，并不会就此终结。

### 赋得古原草送别 （白居易）

离离原上草，一岁一枯荣。
野火烧不尽，春风吹又生。
远芳侵古道，晴翠接荒城。
又送王孙去，萋萋满别情。

"赋得"是古人学习作诗、文人聚会分题作诗或科举考试时命题作诗的一种方式，限制比较严格，类似于命题作文。白居易以"古原草送别"为题，故须扣住"古原""草""送别"等题意。

这是作者十六岁时练习应试的习作，但水平很高，便成了他的成名作。据记载，白居易初进京城，携此诗拜访名士顾况，顾况借"居易"之名打趣说："米价方贵，居亦弗易。"待读其诗至"野火烧不尽，春风吹又生"，不禁大为赞赏，说："道得个语，居即易矣！"

按"赋得体"的标准，此诗之结构可谓严谨妥当：前四句写"原上草"，后四句写"古道送别"。白居易此诗的胜处，顾况已经为我们拈出，那就是"野火烧不尽，春风吹又生"二句，显示了全诗的精神。

这二句表现出的生命顽强不可消灭的意蕴，对生命坚决肯定的态度，给我们注入了巨大的生命自信，带来无限的心灵慰藉。正是这个原因，这二句得以从这首诗中单独超越出来，成为不朽的名句。在这两句诗中，岁岁枯荣不过是生命的周期性律动，生灭不过是一种表象，毁灭反而验证了生命的顽强。原上的野草，代表了生命的永恒。下面一联中"侵古道"和"接荒城"，更顺此发挥，表现出生命不仅顽强，而且无所不往、不可阻挡。如此，野草遂成为生命的象征，拥有了值得赞叹的生命意义。

需要指出的是，上述理解实际上属于我们别有怀抱的"误读"。萋萋芳草，年年生长，它的繁茂在白居易的本意中，并不是生命力的象征，而是浓郁的离别之情的象征。在这首诗中，两个"又"字是互相关联，彼此呼应的。

此诗评论甚多，有的评论显得牵强。《唐诗三百首》说诗中野草比喻小人，"消除不尽，得时即生，干犯正路"；《诗境浅说》说，不一定是这个意思，"取喻本无确定，以为喻世道，则治乱循环；以为喻天心，则贞元起伏"。这些说法大概忽略了一个基本情况，那就是白居易作此诗时的年龄。一个少年未必如这些评论家想象的那样老成。还是《唐诗成法》的说法比较好："不必定有深意，一种宽然有余地气象，便不同啾啾细声，此大小家之别。"

## 参考阅读

### 白居易

在白居易之前，没有哪个诗人作品的流行程度能与之相比。

白居易的诗歌创作是有他自己的理论基础的。但是很显然，白居易最能打动我们心弦的诗歌，并不一定是最能体现其诗歌理论的作品。白居易"文章合为时而著，歌诗合为事而作"的论调，基本上是汉儒诗说的推衍，新意无多。倡导实用，虽有切于当世之弊，但诗歌毕竟是诗歌而不是谏书，白居易本人也知道人们喜爱的白诗"不过杂律诗与《长恨歌》以下耳"。白居易的"新乐府"不及杜甫同类诗歌，可能就在于他过于讲究实用主义和功利主义——也许可以叫作现实主义；而杜甫是现实主义者，更是"语不惊人死不休"的唯美主义者，他的诗歌上方也没有一块理论的金字招牌熠熠发光。

伟大的艺术家很少先有坚定的理论然后再进行创作实践，他们根据直觉的美感便会自然天成，创造出惊人的杰作。屈原、曹植、陶渊明、李白、杜甫，哪里有什么文学理论的先入之见呢？当然，这并不是说他们没有文学意识。对于一个诗人来说，没有文学理论无关紧要，但没有审美意识和语言经验，则万万不行。白居易也是如此，他的成就基于他确实是真正的诗歌艺术家，他的创作实践超越了他的理论——他自己不甚看重的《长恨歌》就是一个有力的证明。

孔子说："辞达而已矣。"白居易诗的首要特点，是"辞达"。白诗很通俗，据说"老妪能解"。"老妪能解"，在一定意义上就是"辞达"。但孔子所谓"辞达"，并不是只能质直，不必润色词句。"辞达而已"，关键是"达"。怎样才能"达"？孔子又说："情欲信，辞欲巧。"（《礼记》）情感的真实与语言的巧妙是用不着分离的。要真实准确地表达情感，需要有巧妙的言辞；而什么又是"巧"的标准，还是要归结到"辞达"两个字上面。"辞达"就是最符合内在之"情"的表达。

它的含义可以借用法国人拉布卢耶（La Bruyère）的一段话来阐发："在所有可以传达我们某个思想的种种的表达之中，只有一个是最好的。我们说话或者写作的时候，并不时常遇到这个最好的表达，但它确是存在的。凡不是这个最好的表达，就不会满足一个想要听懂的才智之士。"

可见，要做到"辞达"，并不简单。触景生情，因事起意，或许不难；可是要把"情""意"贯透于语言，形成好的作品，必须经历一个痛苦的创作和加工过程。词汇系统是一个公共的语言系统，而诗人的感触又是个人的，如何选用大家都熟知的词语表达个人的经验，这是任何写作者都为此头疼过的问题。白居易有意识地反对淫辞丽藻，语言文字表面虽然平易俚俗，但读之仍觉形象生动，情致曲尽，文采斐然。可见白居易的"辞达"，并非随手写，随便说，里面是有深厚的语言功夫的。"老妪能解"表明白居易追求诗歌的通俗化和语言的大众化，却无法全面概括白居易诗歌语言的艺术特点。白诗固然存在着过于直露的毛病，他自己也意识到他的诗"意太切而理太周"，从而导致"辞繁"和"言激"。不过总体看，他明丽晓畅有时甚至非常华美的诗歌语言还是不乏神采的。《瓯北诗话》说白居易的诗，很有见地："（古体）无不达之隐，无稍晦之词，工夫又锻炼至洁，看是平易，其实精纯。（近体）研炼精切，语工而词赡，气劲而神完。"

白居易的辞达还直接从他的长诗中表现出来。篇幅长的诗，容量较大，意思容易说清楚，情感表现较为充分。但长诗构思较为费力，结构也有难度，所以并非人人都能擅长。唐人善作长诗者，首推白居易。以杜甫的才力，多至百韵的长诗，"止存一首，末亦未免铺缀完局"（《贞一斋诗说》）；而白居易作长诗，情文兼美，意到笔随，一气舒卷，条理井然。这正是白居易的杰出之处。然既有所长，亦必有所短。一般地说，长诗与短诗相比，没有那么凝练精粹。因为长诗免不了要铺张，铺张之下，也易词沓意尽，而流于烦絮。尤其对白居易来说，他追求浅易，就易犯铺张太过的毛病。钱锺书说："香山作诗，欲使老妪都解，而每似老妪作诗，欲使香山都解；盖使老妪解，必语意浅易，而老妪使解，必词气烦絮。"（《谈艺录》）钱锺书对白居易长诗之弊，固有所见；但是长诗本易烦絮，钱先生嘲之曰"每似老妪作诗"，恐怕有失忠厚。刘勰说"深乎风者，述情必显"，白居易的"辞达"背后，有很高超的抒情艺术，这恐怕是老妪难以做到的。

　　白居易诗歌的第二个特点，在于擅长铺叙。这在所有中国古代诗人中最为杰出。《长恨歌》和《琵琶行》，都表现了白居易的铺叙才华，是他诗作中最为脍炙人口的篇章。一般说来，必先有情感的激荡，然后才有杰出的诗歌；但情感剧烈动荡时，缺少情绪转化为语言的酝酿，诗人不易作出杰出的诗来。不过，白居易有捷才，《琵琶行》凡六百一十六言，可能是现场即兴的"歌以赠之"之作，而词采丰茂，寓意深远。《长恨歌》则将流传已久的史事、酝酿已久的情绪敷衍成篇，其叙述更是摇曳生动，情韵贯注，堪称千古绝作。《长恨歌》比《琵琶行》艺术魅力似更胜一筹，既与白居易的叙述才能有关，可能也与马嵬坡的变故经由唐朝人长期痛定思痛的反思所形成的历史积淀有关。在白居易的时代，马嵬的剧痛已经变得深沉，历史的距离使得白居易可以对这场悲剧用审美的眼光加以审视了。

　　白居易是中国古代第一流行诗人。白诗的通俗，为其流行提供了基础。元稹序《长庆集》说，"禁省、观寺、邮候、墙壁之上无不书，王公、妾妇、牛童、马走之口无不道"，"自篇章以来，未有如是流传之广者"。白居易自己说，从长安到江西三四千里，凡乡校、佛寺、逆旅、行舟之中，往往有题其诗者。唐宣宗说，"童子解吟《长恨》曲，胡儿能唱《琵琶》篇"。浅俗的白诗的流行，与中国文化重心的下移、传统文化转型的运会密切相关。中唐以来，传奇的兴起、词体的酝酿，都是在文学艺术方面的文化转型迹象。白居易"老妪能解"的追求，正符合这样的趋势，这是他的诗广泛流行的基础。

　　白居易的诗歌不仅在中国流行，也流行于国外。在日本，小野美材称赞白居易为"诗圣"，菅原道真、小野篁因被推为日本白居易而名满扶桑，金子彦二郎说白居易诗集是日本平安时代所有文学家的类书词典。白居易在日本影响的深广，由此不难想见。

## 山行 （杜牧）

远上寒山石径斜，白云生处有人家。
停车坐爱枫林晚，霜叶红于二月花。

姜夔《扬州慢》说"杜郎俊赏"，移用到这里来评价杜牧观赏景物的特殊角度和高超眼光，十分恰当。而杜牧自己的诗句"南山与秋色，气势两相高"，则不妨用以描述他自己俊爽的诗歌风格。在这首绝句中，杜牧看到的秋景，绚烂甚于春天（"霜叶红于二月花"），不但没有一点衰飒之气，反而火红热烈，鲜亮红润。"白云生处有人家"，虽在远处，而有"石径"可通，暗示了山居生活对诗人的吸引；但这里并没有明显的隐逸生活情调，它表达的只是一种欣赏山中景色的趣味而已。以杜牧风流的性格，他不可能去深山做一位隐士。望白云深处而觉山寒，爱枫林之色而停其车，小杜实"好色"之人也。前人都说杜牧有俊爽之气。幸有此气，否则，十年扬州梦中，又多一酒色之徒矣。

诗的色彩重心，落在一个"红"字上，而以一个"白"字衬托，使这"红"分外浓重。这种对比映衬的手法，使这首诗的色调显得浓丽，仍存有唐诗"秾华繁采"的基本风貌。与此相比，宋诗的写景相对清朗一些。比如宋代诗人贺铸的《野步》："津头微径望城斜，水落孤村格嫩沙。黄草庵中疏雨湿，白头翁妪坐看瓜。"色彩就疏淡了许多。

## 登乐游原 （杜牧）

长空澹澹孤鸟没，万古销沉向此中。
看取汉家何事业，五陵无树起秋风。

杜牧和李商隐都登过乐游原，都写下了不朽的诗篇。本诗可以和李商隐的《乐游原》一起参读。李商隐的那首诗是即兴而发，由眼前夕阳下坠的景象感觉到人生和时代的下坠；杜牧的这首诗，则包含着更为深广的历史意识。"五陵"是西汉皇陵，《三国志》已说"丧乱以来，汉氏诸陵，无不发掘"，至唐代当然完全荒废。杜牧登此，显然是通过感慨汉朝之衰亡，而寄寓忧国之深意。

本诗把对历史的深沉慨叹，转化于浩渺的"长空"之中，把汉家的"万古"事业，转化在"无树"的荒凉和萧瑟的"秋风"之中。这是使时间意识空间化的方法。在阔大的空间中，一切历史事象都像一只"孤鸟"一样被"长空"吞没，人类的事功在永恒的时空中是如此不堪言说。

杜牧多次登临乐游原。《将赴吴兴登乐游原一绝》："清时有味是无能，闲爱孤云静爱僧。欲把一麾江海去，乐游原上望昭陵。"这次他瞭望的不是"五陵"而是唐太宗的陵墓"昭陵"，表达了对唐太宗的文治武功及其重贤任能的帝王风范的仰慕。"欲把一麾江海去"，却又"乐游原上望昭陵"，可见其心未死，为重振衰落的唐朝，他还是想撸起袖子干一场的。

### 题宣州开元寺水阁，阁下宛溪，夹溪居人（杜牧）

> 六朝文物草连空，天淡云闲今古同。
> 鸟去鸟来山色里，人歌人哭水声中。
> 深秋帘幕千家雨，落日楼台一笛风。
> 惆怅无因见范蠡，参差烟树五湖东。

本诗寂寥惆怅的情绪很浓重，与所谓盛唐气象，区别十分明显。六朝文物，已湮没于荒烟蔓草之间；唯一不变的，只有淡远的天空和悠闲的白云。"鸟去鸟来""人歌人哭"，充满动感，恍如烟云过眼匆匆；"深秋帘幕""落日楼台"，时雨时晴，尽在秋意笛风之中。人间世相就是如此变幻无常，歌哭相继，阴晴不定，一切的一切，都不得不向造化低头，都必须沉入时空变迁的洪流中。通过自然永恒和人事变迁的对比，杜牧把人的历史活动视为幻灭虚无，否定人类能够在历史过程中留下有价值的痕迹，实际上取消了人和人类历史的意义。

于是，诗的最后联想到范蠡。诗人为什么想到的是范蠡而不是其他人？为什么想到的是范蠡泛舟五湖之处而不是他辅佐勾践之时？这是本诗值得细细品味的地方。范蠡在这里是作为隐士的形象出现的，他在"参差烟树五湖东"，神龙见首不见尾，正与《吴越春秋》"范蠡乘扁舟，出三江，入五湖，人莫知其所适"的记载相应。杜牧善用比兴寄托，通过写对归隐江湖的范蠡的向往，暗示自己对国家的衰落，既无力量也无愿望去挽狂澜于既倒。既然历史变迁已属必然，人力无法阻止世事改变，那么，人的努力还有什么意义？但话又说回来，人的努力没有意义，那么人的价值又如何确定？人生莫不追求自我价值的实现，而人的努力看来又没有任何价值，这就是杜牧"惆怅"之中的二律悖反，也是一切古代文人在仕与隐之间、在儒与道之间艰难徘徊的心结所在。

## 过华清宫（杜牧）

长安回望绣成堆，山顶千门次第开。
一骑红尘妃子笑，无人知是荔枝来。

这首诗的讽刺之意十分明显。杜牧是晚唐诗人，不可能看到杨贵妃、唐玄宗，更不可能看见"一骑红尘妃子笑"的情形。本诗是杜牧路过骊山华清宫，有所感触、意欲讽刺而作。它没有突出的景物描写，只虚拟杨贵妃在骊山上的生活情形，以达讥刺之目的。

诗的大意是说，杨贵妃在骊山上回头远望长安，繁华的长安如同一堆锦绣；此时天亮了，华清宫门相继开放。贵妃站在楼头，望见快马飞奔而来，不禁展颜一笑，她知道是荔枝送来了，大家还以为那快马是传送紧急军情的，谁都不知道那是为贵妃送荔枝来了。

"长安回望绣成堆"，很多注本理解为"长安回望（骊山）绣成堆"，此说不确。如果是在长安回望，骊山已如一堆锦绣，那么骊山上"山顶千门次第开""一骑红尘妃子笑"的景象，在长安城中怎能望见？此诗标题为"过华清宫"，立足点应是骊山上的华清宫。首句的意思是"回望长安绣成堆"，立足华清宫回望长安，表示唐玄宗不是在长安料理国事，而是跟杨贵妃在骊山上的华清宫中享乐。这里已经有了讽刺唐玄宗荒废国事之意。下面的"一骑红尘妃子笑，无人知是荔枝来"，更是对唐玄宗不仅不料理国事，反而自毁国政，以国力为荒淫服务的荒唐行为的尖锐批评。意思这样理解，方能相互贯串，首尾一致。

## 江南春 （杜牧）

千里莺啼绿映红，水村山郭酒旗风。
南朝四百八十寺，多少楼台烟雨中。

对于江南，那个草长莺飞的江南，杏花春雨的江南，不知有多少吟咏的诗篇。本诗是这些诗中脍炙人口的一首。以短小的篇幅，呈现出广阔的画面，是这首绝句写景的主要特点。题为"江南春"，说明它着眼于整个江南特有的景色，而不是以一个具体的地方为描写对象。

"千里莺啼绿映红"，"千里"是概括江南的广阔。这里到处是莺啼，无边的绿叶映衬着鲜艳的红花。"水村山郭酒旗风"写江南独特的风貌，临水有村庄，依山有城郭，酒旗在春风中轻轻招展。这是明丽的江南。

首二句写晴景，后二句写雨景。"南朝四百八十寺，多少楼台烟雨中"，南朝遗留下来的佛寺，被迷蒙的烟雨笼罩着，若隐若现，似有还无，增添了朦胧迷离的色彩。这是烟雨的江南。

首二句的晴景，后二句的雨景，构成一幅完整的江南春景图，同时也构成一组对比。这明丽与朦胧的对比，是值得咀嚼的地方。"千里莺啼绿映红，水村山郭酒旗风"，是眼前鲜活的江南；"南朝四百八十寺，多少楼台烟雨中"，却让人想到江南的王朝和历史。迷蒙的历史在明丽的现实背景下以对比的方式被暗示出来,拓宽了这首小诗的历史纵深,寄托了诗人对世事变迁的感慨。一首七言绝句,能展现出这样一幅空间广阔、时间深远的画卷,确实可以说是"尺幅千里"了。

## 泊秦淮 (杜牧)

烟笼寒水月笼沙,夜泊秦淮近酒家。
商女不知亡国恨,隔江犹唱后庭花。

用《玉树后庭花》之曲所填的歌词,以南朝陈后主所作最为有名。陈后主是亡国之君,所以《后庭花》后来成为亡国之音的代名词。

此诗写停船在"烟笼寒水月笼沙"的秦淮河,还有酒家可以喝酒;此地有弦歌之盛,"隔江"都能听到《后庭花》的歌唱声。后面两句表面上是写歌女,实际上是写欣赏歌声的人。"商女"只是娱乐客人,客人所欣赏的才是《后庭花》这亡国之音。诗人大有"众人皆醉我独醒"之意:多少王朝的悲剧,就是在这样醉生梦死的享乐中不知不觉酿成的啊!

"商女"身处社会底层,她要讨生活,她的职业是娱乐客人,她的任务是满足客人的需求。因此,杜牧在此不是要责备这些表演者,而是谴责那些醉生梦死的享乐者。这番立意固然是好的,历来也被人称赏;不过,以我的观点看,享乐自是人生的必需,一个王朝的衰落并非因为有人要享乐,享乐并不必然导致王朝的衰落和灭亡,尤其在多数人都能享受社会福利的时候。

## 锦瑟 (李商隐)

锦瑟无端五十弦,一弦一柱思华年。
庄生晓梦迷蝴蝶,望帝春心托杜鹃。
沧海月明珠有泪,蓝田日暖玉生烟。
此情可待成追忆,只是当时已惘然。

我读李商隐的诗，常觉意味隽永，而对其词句何指并不关心，也并不怎么明了。"一篇《锦瑟》解人难。"我非敢自称解人，但这也并不妨碍我品读李商隐的诗。历来解此诗者，杂说纷陈，莫衷一是；但我看不出这些争议的必要性，我认为那纯粹是庸人自扰。关于《锦瑟》，尤其是中间四句说的什么意思，抠字眼的专家们制造了多种说法。有的说是写锦瑟之声"适、怨、清、和"（何汶《竹庄诗话》；又《许彦周诗话》引《古今乐志》之说；又《瀛奎律髓》引《缃素杂记》所载苏轼之说）；有的说是悼亡（查慎行、程梦星、冯浩、孙洙、张采田等说）；有的说是追溯平生、自叹沦落（汪师韩、叶矫然、纪昀等说）；有的甚至说是"感国祚兴衰"，以为"梦迷蝴蝶，谓天宝政治昏乱也；望帝春心，谓上皇失势之乱也"（吴汝纶《桐城先生评点唐诗鼓吹》）。

其实，对此诗所言确指何物何事，不必过于执着。陆次云《晚唐诗善鸣集》云："意致迷离，在可解不可解之间。"诗歌的意象，唤起读者的通常是饱满的感觉和充分的情感体验，而不是对作者观念的艰涩的追索或对诗人生平的好奇的索隐。在《锦瑟》之中，我们感觉到诗人在有意营造迷离惝恍的氛围，他想表达的是人生的迷失感。在可解与不可解之间，正是诗人创作时的预期。李商隐并不期望我们的理解过于明确清晰。

从意象上说，本诗的"可解"在于它保持了意象基质的一致性，读完之后我们能够获得一种印象的统一；它的"不可解"在于各个意象之间的逻辑关系——它的每个意象都构成一个意义源，彼此跳跃断裂而又纵横交织，衍生出复杂的多重意义，使以任何一种理解来固定诗意都不太可能。在李商隐的"无题"类诗篇中，人生经历被切割成若干时间片段，在岁月整体流逝的背景下组合，形成了当下时间、历史时间以及心理时间的交融和错位。这种交融与错位又使人生过程和体验显得支离破碎，从而呈现出人生的幻灭感和迷离惝恍的诗歌风格。其意象的同质性保证了诗歌整体在情感基调上的统一，而这些意象作为碎片化的人生片段却加强了诗意的复义性。使线索明晰、情感明确的传统抒情方式变得立体化和朦胧化，这是李商隐对古典诗歌伟大而又独特的贡献。

由此可见，李商隐的诗完全不宜硬解、强解、死解。随意读去，自然而然，兼之反复玩索，揣摩诗心，不求甚解而胜解自得。我想仿照佛经句式造句话：强名解人，即非解人；不求甚解，即得胜解。其实，抓住结尾的"惘然"，反观开头的"无端"，全部内容统领到第二句的"华年"之思，这首诗也是不难懂的。

### 宿骆氏亭寄怀崔雍崔衮 （李商隐）

竹坞无尘水槛清，相思迢递隔重城。
秋阴不散霜飞晚，留得枯荷听雨声。

《红楼梦》第四十回中，林黛玉说她不喜欢李商隐的诗，除了"留得枯荷听雨声"一句。像林黛玉那样的情种竟然不喜欢李商隐这样的情种，是一件不可思议的事情；以林黛玉的智力和诗心，理解李商隐大概不是很困难。她不喜欢李商隐无损于李商隐的杰出成就，而她能欣赏"留得枯荷听雨声"，总算是为自己留下了一点面子。

重重的城池无法隔绝对朋友的思念。秋日不散的阴霾，霜气横飞的傍晚，只有思念尚未凋零。诗人看到塘里的枯荷，感到自己就如同这憔悴的枯荷，怀着相思独自倾听清冷的雨声。这里写得很深情，"枯荷听雨"的形象具有一种枯寂而深沉的阴柔美。李商隐的绝句一般不像他的"无题诗"那样写得意象纷呈，而其深情远意，亦仍深远绵密。

### 无题·二首 （李商隐）

#### 其一

来是空言去绝踪，月斜楼上五更钟。
梦为远别啼难唤，书被催成墨未浓。
蜡照半笼金翡翠，麝熏微度绣芙蓉。

刘郎已恨蓬山远,更隔蓬山一万重!

### 其二

相见时难别亦难,东风无力百花残。
春蚕到死丝方尽,蜡炬成灰泪始干。
晓镜但愁云鬓改,夜吟应觉月光寒。
蓬山此去无多路,青鸟殷勤为探看。

缪钺《诗词散论》说,李商隐是一个"一往情深,往而不返"的人,我认为这是知人之言。一往情深,往而不返,情到深处,人必孤独。李商隐的绮才艳骨、深情远韵,在中国诗歌史上鲜有能敌。无题诗是李商隐最伟大的杰作,也是李商隐诗歌个人风格最鲜明的体现。他深婉哀怨、孤寂绝望的情,他的爱与痛苦,他对人世的激情与怀疑,都融化在了这些寄托深而措辞婉的无题诗中。

李商隐饱尝了情爱落空与政治失意的痛苦,这些情绪在神话素材、历史典故与现实情景等多重意象编织而成的语言网络中,缠绵迷离,难以窥测。但是,就算不了解李商隐的生平遭遇,不了解诗意究竟是什么,这些诗的语言本身就能直接唤醒读者的美感和伤感,令人为之动容。我们未必读得很清楚,但我们会被感动。读了就会被感动的诗就是好诗,它会变成我们的血肉,会变成我们的一部分;如果没有感动,无论在理智上理解得多么充分,诗歌也很难变成我们生命的一部分。

这两首无题诗充满月缺花残的无限失落之感,香艳而不轻薄,清丽而不浮浅。值得分析的地方很多,读者可以借助一些参考资料自行完成;我只想指出特别有趣的一点,这两首诗都写到夜晚的情形。李商隐似乎偏好夜晚。一般地说,白天属于现实,属于理智;夜晚属于梦幻,属于感觉。李商隐另外一首无题诗《昨夜星辰昨夜风》,正好也印证了这一点——在那首诗中,与情人相处的美好时光被上朝的事务打断，白天要为现实目的和责任去行动，和夜晚的尽情自由是不一样的。

在夜晚即使能够看到某些情事，也是朦胧的。李商隐的无题诗，常给人如梦如幻之感——无声，然而有色；有形，然而朦胧。它们含蓄而不奔放，不可能一览无余。李商隐所要表现的，是人生微妙的刹那和人心幽微的感触；他把许多意象同时呈现出来，让我们在目不暇接之间涌出复杂的感觉。

### 嫦娥　（李商隐）

云母屏风烛影深，长河渐落晓星沉。
嫦娥应悔偷灵药，碧海青天夜夜心。

王尔德说，生命有两种悲剧，一种是达不到目的，一种是达到了目的。达到目的后却不知道接下来又该做什么，或者愿望达成之后却发现并非想象中那样美好——这后者，便是嫦娥偷得灵药之后的悲哀。

"云母屏风烛影深"是写月亮上若明若暗的阴影，"长河渐落晓星沉"是说长夜的时间流逝。前两句说事，后两句抒情。"碧海青天夜夜心"，是绝美的诗句，令人低回。

嫦娥，这个孤独的女人，在云母做成的屏风后，对着一朵烛光，直到银河渐落，晓星沉没。她就在这样的孤独之中，又熬过一个晚上。夜夜如此，无止无休。偷得灵药终于可以长生不老，然而长生不老却变成了漫长的寂寞。一颗不甘寂寞的心，面对着碧海青天的无边空间，这是怎样的境况！偷服灵药使嫦娥由人变成了神，但同时她也由一个凡间的人，沦为永远的孤独者，永远的囚徒。

本诗构思别致，把一个美妙的神话变成了一个悲哀的笑话。

杜牧有首叫作《秋夕》的绝句："银烛秋光冷画屏，轻罗小扇扑流萤。天阶夜色凉如水，卧看牵牛织女星。"这是写人间的女子夜晚无聊的情形，与本诗在言外意趣这一点上略有相似。比如"轻罗小扇扑流萤"一句，表面的诗意很简单，描写女子用扇子扑打飞来飞去的萤火虫，但实际上"言内"寄寓着很多"意外"，十分含蓄，耐人寻味。第一，萤火虫出没在野草丛生之处，如今却在院中翻飞，说明处境的凄凉；第二，从扑萤的动作可以想见她的孤独和无聊，借扑萤来消遣孤独岁月；第三，"轻罗小扇"象征着被遗弃的命运：扇子本来是夏天用来扇风取凉的，到秋天就搁置不用了，所以在古诗中常用来比喻弃妇。这些意思都是在字里行间流露出来的，是"言内"的"意外"，读者可以凭自己的感受去补充这"意外"的寓意。

### 马嵬 （李商隐）

海外徒闻更九州，他生未卜此生休。
空闻虎旅鸣宵柝，无复鸡人报晓筹。
此日六军同驻马，当时七夕笑牵牛。
如何四纪为天子，不及卢家有莫愁。

李商隐抒情诗的深婉浓丽，给人的印象极其深刻。这首诗则反映了他另一面——他的律诗不常见的一面——讽喻尖锐的特点。前人说过，性情刻薄者往往善于文笔，当然这并不全面；人性是复杂多面的，有些人既有深情温婉的一面，也有用意峻刻的一面，李商隐就是这样一位诗人。

这首诗里既有悲情的抒发，也有尖锐的讽刺，而这两者打成一片，悲情中含讽刺，讽刺中寓哀悯。海外仙境，虚幻无凭，他生未卜，此生已休；"空闻虎旅鸣宵柝，无复鸡人报晓筹"，唐玄宗虽贵为天子，却连一个宠妃也无法保全，高贵的杨贵妃反倒不及民间卢家那个能与丈夫白头到老的莫愁女。这样，就写出了唐玄宗的处境和他的悲哀。但是，这悲哀的笔调中，诗人夹入了对比的手法，昔日玄宗、贵妃山盟海誓、讥笑牵牛织女福薄的情事，与今日六军不进、要求处死贵妃的情形，形成鲜明的对比，揭示出今天的悲情源于当日的欢情，是唐玄宗耽于声色、荒废朝政导致了今天的悲哀。这样，诗的悲哀情调中又寓有批评和讽刺的意味，构成这首诗突出的特色。由于这里的讽刺被悲情所笼罩，所以它的批判锋芒尽管非常尖锐，但我们并不感到这讽刺流于刻薄。

以马嵬之事为题材的唐人作品很多，佳作也不少，白居易的《长恨歌》就是一篇经典之作。白居易的诗篇幅较长，侧重铺叙，长处在于缠绵；李商隐的诗篇幅较短，侧重讽喻，长处在于精警。

《唐诗三百首》里面选有晚唐郑畋的一首《马嵬坡》："玄宗回马杨妃死，云雨难忘日月新。终是圣明天子事，景阳宫井又何人？"可与本诗参读。若以"圣明天子"为讽刺唐玄宗的无情，则此诗不失为好诗；若是真的歌颂"天子圣明"而认为女人该死，此诗就不足称道了。

## 贾生 （李商隐）

宣室求贤访逐臣，贾生才调更无伦。
可怜夜半虚前席，不问苍生问鬼神。

此诗首句说的是文帝求贤，征见被贬逐为长沙王太傅的贾谊。为求贤而访逐臣，求贤之心切意诚，则不难看出。而贾谊才调无伦，堪称贤者，正是文帝当求的好对象。一个求贤心切，一个才调无伦，照理就该一拍即合了。接下来却大大出乎人之意料，第三句突然语调一变，把前面的事实全部推翻，"可怜夜半虚前席，不问苍生问鬼神"，不料皇帝与贾谊谈到半夜三更，所问的竟然不是天下苍生，而是无稽的鬼神！

这个逆转产生的戏剧效果非常强烈。这首诗的前两句是一个情境，后两句是另外一个情境，前后对比，逆转鲜明。"求贤"本来美好难得，至"可怜夜半虚前席"一转，贤能的处境也就显得更加悲哀。情境逆转产生的冲击,激荡出贾生无限的悲哀与对文帝的讽刺。① 以逆转为结构技巧的诗,冲击力极大,给人的印象也极深刻。

王昌龄《闺怨》:"闺中少妇不知愁,春日凝妆上翠楼。忽见陌头杨柳色,悔教夫婿觅封侯。"李白《越中览古》:"越王勾践破吴归,战士还家尽锦衣。宫女如花满春殿,只今唯有鹧鸪飞。"与《贾生》一样,也是结尾用"情境逆转"的结构法,可以参读。

### 乐游原 (李商隐)

向晚意不适,驱车登古原。
夕阳无限好,只是近黄昏。

受无端而来的"意不适"驱使,诗人驱车登上古原,望着黑暗渐渐逼近夕阳,不禁发出一声沉重的慨叹。"夕阳无限好,只是近黄昏",是传诵不衰的名句:极致的美,之所以总是使人感到悲伤,乃是因为美与幻灭性质相同,而更吊诡的是,这,便是不可逃避的"永恒"。

夕阳下的景象,作者没有具体描写,因其立意不在于写景而在于表达感慨。"只是近黄昏"的慨叹,是因为"向晚意不适";为何"意不适",可以归结为"向晚"。而"向晚"可能有三重解读:一是正值黄昏,此时心情较为郁闷;二是指人生的黄昏,良辰美景早已远去,不禁叹息光阴易逝,青春不再,迟暮者有感于时间的不可超越,发出对美好人生的眷恋和对生命短暂的无奈;三是指王朝的黄昏,透过"向晚"的"古原"暗示世界的沧桑变迁,诗人预见到社会的严重危机,预感到一个时代即将终结。

---

① 其实汉文帝是明智的君主,"文景之治"并非虚言。汉文帝实际上是了解贾谊的政治才能的,只不过他认为贾谊的主张和措施不能够即时实施。有兴趣的读者可以研读一下西汉的历史。李商隐这首诗是诗人之言,他不过是借他人的酒杯,浇自己的块垒罢了。

"向晚意不适",这不适之意中有多么复杂的感叹。在傍晚,对着夕阳,一种郁闷忽然无端而来,弥漫了诗人的内心。最深刻的欢乐看起来仿佛没有方向,没有原因。最深刻的悲哀,也往往如此。

### 参考阅读

## 李商隐

韩愈、卢仝、李贺等人的诗歌往险怪方向发展,取得了独特的成就。求险求怪,特色固然鲜明,但由正大走向畸零,由通达走向偏蔽,容易偏于一端,走火入魔。韩愈们对"非诗之诗、非美之美"的追求,是对旧有诗歌传统的突破,其怪异之美,距人情之常较远,所以只能以特殊的性格和写法支撑,难以重复和推广。普遍的规律是"常",特殊的趣味是"变",一味追求"变",无法持久。同样地,白居易、元稹走向浅俗一路,然而假如过头,则也不合诗之常道。"老妪能解",固能迎合大众,却也容易导致诗歌趣味和艺术标准的降低。所以以才情取胜的杜牧、李商隐的出现,乃是势所必然。

杜牧和李商隐是晚唐诗歌大家,他们都有独特的艺术追求,但既不怪异,也不浅俗。杜牧的诗,英俊豪纵,飒爽流利;李商隐的诗,深婉秀丽,委曲朦胧。他们才气逼人,但这种才气,并不表现在语言的新异和形象的怪异上。李商隐刻意追求诗美,他的美不在怪异而在含蓄。隐晦的诗意、哀婉的情绪和瑰丽的辞藻缠绕在一起,令人欲求不得、欲罢不能,具有神奇的魅力。

我认为,李商隐是中国古典诗歌史上艺术成就最高的几位诗人之一。他的无题诗,在中国诗史上具有特殊的地位。无题诗根据人的意识心理流程组合意象的方法,使它在内涵上更不明确和更不稳定,更显深隐悱恻,更具暗示性和概括性。中国的抒情诗,其抒情大多与外在的境与事联系比较明晰，都难免与现实有所黏着；而无题诗努力压缩了外在事象的空间，鲜明地突出内在感情的状态，极大地开拓了诗的心理空间，使其具有巨大的心理容量。这样的文学文本，具有一定的复义性，达到了一种更为纯粹和抽象的艺术表现高度。这是李商隐对中国诗歌艺术的革命性贡献。仅凭这一点，李商隐就足以被称为中国文学史上最伟大的诗人之一。

李商隐不只是一般地表现情感，他善于捕捉复杂的情感体验中的复杂感觉。他能轻而易举地抓住外在现实与内在印象的某些瞬间，通过固定、组合来加以延长。以被看作"无题诗"的《锦瑟》为例，李商隐目击耳闻锦瑟的那个瞬间，触动了他复杂的感受，这个瞬间成为引发他内心意识和情感流动的契机。在这首诗中，李商隐把时间既看作许多个别瞬间的连接，又看作岁月的整体流逝，当下的时间、历史的时间、心理的时间，互相交融和错位，织成一片。这种复杂的融合交织，导致外部现实、事件和人生过程变成碎片化的粘接，从而呈现出人生的幻灭感和迷离惝恍的诗歌风格。本诗中的意象是同质的，都能引发怅惘之情；而这些意象以不同的时间形态出现，容易引发多重联想，诗的复义性于是大大增强。无题诗复杂的生命感受、朦胧迷离的风格和哀怨悱恻的幻灭感，切合了晚唐的时代情绪，使李商隐成为这个时代最具代表性的诗人。

基于上述特点，李商隐的诗不宜用考据的方法做机械的解读。历代对李商隐诗歌的解说，牵强附会的很多。

## 2 宋诗

宋诗的滋味与唐诗不同，而宋诗的价值也就在这不同。艺术可以借鉴但忌讳复制，比如被称为"小李杜"的李商隐和杜牧，他们的价值不在于是李白、杜甫的翻版，而在于杜牧根本不是杜甫，李商隐根本不是李白。明代那些倡言"文必秦汉，诗必盛唐"的文人，他们的失败首先是观念的失败，这口号看似合理地提倡"取法乎上"，实际上折射出创造的信心的不足和能力的缺乏。宋代的情况与此不同，宋初那些尾随贾岛、李商隐等邯郸学步的诗人，很快招致强烈的批评，昙花一现就成云烟了，这说明宋人究竟不愿寄唐人之篱下。宋代文化气氛很浓，诗人文化修养也高，博学的诗人时常情不自禁地在诗歌中暗示或申述见解，显示甚至卖弄学问，相较于唐人，较多地表现出所谓"理趣"。在作诗方法上，他们或引经据典，或化用陈句，前人的影响挥之不去，但总体上说，他们还是不甘匍匐在前人脚下，就算"点铁成金"之类的主张有搬运前人的嫌疑，但看视前人为"铁"而视自己为"金"的说法，也不失几分自负的豪气。

正如人生有青年、中年和老年的分别一样，诗歌史上也有这种分别。如果说唐诗是一个青年的时代，宋诗就是一个中老年的时代，多少显得比唐诗更老成。唐诗多情韵，正是青春的特点；宋诗多理趣，正是中老年的征象。

讲宋诗要知理趣。"理"大致可按照汉代刘劭《人物志》"理有四部"之说，分为道理、事理、义理、情理数种。第一种是阐明天道之理，包括道学家、理学家们的若干诗作，如朱熹《春日》之类；第二种是由景物情事生发道理，如苏轼的"横看成岭侧成峰""庐山烟雨浙江潮"之类；第三种是侧重伦理大义之理，如忠君爱国之类；第四种是侧重人生感悟，情理相兼的特点比较突出，这种诗唐宋都有而且数量最为庞大。宋诗虽不像唐诗那样色彩浓重而情致盎然，但也并非只有理趣没有情趣，这是应该注意的。

有理而无趣，就不足以称为"理趣"。像邵雍的《生男吟》："我今行年四十五，生男方始为人父。鞠育教诲诚在我，寿夭贤愚系于汝。我若寿命七十岁，眼前见汝二十五。我欲愿汝成大贤，不知天意肯从否？"这样的作品尽管有理但无趣，没有诗味。哲学可以理直气壮地展示哲理，但哲理只能隐约含蕴于诗行。"趣"就是要讲究形象性，主观意旨只有透过形象化的艺术方式传达出来，才能具有理趣。"理"当然是抽象的，但"趣"必须是一种活泼泼的"生机"，"趣"的呈现要通过形象的而非抽象的、直观的而非分析的方式。如果"理"不是通过艺术形象生长或生发出来，那就没有艺术趣味了。话完全说白了也就等于完全说死了，这样机趣就不在了。

"理"的上升，实质上也是对"情"的抑制。① 钱锺书在《宋诗选注》序中说："据唐宋两代的诗词看来，也许可以说，爱情，尤其是在封建礼教眼开眼闭的监视之下那种公然走私的爱情，从古体诗里差不多全部撤退到近体诗里，又从近体诗里大部分迁移到词里。除掉陆游的几首，宋代数目不多的爱情诗都淡薄、笨拙、套板。"是的，宋代诗人不再像唐代诗人那样充满青春期的冲动和烦恼，他们成熟了，或者说，老了。在宋诗中，抒写爱情的诗减少，而忧国忧民的诗增多了。诗里典故也多了起来，中老年人往往喜欢回忆过去的事情，毕竟，无论是自己亲历的人生故事，还是从别人那里听到的故事，他们都比青年人多得多。

宋诗代表着诗歌的重大变化。

五七言诗体在盛唐全面鼎盛之后，来自诗体内部的发展动力逐渐衰减，出现了盛极必衰的征兆。诗体本身蕴藏的资源已被充分挖掘，诗歌艺术几乎全凭诗人个人的翻新求异，诗到中唐，逐渐变得险怪尖

---

① "存天理，灭人欲"的著名口号，也从另外一个角度说明了"理"与"情"的这种对立关系。

新（以韩愈为主要代表的一路）或平易浅俗（以白居易为主要代表的一路）。任何文体，当险怪尖新成为一种普遍的追求，就表明它内部的稳定与平衡不足，文体势力衰减了。中晚唐诗发生着变化，并酝酿着更大的变化。这个大变化，就是宋代诗风的转向和词体的兴起。

宋诗审美趣味的变化首先表现为激情的冷却。唐诗对自然的深切热爱，对人世的热切咏叹，情感的炽烈浓重，语言的华美丰赡，到宋诗都逐渐减淡了。激情四射、狂傲不羁如李白的诗人，在宋代是没有的。唐代像杜甫那样忠厚老实的诗人，尚且敢夸口"致君尧舜上"；而作为宋代政治自信最强的人，王安石自述其志时也只敢说"欲与稷契遐相希"（《忆昨诗示诸外弟》），完全没有那种天马行空、气冲斗牛的昂扬气概。宋诗的现实意义偏强，缺乏唐代诗文中的那种潇洒浪漫气息。宋人的个体意识不像唐人那样张扬和舒展，人生态度倾向于稳健和平和。他们得意时并不"仰天大笑出门去"，失意时也很少感到"出门即有碍，谁谓天地宽"的难堪窘迫。唐诗固然也有冷静的一面，但冷静还不是诗歌的主流。宋诗总体上看较为冷静。杜甫诗就既有激情也有冷静，宋诗发扬了这种冷静。与李白的豪放高迈相比，杜诗的"沉郁"就暗含着一种含蓄的节制或压抑；后来的韩愈、贾岛、孟郊等继续加强了对情感和语言的激情的压抑，而大大地影响到宋代诗歌。宋诗里有更多的理智，更日常化的细致观察，更多的对日常生活趣味的关注。

宋诗的情感倾向于冷静，它的景物描写趋于平淡，不再像唐人那样秾华繁采。情与景的关系是古典诗歌的重要范畴，景物描写的特点是观察古典诗歌风格的极为重要的指标。

汉语语言形式的发展到唐代达到绚烂的顶点。自白居易提倡平易，已出现绚烂之极而势必回归平淡的迹象。宋诗语言风格的变化，当是势所必然。与唐诗相比，如果说唐诗具有高华的贵族气质，那么可以说宋诗具有质实的平民气质和雅致的文人气质。唐诗是绚烂的，而宋诗是平淡的。绚烂至极而复归平淡，这也是物极必反的发展大势。

宋诗语言之变，大致有两个方向：一是向"雅"的方向，以尊黄庭坚为宗主的江西诗派为显著，书卷气浓，风格较为瘦劲，喜欢用典；一是向"俗"的方向，以杨万里、范成大等为代表，语言口语化，风格较为朴实和明畅。雅者易僵，俗者近俚，宋诗固然有不同于唐诗的特色，究竟不如唐诗雍容、中和、饱满。传统诗体的势力已然衰弱，词（长短句）于是作为中晚唐以来潜伏已久的势力，在宋代迅猛发展并蔚为大观。传统的古体诗和近体诗，也就缓慢却无可避免地衰落了。

宋代的社会状况，如市民阶层的发展等因素，导致文化重心的进一步下移，促进了词、话本等文体的发展，同样也要求诗体气质的变化。市民的欣赏趣味，促进了婉媚的词体的发展和流行，也决定了庄重的贵族化的诗体的变化和最终没落。

中国社会从唐代中晚期开始发生了极大的变迁。经唐末五代之乱，旧有文化遭到极大摧残。到了宋代，契丹、女真南侵，人民混乱迁流，疲于奔命，民族衰象显著。从生活习惯看，妇女在唐代开元初年"或著丈夫靴"，"迨后妇人足弓，于南唐渐成风俗"（柳诒徵《中国文化史》），五代宋元，缠足之风更为盛行。席地而坐的习俗也变了，绳床、椅子、凳子出现，表明人们更倾向于舒适的生活。大臣官员坐车乘马的习惯，到南宋变成乘舆坐轿。生活习惯和审美取向发生变化，民族性格气质也相应改变。宋诗缺少唐诗的磅礴气魄，与时代精神的萎靡有一定的关系。宋代诗人大多崇尚平淡诗风。欧阳修赞扬梅尧臣"以闲远古淡为意"，梅尧臣自己则声称"作诗无古今，唯造平淡难"；苏轼极力推崇"发纤秾于简古，寄至味于澹泊"的美学风格。而平淡作为风格，在《文心雕龙》里面根本就没有它的位置。推崇平淡，则必冷落繁华。这种倾向表明人对生动的外部世界的感觉在衰退，折射出活力的低迷和意气的消颓。譬之如人，年轻时精力旺盛，则趋慕繁华；中老年时活力衰减，则渐至古淡。宋代诗歌是具有中老年特征的诗歌，它更趋冷静、理性、内敛和平和。与唐诗相比，它虽然阅历丰富并依然很有精神，却减少了唐诗那种热烈鲜活的生命力度。

宋代文人是极其重视诗歌的创作与研究的。他们认为诗是有关风雅的高尚体裁，而说词是小道，属于"艳科"，是卑下的体裁——尽管他们私下喜欢用词体进行创作。宋代有名的文人几乎都崇拜传统的诗体，并喜欢发表对诗的意见，如欧阳修在《诗本义》中发挥诗教，苏轼崇奉杜甫的忠君文学，王安石批评李白的诗不离"妇人和酒"，黄庭坚说作诗必先读经。从欧阳修的《六一诗话》开始，宋人写了大量的诗话，对诗歌技巧做了大量细密的研究。诗歌创作成了一门学问。但正如陆游所说，"工夫在诗外"，对诗艺的研究未必能造成诗歌的繁荣，经过时代精神陶冶的诗人个性的充分发挥才是诗歌的精神命脉所系。

汉代儒学昌盛，魏晋以下，儒学渐衰，基本没有杰出的儒家思想家出现。到了宋代，儒学重新昌盛，出现理学。周敦颐、邵雍、二程、张载、朱熹、陆九渊先后登场，理学诗也相应出现。在这种文化氛围中，诗歌中抒情的倾向就易被压抑。严正的理学也与"诗庄"的观念一拍即合，使宋诗显示出较为普遍的议论化趋势，甚至出现正大庄严的说教诗篇。《四库全书提要》说："沿及北宋，鄙唐之不知道，于是以论理为本，以修词为末，而诗格于是乎大变。"多议论是宋诗的一大特点，前人多有述及。宋代学术的发达，士人学术水平的提高，也是宋诗出现讲究理趣、以学问为诗的倾向的原因。唐代杜甫自称"读书破万卷"，言下不无自矜之意，因为那在唐代是比较罕见的；然而到了印刷业进步的宋代，读万卷的作家已然不少，欧阳修、王安石、苏轼、黄庭坚等都堪称学者型诗人。学术修养的提高，无疑会使诗人更理性地思考社会和人生，也更善于议论。讲究理趣、以学问为诗，标示着宋诗的文化趣味，也是宋诗相对于唐诗的重要发展。然而，这也势必削弱作为诗歌艺术本质的形象性，背离诗歌重视抒情的传统。

### 山园小梅　（林逋）

众芳摇落独暄妍，占尽风情向小园。
疏影横斜水清浅，暗香浮动月黄昏。

霜禽欲下先偷眼，粉蝶如知合断魂。

幸有微吟可相狎，不须檀板共金樽。

林逋，一个对梅花的兴趣超过对女人的兴趣的男人，一位"好色而不淫"的光辉典范。他终生不娶不仕，种梅养鹤，为后代留下了"梅妻鹤子"的典故。据说他少孤家贫，力学苦吟，二十年间足迹未至城市。也许，这导致他看不惯外面的花花世界，看不惯花花世界上的花花公子和花花女人。《四库全书总目提要》说"其诗澄淡高远，如其为人"，点明了林逋诗品与人品的关系。

此诗最著名的是颔联。这一联写出了梅花神清骨秀、幽艳超逸的风神，令历代诗家拍案叫绝。欧阳修说"前世咏梅者多矣，未有此句"，司马光称其"曲尽梅之体态"。"梅之体态"如何，今人傅庚生的分析最为详尽："疏影，梅之魂也；横斜，其姿也；暗香，梅之气也；浮动，其韵也；陪衬之以清浅之水，烘托之以黄昏之月；梅之为梅，尽于此矣。……淡然静穆，有神仙之概焉。"

不过此联并非林逋原创，是借别人的诗句稍加点化而成。林逋诗句，与五代南唐江为残句"竹影横斜水清浅，桂香浮动月黄昏"，仅有二字之差："竹"改为"疏"，"桂"改为"暗"。而这个改动却十分精妙，"疏""暗"二字，精准点出了梅枝和梅香的特点，凸显了梅的疏淡孤雅的品格，乃至引发了南宋词坛大家姜夔的诗兴，创作出以"疏影""暗香"为名的咏梅词调。"竹影""桂香"，犹为两家；"疏影""暗香"，已成一体：这也是林逋高明的地方。宋诗"点铁成金"手法的运用，这是成功的一例。

全诗颔联太突出了，其他句子显得黯然无光，所以有人认为此诗有句无篇。纪昀批评说，"首句非梅"，又云"五六浅近，结而滑调"。这个意见是有一定道理的。

本诗尾联较少有人注意。它的写法值得观察：它没有描写景物，也不是用抒情性语句收场，诗人直接跳了出来，发出一句议论——因为有我的"微吟"来亲近梅花,所以"檀板共金樽"的声色美酒都不需要了——这是表示自己的高雅。喜好议论,正是宋诗突出的特征。

### 淮中晚泊犊头 (苏舜钦)

春阴垂野草青青,时有幽花一树明。
晚泊孤舟古祠下,满川风雨看潮生。

此诗前二句写行船,后二句写停船。前二句的"时有",暗示了船的移动。后二句韵味深长,"孤"字带着落寞之感,为下句风雨中看潮提供了心理背景。"满川风雨看潮生",何以看潮,以何种心情看潮,作者并未明言,不露痕迹。

刘克庄《后村诗话》认为此诗"极似韦苏州"。读者不妨与唐代韦应物《滁州西涧》做比较。韦诗曰:"独怜幽草涧边生,上有黄鹂深树鸣。春潮带雨晚来急,野渡无人舟自横。"在晚来突起的春潮中,一条没有船夫的船兀自摆荡,虽是春天,而一派落寞;苏诗中有青草,有明花,身处风雨孤舟而坐看春潮上涨,显然多了一层从容和几分活气,所以陈衍《宋诗精华录》认为此诗"视'春潮带雨晚来急',气势过之"。但看《苏子美文集序》说他"独崛兴于举世不为之时,挽杨(亿)、刘(筠)之颓波",《宋史·苏舜钦传》说他"时发愤懑于歌诗,其体豪放",我们不难想见他"满川风雨看潮生"时的心境。

### 画眉鸟 (欧阳修)

百啭千声随意移,山花红紫树高低。
始知锁向金笼听,不及林间自在啼。

这是一首咏啼鸟的诗。咏物诗当然是有所寄托的,寄托某种情怀,或显示某种理趣。本诗二者兼具。其情怀,就是对自由的向往和热爱;其理趣,就是凡有所得必有所失,"金笼"的华美和"林间"的"自在"不可得兼,相形之下,自由更为重要。

"百啭千声随意移,山花红紫树高低",勾勒了画眉在林间自在鸣叫的环境。首句中的"随意"和第四句中的"自在",刚好构成语意的呼应。"始知锁向金笼听,不及林间自在啼"两句中,"金笼"和"林间"则构成对比,对比后的结论,便是"不及"。"自由可贵"的抽象道理,通过画眉所处环境的变化表现出来,是很有形象性的,所以是有"理趣"的。相比之下,裴多菲"生命诚可贵,爱情价更高。若为自由故,二者皆可抛",在中国人眼中,缺乏形象性,可谓诗味阙然。

"锁"字强调了自由的失落。至于是"锁"还是"被锁",是主动语态还是被动语态,都没关系。若是"被锁",表明自己本不想失去自由,自由是被外力强制剥夺的,表现了人在江湖不自由的遭际;若是自己"锁"住自己,为追求富贵功名而主动投身"金笼",则表现了功名利禄对人生的束缚。这两种理解都说得通。幸好汉语的语态不很分明,使得这诗句的意味更加丰富。

## 题西太一宫壁 (王安石)

柳叶鸣蜩绿暗,荷花落日红酣。
三十六陂春水,白头想见江南。

六言诗始见于东汉末年。六言诗比七言诗更难作,虽然每句看起来只是少了一个字,但正是少了这么一个字,整个句子的句法、节奏都会发生相应的变化,诗句的组织变得更加困难。而王安石这首诗写得清丽空灵,十分自如,东坡见此诗也很佩服,叹道:"此老野狐精也。"①

首二句意象密集紧凑,尾二句节奏徐缓,一张一弛,前张后弛。柳荫深处,夏蝉鸣叫,绿色已浓,盛开的荷花在落日余晖映照下红得更加浓艳美丽。三十六陂春水静静流淌,勾起了诗人对故乡的风光和亲人的思念。王安石在汴京的西太一宫,眼前这番景象跟故乡江南的夏季景象是相似的,所以整首诗的意象营造也是对结尾处"江南"风光的间接呈现,而这番红红绿绿的景象中忽然出现一个"白头",立即使得本诗有了十分复杂又十分忧伤的意味。这也许是对江湖生活的依恋,也许是对生命流逝的哀伤,也许是对长期效命朝廷的感慨,也许以上各种思绪兼而有之,言虽已尽,而意味甚长。《宋诗精华录》评为"绝代销魂",是中肯的。

### 书湖阴先生壁 (王安石)

茅檐长扫净无苔,花木成畦手自栽。
一水护田将绿绕,两山排闼送青来。

---

① 六言诗之所以不能成为像五言诗和七言诗那样普遍的诗歌体裁形式,主要在于节奏上有难以克服的困难。六言诗诗句节奏,只能做偶数字的切分,如"柳叶-鸣蜩-绿暗""白头-想见-江南"等。而五言诗和七言诗的诗句,可能形成奇偶的配合,如"况属-高风-晚"(或简单地读为"况属-高风晚")、"无边-落木-萧萧-下"(或简单地读成"无边落木-萧萧下"),这样的配合,使得诗句的组织灵活性大大增加。王安石这首诗已经是很成功的六言诗了,但是"三十六陂春水,白头想见江南"二句,仔细玩味还是觉得节奏上有点问题。因为下句读为"白头-想见-江南",那么上句相应的应读为"三十-六陂-春水"。但这样读将割裂语义,因为"三十六"是一个不能分割的数字。而假如王安石把所有句子都搞成"2+2+2"的普通六言诗句形式,节奏上没有任何变化,不免又显得呆板。

这是一首著名的七绝。王安石本意是赞美主人湖阴先生,却着力描写主人家内外的景色,不写人而写具体的生活内容和自然景物,以写景来衬人,把湖阴先生的高洁自在,通过他居处的环境表现出来,显示出高超的艺术技巧。其中三四两句,以拟人化的手法写山写水,赋予山水以人的情感和意趣,不说人亲近山水,但说山水自来亲近于人,意味尤其深长,是古今传诵的名句。

关于三四两句的修辞技巧,也堪一说。叶梦得《石林诗话》云:"荆公诗用法甚严,尤精于对偶。尝云:用汉人语,止可以用汉人语对;若参以异代语,便不相类。如'一水护田将绿绕,两山排闼送青来'之类,皆汉人语也。此法唯公用之不觉拘窘卑凡。""护田"和"排闼"都出自《汉书》,是严格的"史"对"史"、"汉人语"对"汉人语",如此工细精严,可见王安石用心细密。虽然用典,读者却感觉非常自然,不觉在"用典";即使读者不知道这两个典故,也不妨碍对诗意的理解。使用典故而不着痕迹,不让人觉得生涩费解,这确实十分高明。

至于王安石说"用汉人语,止可以用汉人语对;若参以异代语,便不相类",估计是自夸之词。这个标准过于苛刻,并非用典的通则。

## 送和甫至龙安微雨因寄吴氏女子 (王安石)

荒烟凉雨助人悲,泪染衣巾不自知。
除却春风沙际绿,一如看汝过江时。

古代女子出嫁后从夫姓,王安石长女的夫家姓吴,故称"吴氏女子"。王安石送弟王安礼到龙安,兄弟离别之际,忽然想起多年未见的女儿,不禁触景生情,写下这首诗。诗人饱含深情,融情入景,表达了父女之间的骨肉至情。这首诗不像他的"不畏浮云遮望眼,自缘身在最高层"那样气势高昂,没有所谓豪逸之气、老健之节,而其至情至性,更能感人至深。

历来诗评家总爱盛赞王安石"春风又绿江南岸"的"绿"字用得如何如何绝妙，其实那个"绿"字远不如本诗中这个"绿"字。"春风又绿江南岸"的"绿"字，按照古汉语语法看无非就是使动用法，春风一吹，使江南岸变绿了，其实这并不很稀奇，因为春天的河岸本来就是绿色的。而本诗"春风沙际绿"，却让人觉得不只沙际是绿色的，连沙际的春风似乎也是绿色的——谁见过春风的颜色呢？绿色的春风，实在是美妙的想象！

　　在描写春风的诗句中，"春风又绿江南岸"并不见得出色。贺知章"不知细叶谁裁出，二月春风似剪刀"新颖的比喻，志南"沾衣欲湿杏花雨，吹面不寒杨柳风"和穆的气象，南宋张伟"春风自谓专桃李，也有工夫到菜花"俏皮的机智，在描写方面都不逊于王安石这句诗。其实，"春风又绿江南岸"的关键处，不在这个"绿"字，而在一个"又"字。这个"又"字暗示了年光的流逝，从而唤起下句何时回家（"明月何时照我还"）的惆怅。

## 参考阅读

### 王安石

　　王安石是中国历史上著名的改革家，也是宋代杰出的诗人。他的个性刚强执拗，有"拗相公"之称。其性格从司马光的一封信以及王安石的回信中可以窥见一斑。司马光的信件中说：

　　介甫（安石字）素刚直，每议事于人主前，如与朋友争辩于私室，不少降辞气，视斧钺鼎镬无如也。及宾客僚属谒见论事，则唯希意迎合、曲从如流者，亲而礼之。或所见小异、微言新令之不便者，介甫辄怫然加怒，或诟骂以辱之，或言于上而逐之，不待其辞毕也。

　　王安石回信反驳道：

辟邪说，难壬人，不为拒谏。至于怨诽之多，则固前知其如此也。

王安石有著名的"三无畏"之说，也可见其个性之自信强硬。他是连李白、韩愈也不屑为的人。这种个性，无疑也会表现在他的作品中。

王安石为人极其自负，于是有无所顾忌的自夸。《邵氏闻见后录》卷二十记载："王荆公之子雱作《荆公画像赞》曰：'列圣垂教，参差不齐，集厥大成，光于仲尼。'是圣其父过于孔子也。雱死，荆公以诗哭之曰：'一日凤鸟去，千年梁木摧。'是以儿子比孔子也。父子相圣，可谓无忌惮者矣。"父子之间互相吹捧，都以孔子相比，可见其自诩自矜的程度。这种心态对于改革者是必要的，由此而生的勇气能带来变革的雄心和意志；而对文学创作的影响，则在于立意新颖甚至奇僻，不愿落于人后。

以王安石的个性，绝难自甘身处人下。且看其《北陂杏花》："一陂春水绕花身，花影妖娆各占春。纵被春风吹作雪，绝胜南陌碾成尘。"花终究要凋落，但它的凋落也要像雪花那样昂扬飞舞，而绝不愿意落在路上被人践踏。在强硬自负、倔强昂扬之外，王安石性格中还有极其执着的一面。下面《容斋随笔》卷八里的这个故事，可谓耳熟能详：

王荆公绝句云："京口瓜洲一水间，钟山只隔数重山。春风又绿江南岸，明月何时照我还。"吴中士人家藏其草，初云"又到江南岸"，圈去"到"字，注曰"不好"，改为"过"，复圈"去"而改为"入"，旋改为"满"，凡如是十许字，始定为"绿"。

"绿"字在前人诗句中已有相当精妙的用法，王安石这个"绿"字用得如何，此处不做评论，但从此事实不难看出，他在诗歌方面追求的执着。王安石执拗强硬的个性，使他写出了独具一格的散文和咏史诗，而精益求精的执着，又使他的诗在文字方面有时独造精妙，有时又雕凿过分。

王安石自以为是的性格，使他很喜欢为古人做主，甚至改动古人诗句，把它们凑进自己的诗里。苏轼说王安石的作品"未必不善也，而患在于好使人同己"，改古人诗句，不一定是王安石缺少写诗的手段，而是他以今律古、以己律人的心态的表现。如把南朝苏子卿的"只言花是雪，不悟有香来"改为"遥知不是雪，为有暗香来"，把李白的"白发三千丈"改为"缲成白发三千丈"，把古诗的"鸟鸣山更幽"改为"一鸟不鸣山更幽"，等等。这种手法有时成功，有时却是失败的。比如他把"鸟鸣山更幽"改为"一鸟不鸣山更幽"，这种改法，比起王维在"水田飞白鹭，夏木啭黄鹂"前加"漠漠""阴阴"的改法，看起来同样是在五言前面加上两个字，却有"点金成石"和"点石成金"的区别。

不过王安石自有自以为是的本钱。他的诗艺和学问都是很好的。他作诗用字工稳，思力深厚，像"草长流翠碧，花远没黄鹂"两句中的动词，都相当妥帖；像"青山扪虱坐，黄鸟挟书眠"，也非常形象而有意味，尽管袁枚不怎么厚道地嘲笑这两句写的是"乞儿向阳，村童逃学"。王安石诗中，对偶、用典也十分精切，如"一水护田将绿绕，两山排闼送青来"，用典非常自然，让人浑然不觉。

绝句是王安石的拿手好戏，代表着他诗歌艺术的最高水准。他留下的绝句数量既多，质量又高。这些绝句或立意警策，见解独到，或即事咏怀，理趣盎然，充分体现了他的个性。王安石绝句中的写景抒情诗多是晚年的作品，这些诗充满优美情趣，"雅丽精绝"，为黄庭坚所叹服。王安石晚年政治失意，意气衰颓，饱览人情世故，渐趋含蓄淡泊，笔法已然老到，雕凿不再那么用力，其作品也就精切闲淡了。

王安石在诗歌创作上主要得力于对唐人的学习。在唐代诗人中，对他影响较大的是杜甫、韩愈、李商隐、张籍诸家。王安石的律诗和古诗，带有杜甫沉郁顿挫、格律精严的特色。他的一些古风和排律，则带有韩愈奇崛拗峭的特点。当然，以王安石的个性，决不会满足于为前人提鞋。在前人那里，他获得了许多宝贵的艺术技巧，这些技巧不过是他创作的基础而已。王安石性格执拗，自出己意，加之博览典籍，工于记诵，用事使典、饰辞属对，无不得心应手，挥洒自如。因此，他的诗在思想内容上个性鲜明，在艺术技巧上又瑰丽多采，卓然有大家风范。可以说，王安石是宋代最杰出、最有成就的诗人之一。

### 饮湖上初晴后雨 （苏轼）

水光潋滟晴方好，山色空蒙雨亦奇。
欲把西湖比西子，淡妆浓抹总相宜。

这是一首赞美西湖美景的诗。"浓"与"淡"，"晴"与"雨"，"水光"与"山色"，"西湖"与"西子"，几组对应关系在狭小的绝句空间里组织得如此自然妥帖，并非一件容易的事。

"水光潋滟晴方好"描写西湖晴天的水光：在阳光照耀下，西湖水波荡漾，波光闪闪，十分美丽。次句"山色空蒙雨亦奇"描写雨天的山色：在雨幕笼罩下，西湖周围的群山，迷迷茫茫，若有若无，非常奇妙。从题目可知，这一天诗人在西湖饮酒，起初阳光明丽，后来下起了雨。在善于领略自然美景的眼中，西湖的晴姿雨态都是美好奇妙的。"晴方好""雨亦奇"，是对西湖美景的赞誉。尾句"淡妆浓抹总相宜"的"淡"与"浓"，呼应前面的"晴"和"雨"，结构上合得精妙。用西施这个贴切的比喻，写出了西湖的神韵。常言道"女人似水"，这里是"水似女人"。诗人之所以拿西施来比西湖，不仅是因为二者同在越地，同有婀娜多姿之美，更因为二者同具天然之美质、超绝之神韵，"淡妆浓抹"，都能展现美的风致。

晴天也好，下雨也不错，怎么都是相宜的，正是苏轼随缘自适、无往不快的人生哲思的形象反映。"好""奇"与"总相宜"，这是人的主观感受和判断。由于这些字眼，诗句带上了议论的性质。这表现了宋诗喜欢议论的特点。在景物上加上人的判断，使自然之美成为人的观念的一部分，甚至消融进主观意识的自由联想过程（由西湖到西子）之中，这样，人的主体地位就得到充分的凸显。从景与情、自然与人的关系的角度看，我们可以这样说，理趣，正是理性被强化的产物，是诗人主体意识提升的表现。

## 题西林壁 （苏轼）

横看成岭侧成峰，远近高低各不同。
不识庐山真面目，只缘身在此山中。

这是苏轼游庐山时所得的领悟。庐山山势，从这个角度看是一面岭，从那个角度看是一座峰，人的认识会因为观察角度不同而有所不同。实际上，这个道理是可以推广开的：人类的认识在很大程度上取决于观看的角度和方式。苏轼接着推演，不只是"横""侧"这样的观看角度，人站得高或不高，站得远还是近，所获得的认识都会有所区别。

为什么人类认识事物所获得的，只是"成岭""成峰"这种相对的经验，而不是事物的真相（"庐山真面目"）？为什么人们只能拥有经验，而不是真理？苏轼的答案是：人们之所以看来看去依然不知道庐山的真相，正是因为身处庐山里面。人们的认识必会受到环境的约束，不能超越这个环境，就无法获得超越性的认识。所谓"当局者迷"，就是这番道理。

本诗篇幅简短，道理深刻。苏轼讲的道理，与庐山的具体景象相结合，所以不但有理，也有趣。也就是说，有理趣。

## 正月二十日出郊寻春 （苏轼）

东风未肯入东门，走马还寻去岁村。
人似秋鸿来有信，事如春梦了无痕。
江城白酒三杯酽，野老苍颜一笑温。
已约年年为此会，故人不用赋招魂。

"人似秋鸿来有信,事如春梦了无痕",这两个比喻很有名,意味也很深。其意思是人如候鸟感信而动,重来踏春;而人间事相却如春梦,了无痕迹。这种感触是人皆有,所以很能引起共鸣。"去年今日此门中,人面桃花相映红。人面不知何处去,桃花依旧笑春风。"这首唐诗无非也是这层意思,只不过苏轼这两句更为概括而已。

人来有信,人事无常。人来有信,为的是求得一种恒久;但人事无常,执着寻求终归枉然。所以,这两句诗里面流露出来的是一种淡远的哀伤。不过,苏轼毕竟比较豁达,接下来他想,既然一切往事都归于虚无,既然一切寻求终归枉然,那就不必悲哀,只管珍惜当下,有白酒三杯下肚,有野老一笑温心,也就够了。

原题太长,我压缩了一下。没有征求东坡的意见,不过以苏东坡的豁达,他大概不会介意的。

## 海棠 (苏轼)

东风袅袅泛崇光,香雾空蒙月转廊。
只恐夜深花睡去,故烧高烛照红妆。

无论在白天的袅袅东风中,还是在深夜空蒙的雾气里,美丽芳香的海棠都令人爱慕。末二句想象奇特,以人拟花,是名句。"红妆"指盛妆的女子,比喻海棠的艳丽,象征青春红颜;"恐"的心理活动以及持烛照花的行动,则表现了诗人爱花惜春、珍惜青春年华的情感。反过来看,秉烛夜游的赏花之举,也隐藏着时不我待的焦虑,折射出及时行乐的渴望和寂寞孤单的心境。

夜晚总是容易让人感到寂寞孤单。某个晚上,在京任翰林学士的王安石在值宿时,写下了《夜直》一诗:

金炉香尽漏声残,翦翦轻风阵阵寒。
春色恼人眠不得,月移花影上栏干。

一片春心为朝廷事务所困的王安石,在这个春天的深夜,无聊且无奈地看着月光不断地移动着春花的影子,感受着时间的流逝。与苏轼相比,王安石更多地感受到功名束缚和享受人生的矛盾。不过,单就寂寞而言,我以为人类所有的寂寞都是一样的,只不过寂寞的具体原因和场景有所不同罢了。

## 参考阅读

### 苏 轼

苏轼堪称中国文人的一代天才。此人确实是满腹学问,尽管他自己表示比较认同的评价是"一肚皮不合时宜"。他的造诣是多方面的:诗歌、散文、绘画、书法,凡所涉足的艺术领域,他几乎都能取得第一流的成就。他也是当时的政界名人,在杭州修建过"苏堤";他虽然不一定能称为思想家——因为他过于驳杂,较不成系统——但对儒家、道家和佛家思想确实深有会心。他对医疗、养生也很有研究;他甚至在所谓饮食文化上也大有声名——"东坡肘子"的故事直到今日还被人们津津乐道,许多从未读过苏轼作品的人,也许就是通过"东坡肘子"而熟知他的名号。

在诗歌方面,宋代没有苏轼,有如唐代没有李白。苏轼对诗歌的贡献,可以分为诗和词两个方面来谈。

在传统诗体方面,苏轼的古体诗、近体诗,著名的都不少。各种宋诗选本都无法不选他的诗。一般认为,苏轼在诗上最高的成就,是七言古体。王士禛说苏轼"七言长句之妙,自子美、退之后,一人而已"。苏轼性格豪放豁达,在长短自由、容量较大的七言古体中,他的个性方能得到最自由的表达,才华方能得到最充分的释放。苏轼的七言长诗，波澜壮阔，舒卷自如，变化多端，有必达之隐，无难显之情，既无白居易的过分浅易直露，也无韩愈的过分古奥生硬。此外，他的七律七绝，为人称颂的好作品也多。"平淮忽迷天远近，青山久与船低昂""人似秋鸿来有信，事如春梦了无痕""竹外桃花三两枝，春江水暖鸭先知""杳杳天低鹘没处，青山一发是中原""不识庐山真面目，只缘身在此山中""欲把西湖比西子，淡妆浓抹总相宜"，这些脍炙人口的诗句，都是苏轼的杰出创造。

苏轼天分高，才气大，性格洒落，思想复杂，所以他的诗"翕张开合，千变万态"（《后村诗话》），而"词意天得，常语快句，乘云驭风，如不经虑而出之也"（姚范）。赵翼说："东坡大气旋转，虽不屑屑于句法、字法中别求新奇，而笔力所到，自成创格。""大概才思横溢，触处生春，胸中书卷繁富，又足以供其左旋右抽，无不如志。其尤不可及者，天生健笔一支，爽如哀梨，快如并剪，有必达之隐，无难显之情，此所以继李杜后为一大家也。"

在欧阳修基本上廓清西昆体的残余后，苏轼提出"以意摄之"的文学主张，并通过其创作表现出以"意趣"为美的新审美观，拓宽了宋诗发展的新路。所谓"晋人尚韵，唐人尚情，宋人尚意"，"尚意"的苏轼诗歌别开生面，宋诗至此面目独具，不再依附于唐人。

在词体方面，苏轼也有历史性贡献。他被认为开创了豪放词风，为辛弃疾等人的创作开辟了新路径。《碧鸡漫志》说苏轼"指出向上一路，新天下耳目，弄笔者始知自振"，正确地评价了苏词在词史中的地位。相对于苏轼的全部作品而言，词的数量不多，说明他可能不是十分重视这方面的创作；但他束缚不住的天才，却使他的词别开生面。从词体的历史发展来看，豪放词虽谓别格，但终究不可偏废。关西大汉握着铁绰板唱"大江东去"，可能不如十七八岁女子捏着红牙板唱"杨柳岸晓风残月"那么令人温软舒服，但诗歌如果仅仅有温软之音，那就只能是诗歌的悲哀。天上有月亮和太阳，地上有女人和男人，气格有阴柔与阳刚，词体中也就不但有婉约也该有豪放。

人们常说苏轼"以诗为词",是指他开创了一种与诗相通的开阔高朗的艺术风格,打破了词多写儿女情长、离合悲愁的圈子,突破了柔媚纤巧的樊篱。苏轼才力雄厚,所以创作时大抵以意为主,任情流泻,于是他不仅"以诗为词",有时甚至"以文为词",如《水龙吟》的"似花还似非花,也无人惜从教坠""细看来,不是杨花,点点是离人泪",《满庭芳》的"归去来兮,吾归何处""云何,当此去",《千秋岁》的"吾已矣,乘桴且恁浮于海",《定风波》的"试问岭南应不好?却道,此心安处是吾乡",系词、连词用得较多,接近散文,已有了辛弃疾"以文为词"的做派。

苏轼典型地代表了宋代的文化精神。他既坚持儒家入世的精神,又较多地采取庄禅旷达的态度,执着、超脱,无往不可,这对宋人及宋代以后文人的人生态度产生了深远的影响。随着宋代印刷技术的发展,知识扩散速度升级,知识分子的人数超过王朝需求,被排挤至政治边缘者渐多。在这种情况下,如何在失意时自处就成为一个重要的人生课题,于是,苏轼的旷达成为一种影响深远的处世典范。我以为中国文人有三种基本范型,一是屈原、贾谊型,执着进取而失意落魄;二是陶渊明型,恬淡自然而倾向退隐;三是苏轼型,豁达洒脱而进退皆可。第一种基本是儒,第二种偏向于道,第三种徘徊在儒道之间。苏轼型对后代影响巨大,这说明苏轼为人处世的态度,引领着后代许多文人的人生选择。苏轼的无往不可,显示着性格的豁达,而他尚能洒脱而严正;但后世的无往不可,却往往意味着原则的丧失,意味着得过且过的苟且。人生如果无所坚持,得过且过,就容易失去气节。一个民族,一旦连士人都不愿坚持操守,那么,这个民族就只能渐趋衰落。

## 登快阁 (黄庭坚)

痴儿了却公家事,快阁东西倚晚晴。
落木千山天远大,澄江一道月分明。

朱弦已为佳人绝,青眼聊因美酒横。

万里归船弄长笛,此心吾与白鸥盟。

为公家做事即使不算太累,至少也不自由,身在其中者对此都有切身体会。黄庭坚显然也有这种体会,不过,他感到的不仅仅是不自由。在本诗结尾处,"此心吾与白鸥盟",意思是他不愿意太有机心,这就暗示出他的公家事比较复杂。官场上过日子免不了要有机心,而黄庭坚那种要与"白鸥盟"的"痴儿",其累便有甚于我们这些平常的上班族,所以他想"万里归船弄长笛",有"不如归去"之意了。

本诗主要写的是登临快阁的所见所感。首联叙登快阁的快乐,一个"倚"字把人和景融成整体,方东树《昭昧詹言》谓此"且叙且写,一往浩然"。颔联与杜甫名句"无边落木萧萧下,不尽长江滚滚来"有些相似,但黄庭坚不说"萧萧",不说"滚滚",杜甫笔下的景象充满了动荡感,而黄庭坚眼中的景象远比杜甫的安静,没有了那份悲凉,却不减其阔远,而且更为省净,勾勒出一幅高远明净的秋景图。颈联意谓世无知音,唯有饮酒,透露出官场孤独的愁闷。尾联是思绪的延伸,诗人期望能够摆脱束缚,归去过逍遥自在的日子。

### 雨中登岳阳楼望君山·其一 (黄庭坚)

投荒万死鬓毛斑,生出瞿塘滟滪关。

未到江南先一笑,岳阳楼上对君山。

"未到江南先一笑,岳阳楼上对君山",这是黄庭坚对着山大笑;"坐对真成被花恼,出门一笑大江横",这是黄庭坚对着水大笑。这两处笑,都笑得意味深长。

《王充道送水仙花五十枝,欣然会心,为之作咏》中写道:"坐对真成被花恼,出门一笑大江横。"黄庭坚赏花之后浮想联翩,反觉烦恼,于是抛开水仙出门去,放声一笑,只见大江横阔。横流的江水阻断了"恼",也终止了"笑",这一声笑的后面是一种悟性,一种超脱,一种解除烦恼的轻松和沉默。

"未到江南先一笑,岳阳楼上对君山",笑的是尽管还未回到江南,但毕竟活着离开了贬谪之所,值得喜悦。但这笑声的背后,却是"投荒万死"的凄楚,以及满头白发对着满目青山的苍凉。这声笑与"坐对真成被花恼,出门一笑大江横"不同,它表达的是悲凉的生命痛感以及复杂的人生慨叹。

《雨中登岳阳楼望君山》的第二首是:"满川风雨独凭栏,绾结湘娥十二鬟。可惜不当湖水面,银山堆里看青山。"这首诗写尽管满湖风雨,诗人犹自凭栏远望,写景清丽可爱,却是一派悠闲轻松、全然放下的心情。

## 春日 (秦观)

一夕轻雷落万丝,霁光浮瓦碧参差。
有情芍药含春泪,无力蔷薇卧晓枝。

本诗写夜雨初霁时院子里的春日景象。夜雨过后,天已放晴,光线照在仍然湿润的琉璃瓦上,琉璃瓦的绿色因光通过瓦面上雨水时的折射变得浓淡不一。琉璃瓦是比较光亮的,光线投射过来,琉璃瓦表面残留的雨水也反射着光,一个"浮"字用得十分贴切。

诗人的感觉是微妙的,情绪是若明若暗的。这浮光碧瓦,带着相对明朗的情绪。而当诗人的目光转向娇柔的花朵时,他的心里又生起一种近似于怜惜的情绪。夜雨沾湿芍药的花瓣,芍药仿佛含着星星点点的泪珠;蔷薇花经过一夜风雨,无力地躺在枝条上,像"懒起画蛾眉"、心绪不佳的美人。

本诗的特点是观察十分细腻,表现出情绪的曲折微妙。诗的后两句,"有情"而"无力",似与女性特征相合,所以元好问说这是"女郎诗"。后人一提起"女郎诗"就颇有讥诮的意味,其实那些批评秦观的人似乎忘记了一些很重要的事实：《诗经》的"国风"中就有"女郎诗"；诗歌传统中大量的"闺怨诗"也是"女郎诗"。合法的"女郎诗"的不合法，大概出于元好问和追随他批评秦观的人，都自困于"诗庄"的观念而不得解脱的缘故吧。

### 春暮 （曹豳）

门外无人问落花，绿阴冉冉遍天涯。
林莺啼到无声处，青草池塘独听蛙。

文学语言有清淡和浓重的区别。清淡的一种，尽力把语言变得像清泉，像细雨，像浮云，像磁场中无形的磁力，繁华落尽，清澈幽渺。浓重的一种，则色块饱满，笔法浓密，尽力赋予语言以密度和沉重感。本诗的语言属于前面一种。

在中国古典诗歌中，以数量论，这种诗篇多；以时代论，宋比唐多。"尚简"是中国传统思维方式和古代文学语言的重要特色。在尚简的原则下，语言表达要求简淡，言虽尽而意未穷；而审美风格的取向，也以言淡味远为高。

时至暮春，即接初夏，正是所谓"杂花生树，群莺乱飞"的时节，但本诗一则曰"无人"，再则曰"无声"，显得寂静冷清。语言没有浓墨大彩，写落花而不见色，有林莺而不闻声。这与诗的立意密切相关。花落无人问，草长遍天涯，林莺婉转的歌声已消失，独有池塘蛙声在鼓噪，似乎都暗喻着君子憔悴而小人得势的意思。诗人这种深婉的愁思，用淡化的语言和精心选择的情境来表现，更显幽微深远，这就是所谓"妙在有无之间"。

曹豳不是一个很有名的诗人，但这首诗还是很不错的。

## 水口行舟 （朱熹）

昨夜扁舟雨一蓑，满江风浪夜如何。
今朝试卷孤篷看，依旧青山绿树多。

朱熹生性偏激，他说"我亦平生伤褊迫"，就是夫子自道之言。他登第五十年，身历四朝，而在朝时间不满四十日，可以说是不得志的。援引司马迁"《诗》三百篇，大抵圣贤发愤之所为作也"的说法，朱熹有愤可发，自可为诗。然而朱熹是理学家，而理学家有一点近于柏拉图，就是他们的理想国里不应有诗人立足，朱熹就说过"顷以多言害道，绝不作诗"（《朱子大全》卷二）。但朱熹显然并非言行完全一致的人，他不但写了诗，而且还留传了一些好诗下来。"绝不作诗"的朱熹的诗作，有点像自打耳光。不过理学家及其后继的道学家的话未必听得，他们讲道理尤其是讲伦理的时候调子偏高，而欲望表露和真情流露之际又往往难以与其理论完全吻合，所以后来有了"伪道学"一词，赠送给那些口头唱高调而心中欠高尚的人。

朱熹不仅是言行不一，单是他的"言"就有自相矛盾的地方。《朱子语类》卷一百四十有"作诗间以数句适怀亦不妨"一条，与前面所引的话就不一致。世界是充满矛盾的，人是矛盾的统一体，朱熹当然也不能例外。人有言行不一的情况，这是正常现象，只要不是存心欺世骗人，此一时彼一时，到什么山头唱什么歌，也不见得不对。我相信朱熹是个比较诚实的人，他的话自相矛盾，但都是他真实的想法。所谓"作诗间以数句适怀亦不妨"，是说他作诗的动机主要是遣意适怀，以抒胸臆之气。他声称"绝不作诗"，大概是因为他像北宋的二程那样担心作文害道，或者因为他的哲学思考使他意识到"大道无言"，即孔子所谓"天何言哉"之意。人只能对世界有限的部分做出有限的认识，绝对真理是人无法达到的，当然也是人的语言无法写出的。"大道无言"，但如果不言，人之所悟，又有谁知！"意"的深远与"言"

的浅近的矛盾，是思想家和语言艺术家们都得面对的窘境，他们都不得不以"言"为工具去阐释他们领悟到的"意"。反对戏论的佛教留下了浩如烟海的三藏；追求"绝圣弃智"的道家也留下一大堆阐扬教义的道藏。朱熹自然也免不了这种尴尬，所以他虽然担心"害道"，还是忍不住"多言"了。

朱熹的诗比较浅近，我以为这不是其弊病，反而是他的特色。这体现了他作为一个思想者头脑明晰的长处。他的诗也不时流露出理学气，但总的来说还算本色，不见酸腐。

在此世间，风波必多，然而时过境迁，万事依然。《水口行舟》一诗，表达的就是这个道理。但朱熹把这个道理讲得诗意浓郁，寓理于景，富有理趣，完全没有生涩枯燥之感。

## 绝句 （志南）

古木阴中系短篷，杖藜扶我过桥东。
沾衣欲湿杏花雨，吹面不寒杨柳风。

很多读者是通过朱自清散文《春》的引用了解到志南和尚这首诗的。

朱熹说"南诗清丽有余，格力闲暇，无蔬笋气。如云'沾衣欲湿杏花雨，吹面不寒杨柳风'，予深爱之"。这两句中，"杏花雨"的诗意和"杨柳风"的惬意，"沾衣欲湿"的实感和"吹面不寒"的和煦，写出了春雨微润、春风宜人的特点。春雨微润，"欲湿"而未湿；春风宜人，略寒而"不寒"，一派生机畅然、和和穆穆的气象，不寒不涩，清丽中和，这就是朱熹所谓"无蔬笋气"①，也是他特别喜欢的原因。

"杖藜扶我过桥东"，这个"扶"字也很有意思。按照常理，应该是"我扶杖藜"，诗人却说"杖藜扶我"，藜干做成的拐杖似乎既有情也有意，扶着人走到了桥东。至于首句"古木阴中系短篷"，则似乎形成了一个色彩较为阴暗的背景，这是为了映衬后面春意的明朗。

### 沈园·二首 （陆游）

#### 其一

城上斜阳画角哀，沈园非复旧池台。
伤心桥下春波绿，曾是惊鸿照影来。

#### 其二

梦断香消四十年，沈园柳老不吹绵。
此身行作稽山土，犹吊遗踪一泫然。

陆游这两首诗，是悼亡诗中极为深婉动人者，与词中苏轼的《江城子·乙卯正月二十日夜记梦》相类。诗以西下的斜阳和悲哀的画角开头，把人带进忧伤的情调中。沈园中曾经留有芳踪的旧池台，如今已不复可认；往事的再现，也成了不可能的奢望。桥是伤心的桥，人心早伤，春水仍绿，不禁令人感慨物是人非。这桥下流水，曾经照见像曹植《洛神赋》中"翩若惊鸿"的凌波仙子的倩影。在陆游的潜意识里，他寻找的是已逝的青春幻觉，是过去一个动情的美的瞬间，是不可重复的一段因缘，一段美好得让人感伤的生命体验。

---

① 谈到"蔬笋气"，顺便做一点补充。李东阳说，秀才作诗不脱俗，谓之头巾气；和尚作诗不脱俗，谓之酸馅气；咏闺阁过于浮艳，谓之脂粉气。能脱此三气，则不俗矣。我看不尽然。世间更有应时应景之诗，不似马屁，必似狗屁，既臭且恶，为俗中最不可耐者。此气不脱，不足言诗。

紧承第一首"惊鸿照影"的回忆,在第二首中,诗人接着追问鸿影今何在?"香消玉殒"已经四十余年,就连那些曾经点缀春色的沈园杨柳,也苍老得不再开花飞絮了。诗人心里不禁涌起天荒地老、人之将死的感觉,自己即将化作稽山的泥土,但是生命里那割不断的情思,仍使他对此遗踪,泫然落泪。在生命的终点附近,爱在无望地申诉着一生最执着的留恋,我们读到这样的诗句,也不禁惆怅满怀。

## 剑门道中遇微雨 (陆游)

衣上征尘杂酒痕,远游无处不消魂。
此身合是诗人未?细雨骑驴入剑门。

武人骑马,文人骑驴。"马上相逢无纸笔",所以无法写诗作赋;驴行缓慢,所以无法驱驰疆场。李白、杜甫、李贺、贾岛都有骑驴赋诗的传说,骑驴好像成为文人的标志了;而陆游是希望骑马的,他的诗里面既有"铁马秋风"的场景,也有"铁马冰河"的梦境,还有"上马击狂胡"的幻境。然而,报国之门始终不为陆游而开,此刻他正调往四川充任闲职,马骑不到,只合骑驴,于是有"此身合是诗人未"的一问,悲凉之意就出来了。

像"宁为百夫长,胜作一书生"的杨炯一样,陆游不甘心只做一个舞文弄墨的诗人。朝廷既要"缚将奇士作诗人",陆游也就只好"细雨骑驴入剑门","百无聊赖以诗鸣"了。所以,"衣上征尘杂酒痕"的落魄,"此身合是诗人未"的迷茫,"细雨骑驴入剑门"的酸涩,不仅仅出于失意诗人个人情感的无奈和哀痛,更出于忧虑家国而找不到着力点的愤懑和凄凉。本诗含蓄隽永、情长意远的韵味,就在于此。

陆游"志士凄凉闲处老,名花零落雨中看"的诗句,正好可以看成是本诗的注脚。

## 梅花绝句（陆游）

闻道梅花坼晓风，雪堆遍满四山中。
何方可化身千亿？一树梅花一放翁。

梅是陆游喜欢吟咏的。这首咏梅绝句以奇特的幻想取胜。诗开头两句描写梅花开放的景象。"闻道梅花坼晓风"，是听说；"雪堆遍满四山中"，是见到。前两句是铺垫，很平常。三四句发挥浪漫的想象，"一树梅花一放翁"，梅花就是陆游，陆游就是梅花，梅人合一，物我两忘，意味深长。不过，"何方可化身千亿"并非陆游独创的想象，它来自佛家中佛有法身、报身、化身之说。化身是随机应现的，可以化身千亿。陆游显然是借用了佛教的说法。

## 游山西村（陆游）

莫笑农家腊酒浑，丰年留客足鸡豚。
山重水复疑无路，柳暗花明又一村。
箫鼓追随春社近，衣冠简朴古风存。
从今若许闲乘月，拄杖无时夜叩门。

"以游村情事作起，徐言境地之幽，风俗之美，愿为频来之约"，方东树这番话点明了本诗结构上前后相承的关系。

"山重水复疑无路，柳暗花明又一村"，无疑是本诗最为人称道的一联。此联包含双重对偶：上下两句形成对偶；两个句子内部也局部地使用对偶，即所谓"当句对"（"山重"对"水复"，"柳暗"对"花明"）。如此写景，就显得多一层次，"山重"加上"水复"，好像就多一层"重复"；"柳暗"映衬"花明"，"明暗"之间的对比也强化了光线和色彩的层次感。此联写的是景物，却包含着普遍的哲理——人生历程中往往有扑朔迷离的境况，也往往有峰回路转的希望；有时水穷之处，正是云起之时。世间万物消长变化，人生常常处在绝望与希望、黑暗与光明的不断交替中。

王维的"行到水穷处，坐看云起时"，白居易的"山下望山上，初疑不可攀。谁知中有路，盘折通岩巅"，王安石的"青山缭绕疑无路，忽见千帆隐映来"，这些都可能为陆游这联诗句所借鉴。有人说，前人的好诗都被陆游用尽，这不是没有道理的。

王维《终南别业》："中岁颇好道，晚家南山陲。兴来每独往，胜事空自知。行到水穷处，坐看云起时。偶然值林叟，谈笑无还期。"这首诗写景的文字其实不多，表现的是徜徉于山水间时夹杂着几分幽寂的闲适心境。与此相比，陆游这首诗闲适的心境是有的，而写景远比王维繁复，可见陆游多观看者的盎然兴致，王维多得道者的淡然胸怀。

本诗表现的古代农村景象和风俗，现代读者可能已经觉得比较陌生。而陆游那份"从今若许闲乘月，拄杖无时夜叩门"的闲适，仍让我们这些奔波在城市的现代人无限地神往。

## 参考阅读

### 陆 游

陆游是中国诗史上最多产的诗人，今集存诗九千三百余首。单从作诗数量看，乾隆皇帝超过了陆游，他名下的诗达四万首之巨。但乾隆的诗能否算得上诗可能还需要讨论，而且一个君主在什么场合下才能成为诗人，怎样才能创作出有意义的诗篇，南唐后主李煜已经提供了一个经典案例。

所以，陆游应该是中国古典诗歌史上创作最为丰富的诗人。

陆游的许多诗篇充分触及社会生活的各个方面，毫无保留地袒露肝胆肺腑，回荡着爱国忧民的激情。即使成了八十二岁的老翁，他的爱国热情依然没有衰竭，临终还写下绝笔诗《示儿》，表露出念念不忘光复祖国河山的一片丹心。他终生渴望建功立业，渴望"铁马冰河"，渴望洗雪国耻。梁启超在《读陆放翁集》中写道："诗界千年靡靡风，兵魂销尽国魂空。集中什九从军乐，亘古男儿一放翁！"恰当地肯定了陆游的男儿之志。如果有报国之志就能够实现报国，那么岳飞就不会冤死风波亭，辛弃疾就不会空叹北固亭，宋朝政府也不太可能被迫南迁，偏安一隅。于是"塞上长城空自许"而又"中原北望气如山"的陆游，只好通过丰沛的想象，或独特奇妙的夸张，展现他那被压抑的雄心壮志。

陆游在下层职位上颠沛流离，足迹横贯中国，所以他的诗中有不少韵致翩翩、风采流溢的描绘祖国山河的美好篇章。报国无门的痛苦，也使陆游把目光投向山水田园以寻求一时的解脱。大志难成，功名不就，便转而在闲常生活中追求平淡的人生境界，这是不少诗人走过的人生路途。陆游在自然山水和乡村生活中，常能体会出山水景物的生机和情趣，咀嚼出日常生活的深长滋味，此类诗作大都写得很有情致。如果说他抒发忧愤国事的诗是奔腾的大海和奔流的江河，那么这一类诗则是宁静的湖泊和秀逸的小溪。作为大诗人，陆游的诗是众体兼备的。

陆游早年曾从江西派诗人曾几学诗，但似乎得益不多，他的朋友就看出他"不嗣江西"。后来，陆游像杜甫说的那样"转益多师"，改学陶渊明、李白、杜甫、白居易、岑参等人。这使得他具有丰富的艺术经验，奠定了作为一个大诗人所当具备的创作基础。

南宋后期诗人刘克庄说："近岁诗人，杂博者堆队仗，空疏者窘材料，出奇者费搜索，缚律者少变化。"可见当时诗坛的弊病。而"唯放翁记问足以贯通，力量足以驱使，才思足以发越，气魄足以陵暴"，正是非凡的才力，使陆游的诗超越南宋大大小小的诗人，而在中国诗歌史上占据一席之地。

陆游的诗内容扎实，感情充沛，得力于其游历和阅历处甚多，他所谓"汝果欲学诗，工夫在诗外"，"君诗妙处吾能识，正在山程水驿中"，或可看作夫子自道之辞。陆游记闻广博，善用古典，此为文人之能事，未必为诗家之擅场。因此刘克庄说"古人好对偶被放翁用尽"，尚未挠到陆游诗艺的痒处。

陆游诗作太多，因此难免有粗糙的败笔，有时词句自相蹈袭，新意无多，甚至也有笨拙地化用前人诗句的情况。例如徐俯有一联名句"一百五日寒食雨，二十四番花信风"，陆游《春日绝句》摹仿作"二十四番花有信，一百七日食犹寒"，诗味远不如原句。

## 小池（杨万里）

泉眼无声惜细流，树阴照水爱晴柔。
小荷才露尖尖角，早有蜻蜓立上头。

钱锺书说杨万里的特点，在于"眼明手捷"，"如摄影之快镜，兔起鹘落，鸢飞鱼跃，稍纵即逝而及其未逝，转瞬即改而当其未改"，搞得万物运动的速度，比起杨万里捕捉它们的速度，都未免显得慢了一拍。这话当然夸张了些，但也很有道理。在这首诗中，泉眼无声，不断出水，而杨万里用一"惜"字，写泉眼吝啬地吐着水，精准地捕捉住泉眼出水细微的特点，也扣住了诗题的"小"字。小荷含苞，才露尖角，蜻蜓飞来池中，诗人只捕捉住蜻蜓立上头一个宁静的瞬间，轻清巧致中透出几分带着俏皮的活力，字里行间流露出静观生命万象的喜悦。

事物运动放慢了，诗人就能从容拈来，随意点染，这样笔下才能曲尽其妙，才有"活法"。杨万里作诗的秘诀便在于此。而"活法"作为作诗的法门，又来自"胸襟透脱"。所谓"透脱"，就是观察事物要透彻灵活，透彻到事物的变化无处隐藏，灵活得万象的运动赶不上诗心的速度。比如在这首诗中，"惜""立"两个字就值得细细思察：一个"惜"字下去，仿佛泉眼的心思都被看穿了，这就反映了诗心的"透"；一个"立"字下去，蜻蜓的运动就被定格，听凭诗笔来捕捉，这就反映了诗心的"脱"。

## 3 唐宋词

相对诗文而言，词在最初是配合歌舞的、娱乐性较强的非主流文学样式。恰恰是这非主流性质，使词免除了主流文学的沉重负担。诗人在词中不必那么正大庄严，不必正襟危坐，可以放松一下子，自由一会儿，抒写内心幽微而伤感的情怀。歌舞厅中的吟唱与大剧院里的高歌当然不同，词相对于诗而言，是比较自在的抒情诗体。

早期的词是配合女子歌舞的，通过女子的音声表达出来，因此词不用写男人的大志，抒家国之深愁，能够专注于抒写女子的情绪和男女的悲欢离合。它的范围有限制，它的世界很狭小，写景则不外乎亭台楼阁，言情则不外乎伤春怨别。这样，词体就具有女性的精致、婉约和阴柔的特征，这就是所谓词的"本色"。

花间词已经相当成熟。可以推想，在此之前，词的产生和发展经历了十分漫长的过程。据称李白就创作了若干首词。从李白到白居易，也有少量文人词流传于世。这些文人词大体比较雅致，数量也不多，不能代表词的发展实况。从敦煌曲子词看，早期的词较为俚俗，具有相当浓郁的生活气息，民间文学的特点非常鲜明。

文学样式大抵都是发端于民间，而文人的参与使之逐渐雅化，最终成为典范和主流。从李白到花间词，这是词体雅化的第一个阶段。这个阶段文人对词的关注在增加，而词大体上仍然保有它的娱乐性特征，以描写男欢女爱、抒发离愁别恨为主，总体风格阴柔婉约。精致的花间词与六朝诗歌具有很多类似的特征，而六朝诗歌早被陈子昂等唐代诗人骂得体无完肤，它竟然能在晚唐改头换面得以复活，由此可以看出花间词兴起之时，唐诗大概已经日暮途穷了。

从李煜到苏轼，可以说是词体雅化的第二个阶段。到了南唐李煜，词的地位获得了引人注目的提升，根据王国维的说法，这个变化就是李煜之词由"伶工之词"变成了"士大夫之词"，达到全新的思想深度和艺术高度。王国维《人间词话》说："词至李后主而眼界始大，感慨遂深，遂变伶工之词而为士大夫之词。"李煜经历了亡国之痛，在痛苦的刺激下，他不断回忆起亡国之前的欢乐，强烈的情感迫使他直接地抒写自己的亡国之哀，不再像很多花间词那样假拟女子口吻，扭扭捏捏地透露男欢女爱和离愁别绪。

到了北宋苏轼，以诗为词，词完成了向传统诗歌标准的回归，词体于是获得与传统诗体并驾齐驱的地位。苏词直抒情志，多用典实，"无事不可言""无意不可入"，把词从表现男女绮怨的所谓"本色"中解放出来，变得更加丰富多彩。词不再仅仅是歌楼酒馆间的娱乐消费品，它也拥有了传统诗体的功能。而词体本身的节奏、句式和表达较为婉曲幽微，这使宋词无论豪放派还是婉约派都具有不同于传统诗体的鲜明个性，于是成为"一代之文学"。

如果说苏轼以诗为词完成了词向诗的标准的回归，那么可以说，辛弃疾以文为词则预示了词体生命的衰竭。正像韩愈的以文为诗表明了诗体势力衰减一样，辛弃疾以文为词尽管使词别开生面，却也表明了词的体裁力量的衰弱。散文是对诗歌的破坏，二者的思维方式不同。事实上，在辛弃疾之后，重量级的词体作家基本上没有了。

中国诗歌是重视"情""景"关系的。大体而言，在景的方面，词一般不像唐诗那样注重捕捉天地雄浑之境的开阔意象，而是细腻地描绘园林闺阁之中季节与时刻的细微变化；在情的方面，词通常也不像唐诗那样表现健朗开阔的情绪，而是刻画生命中幽微的哀愁。

宋代的文人词，用语细致精美，造境典雅含蓄，但以浅近通俗的方式来写世俗生活情感的俚俗风味也同时存在，"凡有井水处皆能歌柳词"，就是突出的证据。这种雅俗并存的现象是彼时社会生活的多元化和丰富性决定的，这也使得词的滋养更加丰厚，表达更为自由。这也是宋词成为宋代最具代表性的文学样式的重要基础。

宋诗与宋词一起，书写了中国古典诗歌的最后的辉煌。宋诗的书卷气，宋词的市井气，代表着宋代诗歌的两极。书卷气意味着诗歌的衰老，市井气意味着诗歌的转型。宋代以后，古典诗歌基本上走向了终结，文学从古典走向近代化，戏曲和小说的时代来临了。①

## 渔歌子（张志和）

西塞山前白鹭飞，桃花流水鳜鱼肥。青箬笠，绿蓑衣，斜风细雨不须归。

张志和，生卒年不详。唐肃宗时待诏翰林，后因事被贬，绝意仕进而隐居，自号玄真子，又号烟波钓徒。张志和是个哲人。《新唐书·张志和传》记载，张志和隐居越州，陆羽曾问他平时交游，他回答说："太虚为室，明月为烛，与四海诸公共处，未尝少别也，何有往来？"可见其哲人风度。

姜太公钓鱼，意不在鱼。水边垂钓的渔人，有些是装模作样的。以渔人生活做寄托，在柳宗元的《江雪》中我们曾经有所领略。此词中的渔人，也不见得是一个想吃鳜鱼肉的人，他想品尝的，似乎是某种隐逸生活的情调。本词吸引我们的不仅有一蓑风雨、从容自适的渔父，更有二月桃花汛期春江水涨、烟雨迷蒙的图景。雨中青山，江面渔舟，天上白鹭，两岸红桃，色泽鲜明但又显得柔和，气氛宁静但又充满活力。这既营造出美好的画面，也反映了高远、冲淡、悠然脱俗的意趣。

---

① 闻一多《文学的历史动向》说："从西周到宋，我们这大半部文学史，实质上只是一部诗史。但是诗的发展到北宋实际也就完了。南宋的词已经是强弩之末。就诗本身说，连尤、杨、范、陆和稍后的元遗山似乎都是多余的，重复的，以后的更不必提了。……本来从西周唱到北宋，足足二千年的工夫也够长的了，可能的调子都已唱完了。……从此以后是小说戏剧的时代。"我大体赞同闻一多的意见。不过我以为南宋还是有诗的，毕竟闻一多"南宋的词已经是强弩之末"的说法，也算认可了词也属于诗的范围并在南宋存在。比如两宋之交的辛弃疾，这是无论如何也不能忽略的。

此词对后代诗人产生过影响。苏轼《浣溪沙》"西塞山前白鹭飞，散花洲外片帆微"，徐俯《鹧鸪天》"西塞山前白鹭飞，桃花流水鳜鱼肥。朝廷若觅元真子，晴在长江理钓丝"，都可以看出它的影响。不仅如此，它还流播海外，对日本的汉诗作者产生影响，嵯峨天皇的《渔歌子》五首及其臣僚的奉和之作，即以此词为蓝本改制而成。

## 菩萨蛮 （温庭筠）

小山重叠金明灭，鬓云欲度香腮雪。懒起画蛾眉，弄妆梳洗迟。
照花前后镜，花面交相映。新帖绣罗襦，双双金鹧鸪。

温庭筠是晚唐诗人，也是词的发展史上第一位做出重大贡献的词人。词从温庭筠开始走上独立发展的道路，逐渐成为一种有影响的诗歌体裁。温词轻艳香软，被视为"花间"鼻祖。在晚唐这个动乱时代，作为政治伦理核心的君臣关系崩溃，人们前途无望，精神萎靡，普遍的心理是"纵乐须及时"，理想主义萎缩后，人们渐渐转向日常生活的享乐和个人情绪的把玩。这就是花间派的创作背景。本词就是一首典型的花间词，它写美人晨起化妆的过程，表现孤独之感、寂寞之情。语言精练，绮丽文雅；章法绵密，层次清晰。

本词表现了一个历时性过程，层次很清晰，这是第一个特点。第一层：娇卧懒起；第二层：画眉梳洗；第三层：照镜簪花；第四层：顾影自怜。

第二个特点是语言绮丽，注重修饰。鬓如云，眉似蛾，腮必香，卧室之富丽、衣饰之华美，都用华丽语词来藻饰。

第三个特点是富于暗示性。"金明灭"：阳光闪烁，暗示了起床的"懒"；而"懒"非仅懒惰，折射出精神情绪的不佳。"弄妆梳洗迟"中，"弄"的精心、"迟"的细致，透出内心的无聊。"双双金鹧鸪"，鹧鸪成双，暗示人的孤独寂寞。最后一句与"懒起"联系起来，就看出这个女人心中一段隐隐约约的闺怨。这种暗示的手法，使得情绪的流露若隐若现，十分含蓄。

## 菩萨蛮 （韦庄）

人人尽说江南好，游人只合江南老。春水碧于天，画船听雨眠。垆边人似月，皓腕凝霜雪。未老莫还乡，还乡须断肠。

以清词丽句写哀伤之情，这是本词的特点。它的主要篇幅是描写江南之美好。单抽出"春水碧于天，画船听雨眠"，会觉得闲适逍遥；单抽出"垆边人似月，皓腕凝霜雪"，会觉得风流快活。雨声轻柔，佳人美丽，谁能说江南不好呢？但景色之丽、人物之美，却连带着一种游子的思乡情结。"只合"二字，语带无奈，意谓游人漂泊，故土难回，唯有羁滞江南，以待终老。"未老"句陡转，说我思还乡而暂不还乡，因为不敢还乡——今日若还乡，目击离乱，只会令人断肠。词面清丽，词意哀伤，须在首尾处仔细体会。

这首词也流露出对人生享乐的贪恋。"人人尽说江南好"，韦庄还是舍不得离开美好的江南的。这种难分难舍的态度，折射出他对人生的高度执着。《朝野佥载》有一段关于韦庄的记载，很能看出他为人的精明苛细和对现实利益的计较：

> 韦庄颇读书，数米而炊，秤薪而爨，炙少一脔而觉之。一子八岁而卒，妻敛以时服，庄剥取，以故席裹尸，殡讫，擎其席而归。其忆念也，呜咽不自胜，唯悭吝耳。

此事亦见《唐才子传》。这个事情很有趣，既能看出韦庄的深情，也能看出他的贫穷和吝啬执着。这里显现出他的人生态度，也可以间接帮助我们理解他的这篇作品。

## 虞美人 （李煜）

　　春花秋月何时了，往事知多少？小楼昨夜又东风，故国不堪回首月明中。

　　雕栏玉砌应犹在，只是朱颜改。问君能有几多愁？恰似一江春水向东流。

南唐后主李煜，是中国历史上最富于才情和艺术天赋的帝王之一。他精于书画，谙于音律，工于诗文，词尤为五代之冠。李煜前期，处境安乐，词风柔靡。在投降赵宋之后，被封违命侯——"违命侯"的封号，实际上包含着对他的谴责和藐视。他降宋后的词，感情沉痛，意境深远，极富艺术感染力。

此词不加掩饰地流露故国之思，据说是促使宋太宗下令毒死他的直接原因。这是李煜的绝命词，也是他的代表作之一。全词以问起，以答结；由问天而到自问，在回忆与现实的曲折回旋中，愁思贯穿始终，十分感人。风花秋月，物是人非。"春花秋月"何其美好，诗人却企盼它早日了却；带来春天消息的"东风"，反而引起"不堪回首"的嗟叹。这种反常的抒情角度，表达的心境是真切而又沉痛的。结句"一江春水向东流"，是以水喻愁的名句。春水渐流渐涨，含蓄地暗示愁思的与日俱增。同它相比，刘禹锡的《竹枝词》"水流无限似侬愁"，稍嫌直率；秦观的《江城子》"便作春江都是泪，流不尽，许多愁"，说得过于明白，反而过犹不及。

《管锥编》论《楚辞·九章·哀郢》，有这么几句阐释："人之情思，连绵相续，故常语径以类似绦索之物名之，'思绪''情丝'，是其例也。"《诗经·小雅·正月》中就有"心之忧矣，如或结之"的诗句，这与李煜"剪不断，理还乱，是离愁"取意相当。文学作品中描绘愁思，例子繁多，大都喜欢取象于连绵不断之物。如李白"抽刀断水水更流"，鲍照"春思乱如麻"，徐幹"思君如流水"，吴融"依依脉脉两如何，细似轻丝渺似波"，与本词尾句，机杼相同。

诗家借鲜明生动的艺术形象来表现愁苦，方法是多样的。李白《远别离》写愁之深，说"海水直下万里深"；李白《秋浦歌》写愁之长，说"白发三千丈"；李清照《武陵春》写愁之重，说"只恐双溪舴艋舟，载不动，许多愁"；秦观《千秋岁》写愁之多，说"春去也，飞红万点愁如海"。而写愁苦之沛然莫御，无止无休，则以李煜此词之尾句为最有名。

## 浪淘沙（李煜）

帘外雨潺潺，春意阑珊，罗衾不耐五更寒。梦里不知身是客，一晌贪欢。

独自莫凭栏，无限江山，别时容易见时难。流水落花春去也，天上人间。

花间词那种繁复的精雕细刻手法，被李煜超越了。李煜愁深恨重，情感激烈煎迫，容不得悠闲地精雕细刻，所以他后期的词直抒胸臆者居多。本词也具备这个特点。它的语言极为省净，不在作品行进过程中停顿下来做精细描写，甚至谈不上有什么景物描写。

本词的结构也很清晰。首先写梦后感受，接下来追叙梦境，悲叹故土难归，最后叹人世之无常。

"帘外雨潺潺"是其所闻，"春意阑珊"是其所见，"罗衾不耐五更寒"是其所感。在五更时分的潺潺冷雨中领受春天，正是鲁迅所谓"惯于长夜过春时"。"梦里不知身是客，一晌贪欢"，极为沉痛，只有在梦中才有片刻的欢乐，反衬出现实境况之悲苦。一梦醒来，无路可走，"凭栏"远眺故国，无缘再见，"无限江山"于是化成无限伤心。梦已醒矣，故国别矣，春归去矣，人将已矣，交汇一处，至此了结，遗恨绵绵，令人神伤。

## 浣溪沙 （晏殊）

一曲新词酒一杯，去年天气旧亭台，夕阳西下几时回？
无可奈何花落去，似曾相识燕归来，小园香径独徘徊。

诗人必须接受磨难，即使没有磨难，他也必须跟尘世的幸福保持一分距离。"一曲新词酒一杯"，有歌可听，有酒可饮，但诗人却从"去年天气旧亭台"里感到了时光流逝的忧伤。"去年天气"与今年相同，亭台楼阁也依然如旧，此时听着"新词"，饮着美酒，然而时间已经在暗中转移。于是诗人问道："夕阳西下几时回？"

我们当然知道这个问题的答案就是：明天早晨。今天的夕阳在明早会变成朝阳。然而明天不可能变成今天，今天在明天将成为无法返回的昨天。于是，词的下阕，无歌可听，无酒可饮，唯有"徘徊"。

"无可奈何花落去，似曾相识燕归来"是名句，它以高超的艺术技巧进一步形象化了上阕的忧伤情绪。"花落去"之时，天气依旧，亭台依旧，燕子依旧，而时光却不依旧。春花凋零是"无可奈何"的，时光流逝非人力可以挽回。"落去""归来"，看似相反，却都指向了时光流逝的惆怅。

在"去年天气旧亭台""似曾相识燕归来"这种看似不变而实际在变的景象中，生命的哀怨就淡淡流露了出来。人希望把生命安顿在永恒之中，在看到花落之时，诗人试图从归来的燕子那里找到一丝慰藉，然而"似曾"一语，却表明慰藉只不过是慰藉罢了。实际上，诗人此刻已经陷入感伤，唯有变化才是永恒，他还能说什么，于是只好独自在这花园的小径上徘徊。

本词没有表现景象或人事的大幅度变化。一切都似乎没有变化，除了时间，除了感觉。人生变迁的幅度常常不是很大，但也足以在敏感的诗人心中，唤起一份淡淡的哀愁。

## 玉楼春 （欧阳修）

尊前拟把归期说，未语春容先惨咽。人生自是有情痴，此恨不关风与月。

离歌且莫翻新阕，一曲能教肠寸结。直须看尽洛城花，始共春风容易别。

本词要点在于一个"情"字。说"未语春容先惨咽"是由于"情"，"离歌且莫翻新阕"是由于"情"，"直须看尽洛城花"还是由于"情"。"人生自是有情痴，此恨不关风与月"，这是情至痴处无法解脱的心理自白，也是对爱情这一人生重大问题的哲理思考。

文学作品自古喜欢把离恨和"风月"联系起来，似乎那一腔的离愁别恨都是春风明月引起的，因而，有的怨"春风不解禁杨花"，有的怨"明月不谙离恨苦"。其实，那关春风明月何事，只不过因为人是有情的痴人，情到痴处于是有恨，一切都是因为人太过执着罢了。"痴"，就是入迷、呆笨、疯癫，有情若此，当然无法解脱了。

"直须看尽洛城花，始共春风容易别"二句值得留意。此二句表露出诗人对人生的高度执着。洛城花未看尽，就难以与春风别离，欧阳修是如此贪恋生命之乐，不容有任何遗漏；而他又是如此敏感，"一曲能教肠寸结"，任何一个哀伤的片段都使他悲情无限。既然这样，要求得解脱，便是永远不可能的了。

本词情感直抒，不假婉曲和修饰，说明欧阳修已经摆脱了花间词的浓丽，而向清晰疏淡发展。

## 生查子 （欧阳修）

去年元夜时，花市灯如昼。月上柳梢头，人约黄昏后。
今年元夜时，月与灯依旧。不见去年人，泪湿春衫袖。

本词的特点，是依据时间变化构造两个场景：去年元夜时和今年元夜时。上阕是追忆。抒情主人公耽溺在已逝的过去之中，试图从回忆中找到心灵的慰藉。去年元夜时，月上柳梢，两情相悦，此刻回忆，历历在目。去年的元夜，已经定格为一个永恒的美好瞬间。而在这份美好消逝之后，他永远无法充分地活在现在了，因为虽然活在现在，但他的回忆、他的留恋、他的灵魂，都永远定格在过去那个点上。他整个的情感都投射在过去，他在不断地加强记忆，他希望活在过去——然而这不可能，于是，只好"泪湿春衫袖"了。

本词结构上形成上下阕的对比，一是去年，一是今年。元宵节没有变，月与灯依旧，变的是时间和人物。物是人非，于是良辰美景，等同虚设了。

唐诗中崔护的《题都城南庄》与此相似，都有一种对比的美感，可以互参。

## 临江仙 （晏几道）

梦后楼台高锁，酒醒帘幕低垂。去年春恨却来时。落花人独立，微雨燕双飞。

记得小蘋初见，两重心字罗衣。琵琶弦上说相思。当时明月在，曾照彩云归。

楼台，锁着；帘幕，垂着；而人，醒着，立着，孤独着。人被约束在一个封闭的空间不得自在，然而，他的心却寻着时间的向度，飞向曾经美好的岁月。

"梦后楼台高锁"，他做了一个怎样的梦？"酒醒帘幕低垂"，他为什么喝酒？梦过酒醒后，诗人拈出"春恨"，告诉我们他的愁怨。为什么会有"春恨"？为什么春天会带来这份愁怨？"落花人独立，微雨燕双飞"含蓄地暗示了答案："独""双"的明显对比，暗示了人的分离；而这种分离在"落花""微雨"的映衬下，显得格外孤独和凄凉。

下阕用"记得"二字,进入"小蘋初见"的回忆。"两重心字罗衣"的穿着细节和"琵琶弦上说相思"的幽微情味犹历历在目,从一个侧面表现出当时小蘋对自己的强烈吸引和此时自己对小蘋的深刻思念。最后以"当时明月在,曾照彩云归"收束,明月今夜还在,可是当时的明月曾经照耀着彩云,今夜的天空却如此暗淡。过去是彩色的,现在却是灰色的;过去是快乐的,现在却是悲伤的。回忆始终是过去的承载,诗人饮酒、做梦、追忆,都是指向过去。诗人的身体活在现在,但他的心却活在过去的岁月中。

### 踏莎行·郴州旅舍 (秦观)

雾失楼台,月迷津渡,桃源望断无寻处。可堪孤馆闭春寒,杜鹃声里斜阳暮。

驿寄梅花,鱼传尺素,砌成此恨无重数。郴江幸自绕郴山,为谁流下潇湘去?

本词很有名,苏轼绝爱最后两句,自书于扇面以志不忘。而王国维激赏"可堪孤馆闭春寒,杜鹃声里斜阳暮",认为苏轼赏其后二语为"皮相"。他们的见解不一,对此词的喜爱则同。

上阕写谪居中的寂寞凄冷。"雾失楼台,月迷津渡","失""迷"二字,不仅凸显了楼台和渡口在月下、雾中的模糊,更折射出诗人意绪的无限凄迷,同时"望断"而"无寻处"一语也就有了根。一个"断"字,也包含着失望痛苦之情。"桃源"是乌托邦,终不可得;诗人之意,在以此引出现实之不堪。理想难求,现实不堪,人走到幽闭的无路可走的绝境:"可堪孤馆闭春寒,杜鹃声里斜阳暮。"

王国维说:"少游词境最为凄婉,至'可堪孤馆闭春寒,杜鹃声里斜阳暮',则变而为凄厉矣。"连用"孤馆""春寒""杜鹃""斜阳"勾画感伤的环境,并以"闭""暮"拈出无路可走、日暮途穷的惨境,凄凉之感被反复加强,于是成了王国维所说的"凄厉"。从前有人认为"斜阳"后再用一"暮"字是重复,其实不然。首先,"斜阳"是事物(主语),"暮"是状态(谓语),不重复;其次,日过午以斜,而"暮"为日沉之时,也不重复;再次,"斜阳"而"暮",加重了颓唐的感情色彩。

下阕首先叙说贬谪中的孤独痛苦,"驿寄梅花,鱼传尺素",远方亲友的安慰没带来欣喜,反倒"砌成此恨无重数"。"砌"字把无形的"恨"写得具有质感,"墙"的比喻隐含其中,也表明这种"恨"沉重坚实,牢不可破。最后,诗人面对郴江,沉痛地问:"郴江幸自绕郴山,为谁流下潇湘去?"这郴江绕着郴山,它幸运地有所依托,不必像我这样漂泊,可是,它还是不由自主,奔向潇湘而去。生命如流水,变动不居,这是多么无可奈何的事啊!深谙人世无常之理的苏轼赞赏这两句,其原因恐怕正在于此。

## 水调歌头 (苏轼)

丙辰中秋,欢饮达旦,大醉,作此篇,兼怀子由。

明月几时有?把酒问青天。不知天上宫阙,今夕是何年?我欲乘风归去,又恐琼楼玉宇,高处不胜寒。起舞弄清影,何似在人间。

转朱阁,低绮户,照无眠。不应有恨,何事长向别时圆?人有悲欢离合,月有阴晴圆缺,此事古难全。但愿人长久,千里共婵娟。

对中国人来说,月亮并不只是一个天体,它具有特殊的文化意义,是古往今来诗人反复讴歌的事物。月亮的阴晴圆缺本是自然现象,而敏感的诗人随时都可能把这些现象与人事联系起来。中秋是月亮最圆的时候,它也因此而成为中国人团圆或希望团圆的节日。在歌咏中秋的词中,苏轼这首词被认为是绝唱。

明月是什么时候开始存在的?苏轼一开始就来了一个突兀的"天

问",表现了他的宇宙意识。苏轼并不知道这个问题的答案,于是"把酒问青天"。其实,苏轼并不是一个很能喝酒的人,他饮酒只是为了获得一点兴味。趁着酒意,苏轼发出一个他不知道答案的问题。然而还没完,他继续问道:"不知天上宫阙,今夕是何年?"在苏轼的意识中,天界永恒,人间短暂,这是两个完全不同的世界。人是渴望永恒的,人间世事也常常令人失望,所以苏轼想"乘风归去"。但是,升入天界却又会失去人情的温暖,"高处不胜寒"。"起舞弄清影"的嫦娥,在广寒宫里孤独地忍受寒冷,何如人间能有人伦的温馨呢?这里就暗含着思念兄弟子由(苏辙)的意思。

"转朱阁,低绮户,照无眠",连用三个动宾短语,描述月亮的运动,也提示了当晚时间的流逝。为什么长夜"无眠"?因为思念兄弟。这样就与上阕结尾处从情感上衔接起来。"不应有恨,何事长向别时圆",意思是月亮本是无情之物,不应该像我们这些渺小而可悲的人类一样有着遗憾,可它为何偏偏总在人们离别之际如此圆呢?"人有悲欢离合,月有阴晴圆缺,此事古难全",这是作者的领悟:月亮也不总是圆满无缺的,它与人有"悲欢离合"一样也有着"阴晴圆缺",这世界本身就不是完美的,这里可见苏轼的旷达。这种旷达延续到最后两句"但愿人长久,千里共婵娟",弟兄都能异地相安,共照普天明月,也就够了。

在这首词中,苏轼以疑惑的询问开始,以洒脱的祝愿告终,表现了他留恋人间亲情的情怀,也展现了他旷达洒脱的胸襟,写得很有人情味,非常亲切,符合我们一般人的普遍情感。这就是它能广泛流传的原因。次要原因则是,本词表现的是很个人化的情感,但它落笔开阔,不就情感而写情感,这种联结人生与宇宙的大手笔,是一般的诗人望尘莫及的。

## 一剪梅 (李清照)

红藕香残玉簟秋,轻解罗裳,独上兰舟。云中谁寄锦书来?雁字回时,月满西楼。

花自飘零水自流,一种相思,两处闲愁。此情无计可消除,才下眉头,却上心头。

"红藕香残"与"秋"相应:秋天来时,红色荷花已经凋零,荷香残留也已无多。"玉簟"因为秋意而微凉,使人有清冷之感。"独上"则加强寂寞的意味,只有一个人孤单地坐在船上。"云中谁寄锦书来"是诗人的幻想,"云中"和"谁",暗示书信之来已然没有着落。然而这个孤独的女人还在盼望,想象着"月满西楼"之时,会否收到飞雁捎来的书信。"雁字回时,月满西楼"的景象,冷而美,令人想起"明月照高楼,流光正徘徊"的意境。

下阕由想象回到实境。"花自飘零水自流"暗示时光的流转、青春的流逝,两个"自"字连用,突出了对此境况的无可奈何。虽有"一种相思",却是"两处闲愁",彼此思念而又天各一方。"此情无计可消除",因为感情无形又无法抹去,所以"才下眉头,却上心头":眉头可以舒展,心结却不能纾解;从外在的表现看似乎愁绪已经逝去,然而它却又涌上心头。这样一写,把愁写得极为缠结,缠结到无法解脱。

本词写得深情缠绵,呈现出一段美丽的忧伤。也许我们会觉得它过度凸显了人类的悲伤,但无论如何,它毕竟把人常常体验到的相思的忧郁推向了一个极致,增添了一份令人动容的美感。

## 声声慢(李清照)

寻寻觅觅,冷冷清清,凄凄惨惨戚戚。乍暖还寒时候,最难将息。三杯两盏淡酒,怎敌他、晓来风急?雁过也,正伤心,却是旧时相识。

满地黄花堆积,憔悴损,如今有谁堪摘?守着窗儿,独自怎生得黑?梧桐更兼细雨,到黄昏、点点滴滴。这次第,怎一个愁字了得!

这是一篇言愁绝唱，它极其敏锐精致的语言感觉，博得了后世评论家们的一致赞赏。开头连用十四个叠字，出手即为不凡。古代诗歌中使用叠字，本来并不新鲜，在《诗经》和《古诗十九首》中就有不少例子，但用得如此频密而贴切，却相当少见。更重要的是，这些叠字都是寻常字眼，不怪不僻，在语音上，在舌齿音交切中传达出吞愁忍恨的苦涩，又层层转深地展示出"寻求—落寞—绝望"的心理状态。

　　冷落的秋天，冷落的心境，在双重的冷落之中，只好借酒浇愁，但酒味淡薄，抵不过秋晨寒冷的秋风。秋雁在寒风中向南方迁徙，而人在伤心中守望；大雁是"旧时相识"，而"旧时相识"的人又在哪里？在哪里能够找到精神的依靠？

　　生命有如落花，有如庭院里零落满地的菊花，它与人一样憔悴，无人关注，无人怜惜。就这样，在生命枯萎的时节，失去了所有的期待，独自守着窗儿，又怎么能熬得到天黑呢？天将黄昏，天空和心空之间，细雨滴落在梧桐叶上，点点滴滴，无休无止。这是梧桐在落泪，也是人的心头在滴泪。黄昏时候半暗半明、朦胧模糊的光色，梧桐叶上萧疏的雨声，都与内心无边的愁思和怅惘相应。这情形，这种种复杂的感受，又怎么是一个"愁"字包括得了、了结得了的呢？

　　词中"怎生得黑""怎一个愁字了得"，用当时口语，押成险韵；语调反问则加强了抒情力度。但李清照使用口语偏重于虚词，使之具有语气功能，而表意则用雅驯的实词，无损于全词整体的雅致。在李清照的词中，口语的使用还是被严格控制的。

## 水龙吟·登建康赏心亭 （辛弃疾）

　　楚天千里清秋，水随天去秋无际。遥岑远目，献愁供恨，玉簪螺髻。落日楼头，断鸿声里，江南游子。把吴钩看了，栏杆拍遍，无人会，登临意。

　　休说鲈鱼堪脍，尽西风，季鹰归未？求田问舍，怕应羞见，刘郎才气。可惜流年，忧愁风雨，树犹如此！倩何人，唤取红巾翠袖，揾英雄泪。

"器大者声必闳，志高者意必远。"以此评价辛词，可谓的当。同是具有豪放风格的词人，苏轼达观洒脱而不乏诙谐，与以气节自负、以功业自许的辛弃疾相比，苏轼未免显得过于圆通，过于想得开了。

辛弃疾不能像苏轼那样被称为智者，他是另一类型的人。他是真豪杰，手把吴钩，拍遍栏杆，不屑于求田问舍，都是他豪杰性情的表现。当然，"无情未必真豪杰"，豪杰之士也未必无情。辛弃疾在"落日楼头，断鸿声里"，既有远山"献愁供恨"的眼中之感，也有"江南游子"的身世之感，此时我们看到的是作为诗人的辛弃疾。接下来我们又看到了作为豪杰的辛弃疾：手握宝刀，拍击栏杆，虽无用武之地，但英雄气魄不失。

下阕主要有三处用典，用以发露心志。第一个是鲈鱼莼羹之思，用的是张翰（字季鹰）的典故。《晋书》说，张翰因惧怕成为权力斗争的牺牲品，便借着秋风起，声言思念家乡的莼羹鲈鱼而辞归。辛弃疾是借此呼应上阕的"江南游子"，表示自己难以还乡，有希望收复故土之意。第二个典故来自《三国志》。刘郎指刘备。三国时许汜去看望陈登，陈登很冷淡。许汜去问刘备，刘备说：天下大乱，你忘怀国事，求田问舍，陈登当然瞧你不起。辛弃疾这里是说，自己心忧国家，绝不会只图"求田问舍"。第三个典故来自《世说新语》，桓温北征路上，见自己过去种的柳树已长粗而流泪慨叹："木犹如此，人何以堪？"树都这么高大了，人怎能不老呢！光阴飞逝，国势飘摇，而自己空怀报国之志，好不伤情！在这里我们看到了上阕那无人领会的"登临意"到底是什么。结尾几句尤其凄凉："倩何人，唤取红巾翠袖，揾英雄泪"——请谁来叫人为我擦拭英雄之泪呢，意思就是世无知己，只有独自伤怀罢了。

# 沁园春 （辛弃疾）

### 将止酒，戒酒杯使勿近

杯汝来前！老子今朝，点检形骸。甚长年抱渴，咽如焦釜；于今喜睡，气似奔雷。汝说"刘伶，古今达者，醉后何妨死便埋"。浑如此，叹汝于知己，真少恩哉！

更凭歌舞为媒。算合作、人间鸩毒猜。况怨无小大，生于所爱；物无美恶，过则为灾。与汝成言："勿留亟退，吾力犹能肆汝杯。"杯再拜，道"麾之即去，招亦须来"。


酒徒都是热爱酒的。一般地说，戒酒的多，真想戒酒的不多。之所以戒酒，那是因为酒以外的原因，比如担心饮酒误事、伤身之类。中国酒徒很多，因此写饮酒的诗词也多。戒酒的诗词，却相当少见。

辛弃疾真的要戒酒吗？不。他不过要借此酒杯，发抒胸中之块垒罢了。辛弃疾戒掉了酒吗？不。"杯汝来前！老子今朝，点检形骸"，分明就有几分酒意在其间。

本词构思奇特，用主客体问答对话的形式，以己为主，以酒杯为客，人与酒杯对话，妙趣横生。上阕首先表态戒酒："老子"从今天起要保养身体，约束饮酒了。接着说明想戒酒的原因：长年口渴，喉咙如烤炙的锅一般焦躁；现在又嗜睡，鼻息（酣声）似雷鸣。接下来"汝说"三句是酒杯的申辩，典用《晋书·刘伶传》，意谓人要达观，死了就了了。然后人又以严厉的口气斥责酒杯："浑如此，叹汝于知己，真少恩哉！"——人如此爱酒，酒却夺人性命，真是刻薄寡恩啊！

下阕是进一步的发挥：第一，歌舞享乐是酒的媒介，对人的危害可与鸩毒相比。第二，怨恨不论大小，都由爱而生；事物不分好坏，超过限度都会成灾。爱酒贪杯是会害人的。第三，宣布与酒决裂，要赶走酒杯，否则砸碎。最后酒杯俯首再拜："麾之即去，招亦须来"，一切听从人的安排。似乎人以胜利告终，但"招亦须来"也暗示酒杯还有再度回来的可能，人的胜利并不彻底。因为，毕竟，饮酒并非酒的问题，而是人的问题。人要赶走甚至砸破酒杯都是非常容易的，而这并不是人的胜利。人只有战胜自己，战胜饮酒的欲望，那才是真正的胜利。

本词涉笔成趣，纵性放诞，别具一格，看似游戏之词的背后，却隐藏着人生失意的苦闷。《七颂堂词绎》云："稼轩'杯汝来前'，《毛颖传》也。"韩愈的《毛颖传》曰："秦之灭诸侯，颖与有功，赏不酬劳，以老见疏，秦真少恩哉！"本词亦隐含此意，不可不察。

# 参考阅读

## 辛弃疾

苏轼开创的豪放高旷的词风，后继乏人，直到辛弃疾才得到了有力的推动。辛词和苏词都以境界阔大、感情豪爽著称。但苏词较偏于潇洒疏朗、旷达超迈，具有典型的文人性格，而辛词则慷慨悲凉、激情飞扬，具有浓重的英雄性格。苏轼是诗人中的豪杰，辛弃疾是豪杰中的诗人。苏词常以旷达的胸襟体验人生，表现出哲理式的感悟，情感较为深沉；而辛词常以炽热的感情拥抱人生，情感较为张扬，更多地表现出英雄的豪情与悲愤。

辛弃疾继承了苏轼的精神，进一步扩大词的题材，几乎达到无事无意不可以入词的地步。前人说苏轼是以诗为词，辛弃疾是以文为词。以文为词，是指词的语言散文化，更加自由解放，变化无端，语义流动连贯，句子往往比较长。

辛词艺术上意境雄奇阔大，"能于剪红刻翠之外，屹然别立一宗"。辛弃疾性格豪迈，抱负远大，词里表现的常是坚强的事物、阔大的场景、悲凉的情绪。他爱梅花而不喜桃李，爱长松劲竹而不喜细草微风。在他笔下，长剑"倚天万里"，长桥"千丈晴虹"。在他眼中，青山不仅可以妩媚可爱，更可以奔腾驰骤，像万马回旋，像巨犀出海。看到红白花朵，他会想起吴宫的受训女兵；听到窗外棋声，他会想起战斗时的突破重围。他很少描写风柳烟花、红粉佳人；他笔下的自然景物，如"峡束苍江对起，过危楼、欲飞还敛"，多有奔腾耸峙、不可阻挡的气派；他所提到的历史人物，如"射虎山横一骑，裂石响惊弦"的李广，"金戈铁马，气吞万里如虎"的刘裕，也多为奇士英豪。

辛词的艺术风格与其性格、抱负和阅历是无法分割的。他有燕赵奇士的侠义之气，勇敢果断，名重一时，"壮声英概，懦士为之兴起，圣天子一见三叹息"，可见其人格之感染力。他是一个亲历过战斗的战士，曾率人袭击敌营，擒住张安国并带回建康处决，这与陆游那种单凭报国热情在梦中与敌人搏杀的战士，是很不相同的。辛词奏响了宋词的最强音，整个宋代，无人能及。刘克庄《辛稼轩集序》赞扬他"横绝六合，扫空万古，自有苍生以来所无"，辞有所过，而实有所匹。

辛弃疾在金人统治下的北方长大，可能较少受到使人一味循规蹈矩的教育，加上他本人的豪侠之气，造成了其作品恣肆雄奇的特殊风格。辛弃疾小的时候，祖父勉励他"投衅而起，以纾君父所不共戴天之愤"，并常带他"登高望远，指画山河"（《美芹十论》），这种经历启蒙了他"了却君王天下事""看试手，补天裂"的报国壮志。丰富的阅历为辛弃疾的词提供了感情基础和基本材料，而深厚的学养和过人的才华，使得他极富于个人特色的创造成为可能。

# 问题和讨论：唐诗部分

1. 宋之问《渡汉江》：岭外音书断，经冬复历春。近乡情更怯，不敢问来人。

（1）题为"渡汉江"，诗中却未提到一个"渡"字，反而着意写下一个"断"字。为什么？

（2）"怯"字下得好，和杜甫诗中所说的"反畏消息来，寸心亦何有"心理状况相同。这是一种怎样的心理状态？

2. 陈子昂《登幽州台歌》：前不见古人，后不见来者。念天地之悠悠，独怆然而涕下。

（1）比较"前不见古人，后不见来者"、《楚辞·远游》"唯天地之无穷兮，哀人生之长勤；往者余弗及今，来者吾不闻"和辛弃疾"不恨古人吾不见，恨古人不见吾狂耳。知我者，二三子"三作立意的区别。

（2）该诗题为"登幽州台歌"，却无一字写登临，又不描绘幽州台风光。这种不同于一般登临之作的写法，能否成立？理由为何？

3. 王维《观猎诗》：风劲角弓鸣，将军猎渭城。草枯鹰眼疾，雪尽马蹄轻。忽过新丰市，还归细柳营。回看射雕处，千里暮云平。

（1）不先写"将军猎渭城"，却用倒装的排列方式，把"风劲角弓鸣"放在开头，这有什么好处？

（2）请说明"草枯鹰眼疾，雪尽马蹄轻"中"疾""轻"二字的表达效果。

（3）狩猎本是正题，诗人偏置于末尾，沈德潜评此诗"结亦有回身射雕手段"。请说明这样结尾的好处。

4. 王维《使至塞上》：单车欲问边，属国过居延。征蓬出汉塞，归雁入胡天。大漠孤烟直，长河落日圆。萧关逢候骑，都护在燕然。

"大漠"一联，千古名句。《红楼梦》里初学写诗的香菱说："据我看来，诗的好处，有口里说不出来的意思，想去却是逼真的；又似乎无理的，想去竟是有理有情的。""'大漠孤烟直，长河落日圆。'想来烟如何直？日自然是圆的。这'直'字似无理，'圆'字似太俗。合上书一想，倒像是见了这景的。"既然"'直'字似无理，'圆'字似太俗"，为何还会"倒像是见了这景的"？

5. 祖咏《终南望余雪》：终南阴岭秀，积雪浮云端。林表明霁色，城中增暮寒。

这是作者参加进士考试的答卷。据《唐诗纪事》载，试官出的诗题是"终南望余雪"，按照规定的格式，应写六韵十二句，但祖咏只写了两韵四句就交卷了。试官问他为何不按规格写，他说："意尽。"该诗写得成功，主要是意尽而止。请谈谈你对"意尽"的理解。

6. 王昌龄《芙蓉楼送辛渐》：寒雨连江夜入吴，平明送客楚山孤。洛阳亲友如相问，一片冰心在玉壶。

"孤"既是楚山的，也是诗人的。诗的最后两句，有没有"孤"的色彩？请分析说明。

7. 王之涣《凉州词》：黄河远上白云间，一片孤城万仞山。羌笛何须怨杨柳，春风不度玉门关。

（1）映衬手法的运用，是本诗的重要特点，比如"一片"与"万仞"、"黄河"与"白云"。这种手法有什么好处？

（2）结合诗意解释"怨"的内涵。"羌笛何须怨杨柳，春风不度玉门关"，与李白"五月天山雪，无花只有寒。笛中闻折柳，春色未曾看"、李益"莫言塞北无春到，总有春来何处知"，在意蕴上有何异同？

8. 王翰《凉州词》：葡萄美酒夜光杯，欲饮琵琶马上催。醉卧沙场君莫笑，古来征战几人回？

"醉卧沙场君莫笑，古来征战几人回"，人们有不同的解释，或云"故作豪饮旷达之词，而悲感已极"，或云"作旷达语，倍觉悲痛"。清施补华说这两句"作悲伤语读便浅，作谐谑语读便妙，在学人领悟"（《岘佣说诗》）。当作"豪饮旷达之词""旷达语""谐谑语"三种读法，意味有何区别？

9. 李白《独坐敬亭山》：众鸟高飞尽，孤云独去闲。相看两不厌，只有敬亭山。

本篇中诗人流露的感情，是孤独寂寞，还是宁静解脱，抑或兼而有之？本诗写景，山与人"相看"，由相互理解达到精神契合。那么，这是"无我之境"，还是"有我之境"？为什么？

10. 杜甫《春望》：国破山河在，城春草木深。感时花溅泪，恨别鸟惊心。烽火连三月，家书抵万金。白头搔更短，浑欲不胜簪。

司马光《温公续诗话》中说："山河在，明无余物矣；草木深，明无人矣。"但又有人说，此联隐含了杜甫一腔忠愤，下句之一"深"字，画尽帝京残破之惨景；然大唐基业，必不可堕，所以"在"字，包含了杜甫的忠贞和信念——"国破"而"山河"犹"在"。你的看法是怎样的？

11. 杜甫《春夜喜雨》：好雨知时节，当春乃发生。随风潜入夜，润物细无声。野径云俱黑，江船火独明。晓看红湿处，花重锦官城。

（1）"潜""细"二字用得十分精到，沈德潜极口称赞这两句诗"传出春雨之神"（《唐诗别裁》）。"传神"之处在哪里？宋代张耒的诗句"有润物皆泽，无声人不闻"，被纪昀评为"拙陋之极"，又是为何？

(2)《春夜喜雨》通篇不露一"喜"字,而查慎行说"无一字不是春雨,无一笔不是春夜喜雨"(《杜诗集说》)。如何理解?

12. 柳宗元《夏初雨后寻愚溪》:悠悠雨初霁,独绕清溪曲。引杖试荒泉,解带围新竹。沉吟亦何事,寂寞固所欲。幸此息营营,啸歌静炎燠。陶渊明《饮酒》(其五):结庐在人境,而无车马喧。问君何能尔?心远地自偏。采菊东篱下,悠然见南山。山气日夕佳,飞鸟相与还。此中有真意,欲辨已忘言。

比较二诗,柳诗虽得陶诗之旨趣,但未入陶渊明萧散之堂奥。柳诗高古淡泊,有似渊明,然细玩之终不及也。陶渊明自写胸中,忘情荣辱,不假安排,意尽便了,不期高远。而柳宗元创巨痛深,岂能尽泯,强作排遣,有意寻求平淡。陶渊明的平淡是解脱,柳宗元的平淡是压抑。陶诗神清气敛而形散,柳诗神清气敛然而骨峻形不散。玩索"沉吟亦何事,寂寞固所欲。幸此息营营,啸歌静炎燠"四句,即可了知。请以这四句中"亦""固""幸""静"四字为切入点,加以说明。

13. 刘禹锡《石头城》:山围故国周遭在,潮打空城寂寞回。淮水东边旧时月,夜深还过女墙来。

诗中的月亮分明是眼前的月亮,作者何以说它是"旧时月"?这样说有何言外之意?

# 问题和讨论：宋诗、宋词部分

1. 寇准《春日登楼怀归》：高楼聊引望，杳杳一川平。野水无人渡，孤舟尽日横。荒村生断霭，古寺语流莺。旧业遥清渭，沉思忽自惊。

疏离与归属、宁静与苦涩，两类看似对立的感受，在本诗中是如何表现出来的？

2. 林逋《山园小梅》：众芳摇落独暄妍，占尽风情向小园。疏影横斜水清浅，暗香浮动月黄昏。霜禽欲下先偷眼，粉蝶如知合断魂。幸有微吟可相狎，不须檀板共金樽。

（1）《诗林广记》后集卷九引黄山谷，说欧阳文忠公极赏林和靖《梅诗》"疏影""暗香"之句，而不知和靖别有《咏梅》一联云"雪后园林才半树，水边篱落忽横枝"，似胜前句。你的看法如何？

（2）李日华《紫桃轩杂缀》卷四云："江为（五代诗人）诗'竹影横斜水清浅，桂香浮动月黄昏'，林君复改二字为'疏影''暗香'以咏梅，遂成千古绝调。诗字点化之妙，譬如仙者，丹头在手，瓦砾俱金矣。"林逋两字之改，妙在何处？

（3）"霜禽"二句用了虚实相济的笔法，试分析。

（4）《诗林广记》后集卷九引《蔡宽夫诗话》，说《梅诗》"疏影"一联，"诚为警绝"，但其下"霜禽"一联，"则与上联气格全不相类，若出两人。乃知诗全篇佳者诚难得"。你对此看法如何？

3. 王令《暑旱苦热》：清风无力屠得热，落日着翅飞上山。人固已惧江海竭，天岂不惜河汉干？昆仑之高有积雪，蓬莱之远有遗寒。不能手提天下往，何忍身去游其间！

刘克庄称此诗"骨气老苍，识度高远"。陈衍则评曰："力求生硬，觉长吉（长吉，即唐诗人李贺）犹未免侧艳。"请说说你的看法。

4. 晏殊《蝶恋花》：槛菊愁烟兰泣露。罗幕轻寒，燕子双飞去。明月不谙离恨苦，斜光到晓穿朱户。　　昨夜西风凋碧树，独上高楼，望尽天涯路。欲寄彩笺兼尺素，山长水阔知何处！

（1）《古诗》"客从远方来，遗我双鲤鱼。呼儿烹鲤鱼，中有尺素书"，乃"尺素"出处。句中兼提"彩笺"与"尺素"，有何作用？

（2）王国维《人间词话》谓此词"昨夜"三句，与《诗经·蒹葭》一篇"意颇近之，但一洒落，一悲壮耳"。请说说你的看法。

5. 欧阳修《蝶恋花》：庭院深深深几许？杨柳堆烟，帘幕无重数。玉勒雕鞍游冶处，楼高不见章台路。　　雨横风狂三月暮，门掩黄昏，无计留春住。泪眼问花花不语，乱红飞过秋千去。

（1）此词内容写闺怨。是否别有寓意，词话家议论纷纭。你的见解如何？

（2）《古今词论》引毛先舒云："偶拈永叔词云：'泪眼问花花不语，乱红飞过秋千去。'此可谓层深而浑成。何也？因花而有泪，此一层意也。因泪而问花，此一层意也……人愈伤心，花愈恼人，语愈浅而意愈入，又绝无刻画费力之迹，谓非层深而浑成耶？"请结合诗意，解释"因花而有泪""因泪而问花"的不同情感意涵。

6. 王安石《北陂杏花》：一陂春水绕花身，花影妖娆各占春。纵被春风吹作雪，绝胜南陌碾成尘。陆游《卜算子》：驿外断桥边，寂寞开无主。已是黄昏独自愁，更着风和雨。　　无意苦争春，一任群芳妒。零落成泥碾作尘，只有香如故。苏轼《卜算子·黄州定惠院寓居作》：缺月挂疏桐，漏断人初静。谁见幽人独往来？缥缈孤鸿影。　　惊起却回头，有恨无人省。拣尽寒枝不肯栖，寂寞沙洲冷。

就以上作品，比较其思想感情的差异，并对比三位诗人的创作个性。

7. 秦观《踏莎行·郴州旅舍》：雾失楼台，月迷津渡，桃源望断无寻处。可堪孤馆闭春寒，杜鹃声里斜阳暮。　　驿寄梅花，鱼传尺素，砌成此恨无重数。郴江幸自绕郴山，为谁流下潇湘去？

（1）毛晋《宋六十名家词》云："坡翁绝爱此词尾两句，自书于扇云：'少游已矣，虽万人何赎！'"王国维《人间词话》谓："少游词境最为凄婉，至'可堪孤馆闭春寒，杜鹃声里斜阳暮'，则变而为凄厉矣。东坡赏其后二语，犹为皮相。"又以为此二句与"风雨如晦，鸡鸣不已""山峻高以蔽日兮，下幽晦以多雨；霰雪纷其无垠兮，云霏霏而承宇""树树皆秋色，山山唯落晖"，"气象皆相似"。你的看法接近苏东坡还是王国维？请说明理由。

（2）《苕溪渔隐丛话》引《诗眼》："公（黄山谷）曰：'此词高绝，但既云"斜阳"，又云"暮"，则重出也。'欲改'斜阳'作'帘栊'。余曰：'既言"孤馆闭春寒"，似无帘栊。'公曰：'亭传虽未必有帘栊，有也无害。'余曰：'此词本写牢落之状，若曰"帘栊"，恐损初意。'先生曰：'极难得好字，当徐思之。'然余因此晓句法不当重叠。"另有一说，以为"斜阳"与"暮"重出，"暮"本应为"树"。你的看法是什么？

（3）《蓼园词选》："按少游坐党籍，安置郴州。……次阕言书难达意，自己同郴水自绕郴山，不能下潇湘以向北流也。语意凄切，亦自蕴藉，玩味不尽。'雾失''月迷'，终是被谗写照。"《唐宋词鉴赏辞典》以为词人"反躬自问"，慨叹身世："自己好端端一个读书人，本想出来为朝廷做一番事业，正如郴江原本是绕着郴山转的呀，谁会想到如今竟被卷入一场政治斗争的漩涡中去呢？"你认为他们的分析是否中肯？

8. 周邦彦《少年游·感旧》：并刀如水，吴盐胜雪，纤指破新橙。

锦幄初温，兽烟不断，相对坐调笙。　　低声问：向谁行宿？城上已三更。马滑霜浓，不如休去，直是少人行！

俞平伯《读词偶得》曰："通观全章，其上写景，其下纪言，极呆板而令人不觉者，盖言中有景，景中有情也。先是实写，温香暖玉，旖旎风流；后是虚写，城上三更，霜浓马滑。室内何其甘秾，室外何其凄苦，使人正有一粟华灯明灭万暗中之感。"试以简明的文字，转述俞平伯先生的见解（可结合诗意进行简要分析）。

9. 陈与义《临江仙》：忆昔午桥桥上饮，坐中尽是豪英。长沟流月去无声。杏花疏影里，吹笛到天明。　　二十余年如一梦，此身虽在堪惊。闲登小阁看新晴。古今多少事，渔唱起三更。

（1）《艺概》卷四："词之好处，有在句中者，有在句之前后际者。陈去非《虞美人》：'吟诗日日待春风，乃至桃花开后却匆匆。'此好在句中者也。《临江仙》：'杏花疏影里，吹笛到天明。'此因仰承'忆昔'，俯注'一梦'，故此二句不觉豪酣，转成怅恨，所谓好在句外者也。"试说明"好在句中"和"好在句外"的差别何在。

（2）比较杨慎《廿一史弹词》之"滚滚长江东逝水"（《三国演义》开篇词），说明二词的异同。

10. 张孝祥《念奴娇》：洞庭青草，近中秋、更无一点风色。玉界琼田三万顷，着我扁舟一叶。素月分辉，明河共影，表里俱澄澈。悠然心会，妙处难与君说。　　应念岭表经年，孤光自照，肝肺皆冰雪。短发萧骚襟袖冷，稳泛沧浪空阔。尽挹西江，细斟北斗，万象为宾客。扣舷独啸，不知今夕何夕！

缪钺《论张孝祥词》："清旷豪雄两擅场，苏辛之际此津梁。酒酣万象为宾客，肯向尘寰较短长。"请根据本词，说明"清旷豪雄两擅场"的特点和表现。

11. 辛弃疾《贺新郎》：甚矣吾衰矣。怅平生、交游零落，只今余几！白发空垂三千丈，一笑人间万事。问何物、能令公喜？我见青山多妩媚，料青山见我应如是。情与貌，略相似。　一尊搔首东窗里。想渊明、停云诗就，此时风味。江左沉酣求名者，岂识浊醪妙理？回首叫、云飞风起。不恨古人吾不见，恨古人不见吾狂耳。知我者，二三子。

(1) 通观诗意，"二三子"所指是_____。（选择项：朋友、青山、古人、弟子）

(2) 宋末刘辰翁评稼轩词："词至东坡，倾荡磊落，如诗如文，如天地奇观……及稼轩横竖烂漫，乃如禅宗棒喝，头头皆是。"请以本词为例，说明"横竖烂漫"的具体表现。

12. 赵师秀《约客》：黄梅时节家家雨，青草池塘处处蛙。有约不来过夜半，闲敲棋子落灯花。

(1) 魏庆之《诗人玉屑》引《柳溪诗话》评曰："意虽腐而语新。"陈衍《宋诗精华录》卷四云："灵秀之言曰：'一篇幸止有四十字，更增一字，吾未如之何矣。'其才力之薄弱可想。"试以本诗为例，说明赵师秀才力薄弱在何处。

(2) 钱锺书《宋诗选注》云："陈与义《夜雨》'棋局可观浮世理，灯花应为好诗开'，就见得拉扯做作，没有这样干净完整。"何以见得？

# 第三部分

# 经典考题解析和解题训练

这部分是本课程的延伸。解答高考中的古典诗歌试题，有利于学习者检测学习水平，摸索解题方法。以下是学习建议：

1. 本部分所有试题，都须先解题，再参照"高考答案"，完成"答案评析"和"参考修订"的阅读。

2. "答案评析"是关键，务必仔细阅读，认真思考。若有不同意见，应提出来与其他学习者分享和讨论。

3. 本部分针对高考，但不仅仅针对高考。解答高考试题和辨析答案，本身就是培养古典诗歌分析能力的过程。要善于在这个过程中，进一步深化对古典诗歌的理解。

4. 最后的"高考真题演练与拓展训练"，试题不多，答题时不要追求速度，须务求答案准确。

5. 本部分内容较多，课堂上应选做部分试题并加以讨论。剩余的部分，应在课外完成。

古典诗歌是高考必考的项目。本部分对一些高考古诗试题和答案进行了细密的梳理和精细的分析，并对答案的疏漏处进行了必要的修订。认真研究这些修订意见，必能切实提高古诗的理解和鉴赏水平。

研读古典诗歌，最重要的功夫就是辨幽发微。辨幽发微，就是阅读要细致，分析要细密，务求丝丝入扣，毫发不爽。本部分不仅有助于应考，更能促进阅读探究能力的提高。

本部分编写体例如下：首先列出高考原题，读者可先做一做（为节省篇幅，未留答题位置，读者应自己准备纸张书写答案）；题后是"高考答案"，供参阅；接下来是对高考答案的评析和修订，供读者深入揣摩和研究。如果"高考答案"是正确和完整的，"参考修订"部分相应地表述为"遵从高考答案"。

# 一　古典诗歌经典考题选析

高考古诗鉴赏，考查要求有如下两项：鉴赏形式、语言、表达技巧，理解和评价思想内容。

阅读题的命制，通常要兼顾形式和内容这两个方面。思想内容与艺术形式，在实际的鉴赏之中很难截然分开。因此，在备考时强行把古典诗歌分成若干知识板块进行复习，效果是极其有限的。

死记硬背关于古诗技巧的知识，这种办法也是行不通的。根据我的观察，古诗鉴赏的问题，主要是文本理解的问题。如果不懂得诗歌的文本意义，什么方法都是无法解决问题的。理解要到位，需要文本分析功夫。因此，本部分的重点，是选取高考中的经典试题做深度解析，通过对高考答案的厘清，培养精准解读文本的能力。

1. 阅读下面一首宋词，完成后面的题目。

## 木兰花　（宋祁）

东城渐觉风光好，縠皱波纹迎客棹。绿杨烟外晓寒轻，红杏枝头春意闹。

浮生长恨欢娱少，肯爱千金轻一笑？为君持酒劝斜阳，且向花间留晚照。

【注】縠皱：皱纱，此处比喻水的波纹。

(1) 这首词的上半阕是如何描写春色的？试对此进行分析。
(2) 词中"红杏枝头春意闹"的"闹"字，你认为写得好不好？为什么？

**【高考答案】**

(1) 春天美景富有层次感：首先看到了东风乍起，春波绿水，波面生纹，如细皱纱縠；然后是杨柳初醒，嫩绿浅碧，遥望一片青烟薄雾；再望去杏花怒放，如喷火蒸霞。春的风光正是这样一层一层展开，故用了"渐觉"一语。

(2) 作者用一"闹"字，不仅使人觉得杏花绽放得热烈，甚至还让人联想到花丛中蜂蝶飞舞，春鸟和鸣，把一派春意盎然、生机勃勃的景色表现得淋漓尽致。

**【答案评析】**

第一小题有答非所问之嫌。应注意，"如何描写春色"指向的是描写春色的手法，而不是描写了怎样的春色。上阕主要是写景，分析其景物元素，可知有水上波纹、烟外绿杨、红杏春色三种。而"縠皱波纹"除了冬季有时可能结冰，四季都有，因而并不属于所谓"春色"，于是"春色"就只有烟外绿杨、红杏闹春了。

"春的风光正是这样一层一层展开，故用了'渐觉'一语"，是值得商榷的。"渐觉"是指渐渐觉得东城风光越来越美，而不是说春日风光在渐渐展现。上阕描写春色，其实只有"绿杨烟外晓寒轻，红杏枝头春意闹"两句，这里的手法是色调（"绿""红"）和质感（"轻""闹"）的映衬，是并列的呈现而不是层层深入，所以不算"一层一层展开"的。

第二个小题，是考查"炼字"技巧的理解和欣赏。这个题目，其来有自。清代李渔认为本句的"闹"字较为粗俗，而近人王国维认为这个"闹"字"境界全出",很有味道。因此,此题答案可有一定的开放性。但宋祁当时就被赞为"红杏枝头春意闹尚书",可见"闹"字用得好是主流意见。至于高考答案,我以为仍有修订改进的空间。这个"闹"之所以具有较好的表达效能,主要是因为它具有化视觉印象为听觉感受的"通感"效果。对此钱锺书先生曾有论及。如果答案能明确指出"通感"的手法并分析其修辞效果,那就会更好些。

**【参考修订】**

(1) 上阕描写春色,善用映衬:一"绿"一"红",色调分属冷暖,映衬鲜明。杨柳如烟,嫩绿浅碧;红杏怒放,如喷火蒸霞。色彩越来越浓烈,春意越来越热烈,为下阕抒写对生命的欢娱和对春天的留恋做了铺垫。

(2) 用一"闹"字,使人觉得杏花绽放得分外热烈。杏花开放,本是眼睛可见而耳不能闻,"闹"字一用,使得视觉与听觉同感,这是通感手段的运用,于是本来有色无声的景象,变得"有声有色"。另外,这个"闹"字也很精准,红杏色调热烈,可以"闹";白色的杏花,"闹"字就不够妥帖了。

2. 阅读下面一首唐诗,然后回答问题。

## 江汉 (杜甫)

江汉思归客,乾坤一腐儒。片云天共远,永夜月同孤。
落日心犹壮,秋风病欲苏。古来存老马,不必取长途。

(1) 这是杜甫晚年客滞江汉时所写的一首诗。诗中二三联用了"片云""孤月""落日""秋风"几个意象,请分析其情景交融的意境。

(2) 有人认为这首诗洋溢着诗人自强不息的精神,也有人认为这首诗表达了诗人的怨愤之情,你同意哪种看法?请说明理由。亦可另抒己见。

**【高考答案】**

(1)"片云""孤月"意境凄凉,流露出作者孤独、苦无知音的烦闷;"落日""秋风"意境雄壮、开阔,又体现了作者"烈士暮年,壮心不已"的乐观旷达。

(2)开放题,言之成理即可。答"自强不息"的要联系"落日心犹壮",答"怨愤"的要联系"不必取长途"。

**【答案评析】**

对此诗的理解,请参见本书的相关解读。

本题的设计本身就不合理,如果对"落日""秋风"这两个意象的理解如高考答案,即"体现了作者'烈士暮年,壮心不已'的乐观旷达",那么第二个题目的所谓"开放性"就很难成立。事实上,所谓"乐观旷达",既不符合首联"乾坤腐儒"的悲愤自嘲,也不符合颔联"天远月孤"的孤独情调,更不符合尾联老马无路驱驰的无奈和哀愁。

**【参考修订】**

(1)"片云""孤月"意象凄凉,流露出作者孤独、苦无知音的烦闷;"落日""秋风"意象开阔、苍凉,体现了壮心未老、渴望有为的心境(与尾联联系起来,则有壮志难酬的悲愤和无奈)。

(2)暂从高考答案。(比较而言,答"怨愤"较为符合诗的本意。)

3. 阅读下面一首唐诗,然后回答问题。

## 邯郸冬至夜思家 (白居易)

邯郸驿里逢冬至,抱膝灯前影伴身。
想得家中深夜坐,还应说着远行人。

【注】冬至：二十四节气之一，唐朝时是一个重要节日。

（1）简析"抱膝灯前影伴身"一句，并说出作者当时怀有一种什么样的心情。

（2）作者是怎样写"思家"的？语言上又有什么特点？

【高考答案】

（1）"抱膝"二字生动地勾画出作者默默呆坐的神态，用"灯前"自然引出"影"，而"伴"字又将"影"和"身"联系起来，抱膝枯坐的"影"陪伴抱膝枯坐的"身"，显得形影相吊。这充分反映出作者思家时的一种孤寂心情。

（2）①作者主要通过一幅想象的画面，即冬至夜深时分，家人还围坐在灯前，谈论着自己这个远行之人，以此来表现"思家"的。（必须答出"想象"，必须对这个想象的画面予以具体说明）②诗的语言朴实无华（平易通俗）。

【答案评析】

白居易的诗平易通俗，理解的难度不大。不过高考答案仍然不够到位。

第一小题：所谓"抱膝"，体态蜷曲，默默呆坐之外更有冷落孤寂的暗示意义。所谓"影伴身"，实际上是说无人相伴。而联系第三句，可知此时已是深夜，所谓"灯前"，则意味着诗人思家，夜不成眠。

第二小题：除高考答案之外还应看到，诗的正文没有一字明说自己"思家"，而全诗都在表现"思家"之情。通过想象家人深夜思念自己，以此表现自己对家人的思念，这是典型的侧面描写的手法。这才是本诗构思的巧妙之处。只看到白居易的"朴实无华"或"平易通俗"，就会小看了这位大诗人。

【参考修订】

（1）"抱膝"二字生动地勾画出诗人身体蜷曲呆坐的神态，折射出内心的冷落孤寂，若有所思。深夜抱膝枯坐于"灯前"，可见由于思念而夜不成眠。"灯前"有"影"，形影相吊，倍显孤寂。整个诗句意在突出思家时的孤寂心情。

（2）①作者主要通过一幅想象的画面，即冬至夜深时分，家人还围坐在灯前谈论着自己这个远行之人，从侧面来表现"思家"的。（必须答出"想象"；必须对这个想象的画面予以恰当说明；必须答出"侧面"）②诗的语言朴实无华（平易通俗；口语化）。

4. 阅读下面两首古诗，然后回答问题。

### 齐安郡中偶题 （杜牧）

两竿落日溪桥上，半缕轻烟柳影中。
多少绿荷相倚恨，一时回首背西风。

### 暮热游荷池上 （杨万里）

细草摇头忽报侬，披襟拦得一西风。
荷花入暮犹愁热，低面深藏碧伞中。

（1）这两首诗描写的都是_____时刻的景色，均以荷与_____为诗歌的主要意象。

（2）这两首诗都运用了什么表现手法来刻画"荷"的形象？请指出两首诗中"荷"所表现出来的不同情感特点，并作简要分析。

【高考答案】
（1）傍晚；西风
（2）拟人表现手法。前一首的"绿荷"有"恨"而"背西风"，含有诗人之恨，表露了伤感不平之情，基调凄怨低沉。后一首的"荷花"被西风吹动而躲藏于荷叶之中，似是"愁热"，却呈现娇羞之态，表露了作者的怜爱喜悦之情，基调活泼有趣。

**【答案评析】**

第一小题，"主要意象"是不是"西风"，恐怕是有争议的。首先，"西风"无"象"，能否算作意象，需要讨论。其次，两首诗都不是以西风为描写或抒情的主要载体，所以答案很牵强。我们不禁要问，在第一首诗中，溪桥上的落日、柳影中的轻烟，算不算"主要意象"？如果不是，就只能是"次要意象"，那么"次要意象"与"主要意象"的区别在哪里？因此这个题，把"主要意象"改成"共同意象"较好。

第二小题的答案是基本合理的。需要斟酌的是"伤感不平之情"中的"不平"二字。西风吹来，带着肃杀之气，所以"多少绿荷相倚恨"，是季节更替之时的一种生命感伤。西风并不独吹某一绿荷，所有绿荷都"背西风"，谈不上什么"不平"之恨。

**【参考修订】**

（1）暂从高考答案。

（2）遵从高考答案，参照上面的评析略加调整即可。

5. 阅读下面的诗和相关材料，完成各题。

### 望庐山瀑布 （李白）

日照香炉生紫烟，遥看瀑布挂前川。
飞流直下三千尺，疑是银河落九天。

### 庐山瀑布 （徐凝）

虚空落泉千仞直，雷奔入江不暂息。
千古长如白练飞，一条界破青山色。

苏轼《东坡志林·记游庐山》："仆初入庐山，山谷奇秀。……是日有以陈令举《庐山记》见寄者，且行且读，见其中云徐凝、李白之诗。……旋入开元寺，主僧求诗，因作一绝云：'帝遣银河一派垂，古来唯有谪仙辞。飞流溅沫知多少，不与徐凝洗恶诗。'"

【注】谪仙：李白。

(1) 古人有"七言诗第五字要响。……所谓响者，致力处也"的评述，请以李白诗中的"挂"字为例，加以赏析。

(2) 以下诗句都运用了修辞手法，它们的表达效果是：

飞流直下三千尺：＿＿＿＿＿＿＿＿＿＿＿＿＿＿＿＿＿

千古长如白练飞：＿＿＿＿＿＿＿＿＿＿＿＿＿＿＿＿＿

(3) 你是否同意苏轼对李、徐两诗的评价？请结合作品谈谈自己的看法。

【高考答案】

(1) 化动为静，描绘出遥看瀑布飞泻时的景象。

(2) （用夸张手法）突出瀑布的磅礴气势；（以比喻手法）生动形象地描绘了瀑布的色彩和形态。

(3) ①同意。要点：李诗更为雄奇瑰丽，想象更为奇特，富有创造力，给读者留下了回味的余地。②不同意。要点：徐诗分别从视觉、听觉等不同角度切入，气势显得壮阔。

【答案评析】

第一小题，首先须明白什么是"响"。"所谓响者，致力处也"，是这个题给我们的唯一提示。据此，"响"在这里不是一个字音的问题，而是一个致力炼字的问题。《童蒙训》："潘邠老云：七言诗第五字要响，如'返照入江翻石壁，归云拥树失山村'，'翻'字、'失'字是响字也。五言诗第三字要响，如'圆荷浮小叶，细麦落轻花'，'浮'字、'落'字是响字也。所谓响者，致力处也。予窃以为字字当活，活则字字自响。"总的看来，"响"与音韵的关系似乎不大。"所谓响者，致力处也"，意思大概就是说在诗句吃紧处精心锤炼字眼。这个字眼往往是动词或形容词。"响"有醒目的意思。

这样，我们就意识到第一小题的答案，是"化动为静"，但说它描绘"瀑布飞泻时的景象"是没抓住要点。李白遥看瀑布，由瀑布生发出"布"的潜在意念，"挂"字是把瀑布隐喻为布。远望瀑布似乎是静止的，就像布匹挂着时是静止的一样。

第二小题考查诗句的修辞手法，答案明确、合理。

第三小题，苏轼并不厚道的看法不见得非要同意。徐凝的这首诗在唐代曾获得包括白居易在内的许多诗人激赏。这两首诗实际上各有千秋。

**【参考修订】**

（1）①"挂"字化动为静，描绘出遥看时瀑布似乎静止的景象。②"挂"字突出了瀑布的质感。

（2）遵从高考答案。

（3）暂从高考答案。


6. 阅读下面两首唐诗，根据提示，完成赏析。

### 与浩初上人同看山寄京华亲故 （柳宗元）

> 海畔尖山似剑铓，秋来处处割愁肠。
> 若为化作身千亿，散向峰头望故乡。

### 登崖州城作 （李德裕）

> 独上高楼望帝京，鸟飞犹是半年程。
> 青山似欲留人住，百匝千遭绕郡城。

两诗写作之时，作者都是贬谪之身，正值壮年的柳宗元被贬为柳州刺史，曾任宰相的李德裕则在垂暮之年被弃置崖州。从诗中看，两人的处境与心境是有所不同的。

(1) 两诗都着一"望"字。李诗之"望"在首句,实写登楼,引领全篇,既表达了对君国的眷念与向往,又蕴含了对"帝京"遥不可及的感伤。柳诗之"望"＿＿＿＿＿＿＿＿＿＿。

(2) 两诗都写到了"山"。李诗曰"青山留人",是面对群山阻隔欲归不能的自我安慰。诗人运用拟人和象征手法,抒发了看似平静超然,实则深沉悲凉的情感。柳诗曰"尖山似剑",＿＿＿＿＿＿＿＿＿＿。

**【高考答案】**

(1) 在末句,虚写置身峰头,收束全篇。既表现了对故乡的思念,更表达了对"京华亲故"一为援手的急切期待。

(2) 表达的是在草木变衰的秋天,思念家国愁肠如割的痛楚。诗人在运用比喻手法的基础上展开想象,直接抒发了奔迸而出的强烈感情。

**【答案评析】**

第一小题,柳宗元诗中是否有"对'京华亲故'一为援手的急切期待",仅仅根据这首诗,是看不出来的。是不是一遭贬谪,回望故乡、思念亲友,就意味着期待他们向自己伸出援手?显然不是。柳宗元的诗,表现的是贬离故乡的痛楚。"化身千亿"是佛教的说法,自己化身千亿"散向峰头望故乡"所表现的是望故乡的无比思念。我们或许可以说他有意唤起亲友的同情,但没有证据表明他期待着亲友采取行动,"一为援手"。

第二小题,题面的有些话都是不准确的,比如"李诗曰'青山留人',是面对群山阻隔欲归不能的自我安慰",这就是不对的,因为接下来诗人说这些青山"百匝千遭绕郡城",是指青山将自己重重围困,回帝京根本不可能。

"在运用比喻手法的基础上展开想象",要注意这首诗是借用佛教"化身"的说法来展开想象的。根据题面可知,题干已经分析了李诗"青山留人"中的拟人和象征手法,以及它含蓄的抒情方式;这里要求考生分析的，显然是柳诗"尖山似剑"的艺术手法与抒情方式。"尖山似剑"，比喻是有的，想象则不好说（当然，比喻本质上就是联想或想象，但高考答案并非在此意义上理解比喻与想象）。此诗想象的运用，在后面的"若为化作身千亿，散向峰头望故乡"。如此，答案"展开想象"的说法便错位了。就算忽略这一点，答案仍然有问题：此题题干，首先说"两诗都写到了'山'"，而化身千亿散向峰头的想象重心在人而不在山，所以答案还是不得不修改。

【参考修订】

（1）在末句，虚写置身峰头，收束全篇。既表现了对故乡的热切思念，更由此折射出身处贬地的痛苦。

（2）表达的是在秋天里愁肠如割的痛楚。诗人运用比喻手法，抒发了贬谪之痛和思乡之愁的双重痛苦。

7. 阅读下面一首唐诗，然后回答问题。

## 与夏十二登岳阳楼 （李白）

楼观岳阳尽，川迥洞庭开。雁引愁心去，山衔好月来。
云间连下榻，天上接行杯。醉后凉风起，吹人舞袖回。

【注】乾元二年，李白流放途中遇赦，回舟江陵，南游岳阳而作此诗。

（1）诗中的"雁引愁心去"一句，有的版本写作"雁别秋江去"。你认为哪句更妙，为什么？

（2）对第三联"云间连下榻，天上接行杯"所运用的艺术表现手法做简要分析。

【高考答案】

（1）"雁引愁心去"运用了拟人手法，写出了李白流放遇赦的高兴心情。这一句写大雁有意为诗人带走愁心,下句写君山有情为诗人衔来好月,愁去喜来,互相映衬。"引愁心"比"别秋江"更富有感情色彩,且更新颖。(意思对即可。答"雁别秋江去",言之成理亦可。)

(2) 第三联运用夸张手法写出了岳阳楼高耸入云的情状,同时这两句诗想象神奇,在云间连榻,在天上"行杯",写出了诗人恍若置身仙境的情景。

**【答案评析】**

本诗后面的注解很重要。要体会李白当时飘然快乐的心情,就需要注意到这个注解所说明的背景。

第一小题,答"雁引愁心去"更妙为好。之所以更妙,高考答案已经阐述得很充分了。再加上一点:以"秋江"对"好月",字面工稳,但"江""月"相对,对得平常,只是字匠功夫。以"愁心"对"好月",字面也工稳,却以主观之"心"对客观之"月",有意外之妙,且情思更浓。再说"引"字比"别"字更妙:"引"是动态的过程,"别"字寻常而呆笨。仔细体察,不难看出这一点。

第二小题,应补充一点:充分表现出李白此时满心愉快、飘飘欲仙的感觉。

**【参考修订】**

(1) ①从手法和情感说:"雁引愁心去"运用了拟人手法,写出了李白流放遇赦的高兴心情。这一句写大雁有意为诗人带走愁心,下句写君山有情为诗人衔来好月,愁去喜来,互相映衬。②"引愁心"比"别秋江"更富有感情色彩,且更新颖。从字面上说:以"秋江"对"好月",字面工稳,但"江""月"相对,对得平常;以"愁心"对"好月",字面也工稳,却有意外之妙,且情思更浓。再说"引"字比"别"字更妙:"引"是一个动态的过程,"别"字寻常,较为呆笨。

(2) 第三联运用夸张手法写出了岳阳楼高耸入云的情状,同时这两句诗想象神奇,在云间连榻,在天上"行杯",写出了诗人恍若置身仙境的情景，充分表现出李白此时满心愉快、飘飘欲仙的感觉。

8. 阅读下面两首诗，然后回答问题。

### 江宁夹口三首·其三 （王安石）

落帆江口月黄昏，小店无灯欲闭门。
侧出岸沙枫半死，系船应有去年痕。

### 舟下建溪 （方惟深）

客航收浦月黄昏，野店无灯欲闭门。
倒出岸沙枫半死，系舟犹有去年痕。

（1）两首诗的首句均用了"月黄昏"三个字，且用意基本相同。请问，两诗借此营造的是一种什么氛围？表达的又是怎样的心绪？请结合诗的具体内容简要赏析。

（2）两首诗的末句，一用"应有"，一用"犹有"，哪个更好？为什么？请简要赏析。

**【高考答案】**

（1）"月黄昏"三字为两诗营造氛围、表达心绪定下了基本色调。客船、无灯野（小）店、半死枫树，这一切都笼罩在昏黄的月光中，暗淡朦胧，营造了一种凄迷、萧索、沉寂的氛围，表达了诗人孤寂怅惘的心绪。

（2）可以有三种答案：①"应有"更好。"应有"二字蕴含丰富，传达出了诗人在孤寂中力寻旧影时的复杂心情，其中既有希冀与自信，也有失意与怅惘，更有寻而未见的不甘心，可谓传神之笔；"犹有"二字则无此意趣。②"犹有"更好。"犹有"二字，自然道出，却出人意料，去年系舟的痕迹还保存到现在，说明在此停留的旅客不多，进一

步传达出了诗人那种孤寂怅惘的心绪;而"应有"二字却不能道出此意。③二者各有其妙。(理由见上)

**【答案评析】**

比较阅读较能考查出鉴赏能力。第一小题相对简单,第二小题则需要辨析精微。

本题中的两首诗很相似,仔细体会,王安石的诗还是要老到一些的。"应有""犹有"哪个更好,还是"应有"为好。除了高考答案的说法外,我认为"犹有"在事实上根本不可能。高考答案说"犹有""说明在此停留的旅客不多",恰好相反,树上"犹有"痕迹,只能证明树上系过的船很多,从而说明停留于此的旅客很多。"犹有"要有味道,只有一种可能——那就是一种幻觉,似乎去年系船的痕迹还在,从而表现出诗人对往昔的留恋与追怀。

**【参考修订】**

(1) 遵从高考答案。

(2) 可以有三种答案:①"应有"更好。第一,"应有"二字蕴含丰富,传达出诗人在孤寂中力寻旧影时的复杂心情,其中既有希冀与自信,也有失意与怅惘,更有寻而未见的不甘心,可谓传神之笔;"犹有"二字则无此意趣。第二,"应有"表示想必有,究其实则未必有;"犹有"二字则过于坐实。②"犹有"更好。"犹有"二字,并不是说系船的痕迹现在还在,而是诗人的一种幻觉,似乎去年系船的痕迹还在,从而表现出诗人的怅惘,对过往的留恋与追怀;"应有"二字却不能道出此意。③二者各有其妙。(理由见上)

9. 阅读下面这首唐诗,然后回答问题。

## 从军行七首·其二 (王昌龄)

琵琶起舞换新声,总是关山旧别情。
撩乱边愁听不尽,高高秋月照长城。

（1）"琵琶起舞换新声"与"边愁"是否矛盾？为什么？

（2）"高高秋月照长城"与前三句写法上有何不同？这样的写法有什么好处？

【高考答案】

（1）不矛盾，这样的对照写法更能显示出听者深重的别情边愁，这是任何欢乐的新曲都无法排遣的。

（2）前三句叙事抒情，后一句写景。以景作结，寓情于景；创造意境，含蓄无限。

【答案评析】

我们可以在这里看到，高考答案有时确实有值得推敲的地方。第一小题，所谓"任何欢乐的新曲"，根本是错误的。王昌龄说"新声"中"总是关山旧别情"，并不欢乐，所以接下来他才说"撩乱边愁听不尽"。诗中的"新声"是关于离别之情的，是哀愁的，根本就不是欢乐的。"琵琶起舞换新声"与"边愁"是否矛盾？当然不矛盾。为何不矛盾？因为"新声"中包含的正是"边愁"，根本就是一回事。

第二小题的答案，基本合理；但最后来一个"创造意境，含蓄无限"，太玄，也不确切。须知意境不是一个诗句所能创造的；创造意境不是诗句的任务而是整首诗的任务。如果一句诗就能创造一个意境，那么一首诗又能创造出多少个意境？所以我们最多能说，最后这句诗构成了表现意境的重要环节，或者说它强化或拓展了意境。本诗以一个具有包孕性的景象收束，而不是直抒胸臆，说"含蓄无限"是可以的。

【参考修订】

（1）当然不矛盾。因为"新声"中包含的正是"关山旧别情"，也就是"边愁"，根本是一回事。

（2）前三句叙述，后一句写景。以景作结，寓情于景，诱发读者由此情景展开联想，含蓄无限；"高高秋月照长城"，秋月代表着永恒存在的自然，长城代表着边塞漫长的历史，既使"不尽"二字有了着落，又拓展了意境的表现空间。

10. 阅读下面这首宋诗，然后回答问题。

### 题竹石牧牛 （黄庭坚）

子瞻画丛竹怪石，伯时增前坡牧儿骑牛，甚有意态，戏咏。

野次小峥嵘，幽篁相倚绿。阿童三尺箠，御此老觳觫。

石吾甚爱之，勿遣牛砺角。牛砺角犹可，牛斗残我竹。

【注】伯时：宋著名画家李公麟的字。野次：郊野。箠：鞭子。

(1) 这首诗可分为几个层次？它们分别写了什么内容？

(2) 你认为这幅"竹石牧牛"图在作者心目中的含意是什么？有人认为作者在诗中"厚于竹而薄于石"，你对此有什么看法？请说明。

【高考答案】

(1) 分为两个层次。前四句为第一层次，分别写了石、竹、牧童、老牛四个物象，构成一幅完整的画面；后四句为第二层次，写了作者由画中的内容而生发出的感想。

(2) 一种自然平和的田园生活。表面上作者似乎是厚竹而薄石，但实际上在作者心中石与竹同样惹人怜爱：因为在作者心目中，竹、石都代表着一种田园生活，无论是牛角砺石还是牛斗残竹，都是作者不愿意见到的。

【答案评析】

第一小题，考查宏观结构。每一首诗都是有结构的，为何本题特别拈出结构来考，主要是这首诗的结构层次比一般的诗更为分明。前四句从"所见"的角度，复述画面内容；后四句从"所想"的角度，表达看画的观感。后四句其实还是紧扣"题画诗"的要求的，意在赞叹画面上竹、石的可爱，以及牛的栩栩如生（隐含信息是赞叹画家的手段高超）。

第二小题要注意到，这是一首题画诗。诗歌小引中"戏咏"的"戏"字，可见观画者调侃轻松的心态。换句话说，这首题画诗并没有什么"微言大义"。这幅"竹石牧牛"图在作者心目中的含意是什么？我以为答案不是"一种自然平和的田园生活"，而是观画时所感到的强烈的艺术趣味。"在作者心目中，竹、石都代表着一种田园生活"，这话也是没有依据的"想当然耳"。试问在古诗中，"竹、石都代表着一种田园生活"的证据在哪里？在这里得解释一下诗句的意思："石吾甚爱之，勿遣牛砺角。牛砺角犹可，牛斗残我竹"，是说画中景物活灵活现——牛几乎要动起来了，到石头上磨角；这还不是最可怕的，牛斗起来伤了竹子，那就更令人担心了——这是间接地赞扬苏轼和李公麟画技之高超。从字里行间还可以看出，诗人对画中的石头和竹子都非常喜爱，生怕被牛伤到了，由此可见这幅生动逼真的画具有很高的艺术感染力。

**【参考修订】**

（1）分为两个层次。前四句从"所见"的角度，复述画面内容，分别写了石、竹、牧童、老牛四个物象，构成一幅完整的画面；后四句从"所想"的角度，表达看画的观感，表现了画面上竹、石的可爱，以及牛的栩栩如生，意在赞叹此画的生动逼真。

（2）观画时所感到的强烈的艺术趣味（或文人雅趣）。"厚于竹而薄于石"，表面上似乎是对的，但实际上，在作者心中石也是可爱的，尽管竹子更为可爱。爱石与爱竹，并不构成"厚"与"薄"的反向对比关系，无论是牛角砺石还是牛斗残竹，都是诗人不愿意见到的。

11. 阅读下面的小令，回答问题。

[黄钟] 人月圆·山中书事 （张可久）

兴亡千古繁华梦，诗眼倦天涯。孔林乔木，吴宫蔓草，楚庙寒鸦。数间茅舍，藏书万卷，投老村家。山中何事，松花酿酒，春水煎茶。

"诗眼倦天涯"中的"倦"字用得好，请简要说明理由。

【高考答案】

"倦"字既概括了作者饱尝人间世态炎凉之苦，又为后文归隐山村、诗酒自娱做了伏笔。

【答案评析】

"饱尝人间世态炎凉之苦"，何以见得？答案就在"诗眼倦天涯"一句中"天涯"二字。这两个字说明，诗人厌倦了浪迹天涯、追求现实功名的人生状态（高考答案表述为"人间世态炎凉"，不确切）。但不可忽视的是，"兴亡千古繁华梦""孔林乔木，吴宫蔓草，楚庙寒鸦"，作者兴发感叹的另一个基点，是历史。诗人的倦眼，不仅基于对现实生活的厌倦，也基于对千古以来功名事业的"繁华梦"的看穿。

从主题的角度看，这首元曲，表现的是看破红尘的"倦"意，最后走向归隐。因此，这个"倦"字，承载着诗人的情感和整个作品的主题，是整首曲子的"神光所聚"。

【参考修订】

①"倦"字具有丰富的概括力，既概括了浪迹天涯、追求现实功名的人生之苦，又表现了对千古以来功名事业的"繁华梦"的厌倦。②"倦"字表现了看破红尘的"倦"意，为后文归隐山村、诗酒自娱做了伏笔。③"倦"字承载着诗人的情感和整个作品的主题，是整首曲子的"神光所聚"。

12. 阅读下面两首诗，根据提示，完成赏析。

### 薛宝钗咏白海棠

珍重芳姿昼掩门，自携手瓮灌苔盆。
胭脂洗出秋阶影，冰雪招来露砌魂。
淡极始知花更艳，愁多焉得玉无痕。
欲偿白帝凭清洁，不语婷婷日又昏。

### 林黛玉咏白海棠

半卷湘帘半掩门，碾冰为土玉为盆。
偷来梨蕊三分白，借得梅花一缕魂。
月窟仙人缝缟袂，秋闺怨女拭啼痕。
娇羞默默同谁诉，倦倚西风夜已昏。

（据人民文学出版社1996年12月第2版《红楼梦》第三十七回）

　　咏物诗讲究形神兼备。以上两诗，颔联都着眼于白海棠之"白"，但绘形写神各有不同。

　　"胭脂洗出秋阶影，冰雪招来露砌魂"一联，前句以洗尽胭脂，极言其自然本色之美；后句以晶莹剔透的冰雪，喻其冰清玉洁之魂。倒装句式的运用，显得新颖别致："洗""招"二字，运用拟人手法，生动地传达出白海棠的情韵神态；而"秋阶""露砌"的映衬，更是意味深长。诗人含蓄地表现了白海棠朴素淡雅、清洁自励的品性。

　　"偷来梨蕊三分白，借得梅花一缕魂"一联_____

**【高考答案】**

　　"偷来梨蕊三分白，借得梅花一缕魂"一联，前句以梨花之白，形容白海棠的"白"，较之"洗出"句，更侧重于表现"白"的鲜艳洁净；后句再以梅花之魂赋予了白海棠孤高傲世的精神。"偷来""借得"，巧用了拟人手法；而"偷来"一词，贬词褒用，想象新颖，灵巧别致。

【答案评析】

本题看似难度极高，实际上并不太难。题面先有对薛宝钗诗句的赏析作为示范，接下来只需结合林黛玉的诗句，模仿对薛宝钗诗句的赏析，做"仿句"练习即可。

为促进读者真正提升鉴赏力，这里打算多说几句。这两首诗仔细一比，我们能够发现，它们都有哀情，薛宝钗诗"哀而不伤"，林黛玉诗哀伤太甚。薛宝钗诗尚有几分雍容自持，林黛玉诗却带几分鬼气。薛宝钗诗用"洗""招"二字，自我宛在；林黛玉诗用"偷""借"二字，"我"已不存。海棠之色，白则白矣，可惜是"偷来"的；海棠之魂，傲则傲矣，可惜是"借得"的。薛宝钗诗，更多高洁之感；林黛玉诗，更多碎裂之感。曹雪芹对人物性格与命运的把握，就在模拟她们的诗里都表现得如此准确到位。《红楼梦》的精深，于此可见。

【参考修订】

遵从高考答案。

13. 阅读下面两首唐诗，然后回答问题。

### 丹阳送韦参军 （严维）

丹阳郭里送行舟，一别心知两地秋。
日晚江南望江北，寒鸦飞尽水悠悠。

### 暮春浐水送别 （韩琮）

绿暗红稀出凤城，暮云楼阁古今情。
行人莫听宫前水，流尽年光是此声。

【注】凤城：京城。

(1) 两首送别诗都写到的"水",各有什么寓意?请作简要说明。

(2)《暮春浐水送别》是怎样融情于景的?请作简要赏析。

**【高考答案】**

(1) 上一首用"水悠悠"象征离别的惆怅和友情的悠长。下一首借"宫前水"的不断流淌来抒发对人生、历史以及社会的感慨。

(2) 这首诗将友情、世情等浓缩为"古今情",融入由"绿暗""红稀""暮云""宫前水"等意象组成的一幅感伤画面之中,形成了融情于景的艺术特色。

**【答案评析】**

第二首诗比第一首诗理解的难度要高一些。"古今情"是什么?为何"行人莫听宫前水"?把这两个问题弄清楚了,诗意就清楚了。"古今情"显然包含古今共有的离别之情和友情在内,但其内涵在这里还不止于此。此时送人黯然离京,说"行人莫听宫前水",显然是担心远行之人听见"宫前水"而触发伤心之情。联系到"古今情"和"流尽年光",势必会想到,在京城失意而黯然离去的悲剧,古往今来一直在上演。在"凤城""宫前"的政治游戏中,自古以来,多少人伤心失落,年华耗尽,最后像这水流一样离开啊。诗人的感慨,太深沉了。

第二小题的答案基本是妥当的。第一小题的答案需要修正。题目问的是"水"的"寓意",高考答案中却说"借'宫前水'的不断流淌来抒发对人生、历史以及社会的感慨",没有对准题目要求。

**【参考修订】**

(1) 上一首用"水悠悠"象征离别的惆怅和友情的悠长。下一首"宫前水"象征在政治游戏中空耗生命的命运。

(2) 这首诗将友情、世情等浓缩为"古今情",融入由"绿暗""红稀""暮云""宫前水"等色调暗淡的意象组成的感伤画面之中,形成了融情于景的艺术特色。

14. 阅读下面一首唐诗，按要求答题。

### 端居　（李商隐）

远书归梦两悠悠，只有空床敌素秋。

阶下青苔与红树，雨中寥落月中愁。

【注】端居：闲居。素秋：秋天的代称。

（1）这首诗第二句中的"敌"可否换成"对"或其他词？请简述理由。

（2）这首诗的三四两句在艺术手法上有什么特点？请简要分析。

【高考答案】

（1）不能换成"对"或其他词。用"敌"字不仅突出"空床"与"素秋"默默相对的寂寥清冷的氛围，而且表现出空床独寝的人无法承受"素秋"的清冷凄凉的情状，抒发了诗人心灵深处难以言状的凄怆之情。用"对"或其他词难以达到这种表达效果。（如果认为用"对"或其他词好，言之成理可酌情给分。）

（2）在艺术手法上，三四句的最大特点是借景抒情。诗人借助对"青苔""红树"以及"雨"景、"月"色的描写，赋予客观景物以浓厚的主观色彩，营造了冷寂、凄清的氛围，表达了悲愁、孤寂和思亲的情感。（从其他角度如互文手法回答，言之成理也可。）

【答案评析】

本题难度较高。

第一小题，"敌"字不能换成"对"或其他词。这是因为，"敌"字的内涵，是"对"字无法相匹的。首先，"敌"含有"对"的意思，"空床"对着"素秋"，内心寂寞可以想见。而"敌"也含有"对抗、抵御"的意思，这是"对"所没有的。秋天的寒意、秋意的侵袭，岂是"空床"所能抵挡的，于是孤独者无力且无助的凄凉，自在不言之中。这个分析比高考答案更为清晰，读者应对此多加体会。

　　第二小题，高考答案合理但显得空泛。"借景抒情"，在古典诗歌中比比皆是，本诗三四句也不妨说有此手法。但有一问：泛泛而谈古典诗词中普遍运用的"借景抒情"，到底能不能最贴切地对准这两句诗的技巧核心？我以为是不能的。这里最重要的艺术技巧，恰恰就是被高考答案置于括号中的"互文"。"青苔"和"红树"，"雨中"和"月中"，"寥落"和"愁"，都是互文，意思是说，无论"青苔"还是"红树"，不管在"雨中"还是在"月中"，都是既"寥落"又"愁"的。如此一来，寥落与哀愁，无处不在，无时不在，凄凉之感就加倍了。另外，雨夜没有月，月夜没有雨，所谓"雨中""月中"，也暗示了如此孤独的思念，已非一夕。

**【参考修订】**

　　（1）"敌"字不能换成"对"或其他词。这是因为，"敌"字的内涵，是"对"字无法相匹的。首先，"敌"含有"对"的意思，寂寞的"空床"对着冰冷的"素秋"，内心孤独可以想见。但是，"敌"含有"对抗、抵御"的意思，这是"对"所没有的。秋天的寒意、秋意的侵袭，岂是"空床"所能抵挡的，于是孤独者无力且无助的凄凉，自在不言之中。

　　（2）诗的三四两句用了"互文"的手法。①"青苔"和"红树"，"雨中"和"月中"，"寥落"和"愁"，都是互文，意思是说，无论"青苔"还是"红树"，不管在"雨中"还是在"月中"，都是既"寥落"又"愁"的。如此一来，寥落与哀愁，无处不在，无时不在，凄凉之感就加倍了。②雨夜没有月，月夜没有雨，"雨中""月中"分别是不同的时间，也暗示了如此孤独的思念，已非一夕。这里的互文手法，延长了思念的时间跨度，扩大了诗歌的表现空间。

15. 阅读下面一首宋诗，然后回答问题。

## 东坡 （苏轼）

雨洗东坡月色清，市人行尽野人行。
莫嫌荦确坡头路，自爱铿然曳杖声。

【注】此诗为苏轼贬官黄州时所作。东坡，是苏轼在黄州居住与躬耕之所。荦确：山多大石。

(1) 第一句在全诗中有何作用？请简要赏析。
(2) 请结合全诗赏析"铿然"一词的妙用。

【高考答案】

(1) 第一句是全诗的铺垫，描绘出一幅雨后东坡月夜图，营造了一种清明幽静的气氛，以映衬作者心灵明澈的精神境界。

(2) "铿然"一词传神地描绘出手杖碰撞在石头上发出的响亮有力的声音，与月下东坡的宁静清幽形成鲜明对比；联系前文对道路坎坷的交代，可使读者体味到作者坚守信念、乐观旷达的情怀。

【答案评析】

第一小题，关键是理解第一句中"清"字的内涵。首先，"清"营造了一种清明幽静的气氛；其次，"清"引出第二句，自显与奔走红尘的市人相区别的清雅的情趣和清高的人格；第三，联系三四句，"清"又有清高自爱之士的遗世独立的孤独感。由此可见，"清"是本诗之神光所在，拎起了全诗，而不是什么"铺垫"。

第二小题，"铿然"一词，本指金属之声，这里指手杖碰撞在石头上发出的响亮有力的声音。与"荦确坡头路"联系起来，我们不难看出苏轼与坎坷对抗、坚持自我的精神。"铿然"一词，包含"乐观"的情怀吗？我以为只见坚定，不见乐观。至于"与月下东坡的宁静清幽形成鲜明对比"，也嫌牵强。从表面上看，"铿然"的声音打破了夜的岑寂，似乎是对的（其实不对，"月色清"中"清"的意思不是岑寂）；但从本质上看，"铿然"中包含的坚定，孤独中坚持的意志，与其清洁的精神和清高的境界，显然无法构成"对比"的关系，因为它们的性质是一致的。

**【参考修订】**

（1）第一句开启了全诗：描绘出一幅雨后东坡月夜图，营造了一种清明幽静的气氛；引出第二三四句，自显与奔走红尘的市人相区别的清雅的情趣和清高的人格，并暗示出诗人的清高自爱和遗世独立的孤独感。

（2）"铿然"一词本指金属之声，这里指手杖碰撞在石头上发出的响亮有力的声音。与"荦确坡头路"联系起来，不难看出"铿然"折射出诗人与坎坷对抗以及在孤独中坚持自我的精神。

16. 阅读下面这首宋诗，然后回答问题。

江间作四首·其三 （潘大临）

西山通虎穴，赤壁隐龙宫。形胜三分国，波流万世功。
沙明拳宿鹭，天阔退飞鸿。最羡渔竿客，归船雨打篷。

**【注】** 潘大临（约1057—1106）：字邠老，黄州（今湖北黄冈）人，善诗文。曾随苏轼同游赤壁。西山：在湖北鄂州西，山幽僻深邃。拳宿鹭：指白鹭睡眠时一腿蜷缩的样子。

（1）第三联两句中各有一个字用得十分传神，请找出来，并说说这样写的好处。

（2）从全诗看，作者向往一种什么样的生活？请简要分析。

**【高考答案】**

（1）"拳"和"退"。用"拳"字形象地表现出鹭鸟在沙滩上栖息时的神态,用"退"字别致、生动地表现出鸿鸟在天空中飞行的状态。这样写构成了作者江边所见的一幅静动结合的画面。

(2) 向往一种隐逸的生活。①诗的前两联,作者从眼前之景,转入怀古,遥想当年赤壁之战时的人事,而今安在,从而发出了"波流万世功"的感叹。②诗的后两联,作者赞叹宿鹭、飞鸿的闲适,接着又仿佛看到了渔翁的扁舟,联系到"波流万世功"的感叹,于是提出"最美渔竿客",想驾一叶小舟在烟雨朦胧中归去!

**【答案评析】**

根据金圣叹的方法,一首律诗可以分为前后"两解",即分为两个部分,每个部分四句。前后两个部分,是彼此关联却又相对独立的意义群落。这种方法很简单,也很实用。多数律诗的结构,符合这种分法。本诗即是。

第一部分,即前四句。潘大临来到这古代英雄驰骋争雄的地方,不禁浮想联翩。西山重岭叠嶂,连绵不绝,定有猛虎藏于其间。赤壁下临不测深渊,那直插江中的嶙峋巨石,正是龙宫的天然屏障。这虎踞龙盘的形胜处所,是三国鼎立时兵家必争之地,历史上的英雄叱咤风云,建立了盖世功业,可是这万世功业,随着这滚滚东去的波浪一去不返了。这层意思,类似苏轼"大江东去,浪淘尽,千古风流人物"的感慨。

第二部分,即后四句。诗人从思古的幽情中醒来,目光投向了眼前的实景:沙滩一片明亮,因为有白鹭栖息在那里。天空如此开阔,远飞的鸿雁似乎在逐渐后退。俱往矣,英雄的争斗已是过眼云烟了。现在最羡慕的是江上的垂钓者,钓罢驾着一叶轻舟在烟雨中归去,悠闲地听着雨打船篷的声音。本诗的归结处,就是无功无名、自在逍遥的人生境界。

由此看出本诗的总体思路:始于缅怀古时的英雄,而结以恬退归隐之志。不难发现诗人的恬退归隐,也有几分无可奈何。人生何尝不希望能有一番作为?可是,由于时代和机缘,他只能终老于江湖之上。

第一小题的传神处,高考答案未能充分回答,且措辞不准确。

第二小题,诗人向往的是隐逸的生活,这是没有疑问的。但我们答题,要追求准确精细。根据诗意,还可概括得更精准一些。蜷缩的宿鹭与"退"行的飞鸿,都表示无所追求、无功无名;"渔竿客"静听雨打船篷,则表示恬然自安、自在逍遥。因此,我们可以这样概括:"诗人向往的是一种无功无名、自在逍遥的隐逸生活。"

分析"作者向往一种什么样的生活"这个问题,我们还要考虑到他为什么向往这样的生活。这样,联系到前面四句,我们发现:诗的前两联,作者从眼前之景转入怀古,遥想当年赤壁之战时的人事,而今安在?"万世功",如今安在?诗人的感叹意味着,对隐逸生活的向往,还因为他基于历史意识看穿了现实人生,在他看来,在历史长河中,人生功业没有什么永恒的意义。

**【参考修订】**

(1) ①从用字本身来讲,"拳"字形象地表现出鹭鸟在沙滩上栖息时的形态。鹭鸟缩颈而宿,"拳"就是"蜷缩"的意思,用字很准确。"退"字描写鸿鸟在天空中远飞的状态,却是从人的视觉感受角度写的,在阔大的天空中,鸿鸟远飞,似乎是在视线中渐渐"退"去,这样写很别致。②从构图的角度来讲,这样写构成了一幅静动结合的画面。栖息的鹭鸟是"静",飞翔的鸿鸟是"动"。同时,栖息的鹭鸟是"点"状的,飞翔的鸿鸟是"线"形的,构图有点有线,姿态丰富。③从表达意图来讲,后四句表现的是恬退归隐的想法,而"拳"和"退",恰好是恬退的人生观念的象征性表达。像鹭鸟那样蜷缩起来,像鸿鸟那样退隐而去,归隐江湖,静听雨打船篷,是诗人最后所期盼的生活。

(2) 向往的是一种无功无名、自在逍遥的隐逸生活。具体分析见"答案评析"。

17. 阅读下面这首宋诗，然后回答问题。

## 春日即事 （李弥逊）

小雨丝丝欲网春，落花狼藉近黄昏。
车尘不到张罗地，宿鸟声中自掩门。

【注】李弥逊（1085—1153），字似之，吴县（今属江苏苏州）人，历任中书舍人、户部侍郎等职，因竭力反对秦桧的投降政策而被免职。张罗地：指门可罗雀、十分冷落的地方。

(1) 请对首句中的"网"字进行赏析。
(2) 这首诗表现作者什么样的情绪？请进行简要分析。

【高考答案】

(1) 作者由丝丝小雨想到了用丝织成的网；再由丝网及暮春，想到要把春天网住，即留住春天。这个想象、比喻非常生动、新奇。

(2) 表现了作者政治上失意后的寂寞以及感叹世态炎凉的情绪。诗的一二两句写了暮春黄昏，小雨霏霏、落花狼藉，从这些凄冷的景色可看出作者政治上失意的寂寞愁绪；三四两句写了诗人家门前几可罗雀，他只得在归鸟的鸣叫声中，关上自己的家门，从中可看出诗人对世态冷暖的感叹。

【答案评析】

本诗表达的是暮春时节郁闷的心情。就绝句而言，把握它的思想情感，通行的规律是留意最后两句透露的消息。"车尘不到张罗地"表示没有乘车的权贵来拜访自己，"自掩门"表示自己的孤独。

"小雨丝丝欲网春，落花狼藉近黄昏"是写景，但此景象，是小雨如网似要收走的春意阑珊之景，是"落花狼藉"的残花败景。而且此时正值"黄昏"，更增添了几分冷落颓唐。"车尘不到张罗地，宿鸟声中自掩门"是叙述兼抒情，着力写自家门前冷落。

诗人为什么会遭遇"车尘不到"的冷落？就本试题来讲，要注意注解给我们留下的线索。"因竭力反对秦桧的投降政策而被免职"，诗人与当政权贵意见不合，贬官之后，门庭冷落，无人问津，这就曲折地表明了世态炎凉，人情淡薄。"宿鸟声中自掩门"，身边无人，只有宿鸟，则抒发了诗人失意、不平之情。另外，诗人没有因为被冷落而四处拜谒，"自掩门"而独居，也折射出他傲岸的性格和对世俗的不屑。

第一小题是对用字的赏析。基本方法是：首先，从这个字的基本语义出发，理解它的意义内涵，判断它在句子中的语境意义；其次，分析在句中的这个字有无修辞特色，看它的表现技巧；再次，某个字之所以用得好，是由于它能准确地表情达意，所以还要看它的思想情感内涵。

于是，我们就能看出下面的三点：

第一，从"网"字的基本语义来看，诗人由小雨丝丝的形态，而想到用丝织成的网。"网"字写出了小雨的细密。"网"的对象是"春"。本句的意思是说，丝丝小雨网住了春，困住了春，似乎想要把春天卷走。从第二句看，确实是春已困，变得落花狼藉、零落不堪了。顺便指出，高考答案说"想到要把春天网住，即留住春天"，这是不准确的理解。"网"具有强制性，词义很强，绝不是挽留的意思。

第二，从"网"字的修辞的角度来看，这用了比喻的修辞手法。比喻本质上就是联想。这个把"雨"幻化为"网"的联想，有虚（"网"）有实（"雨"），化实为虚，从而把雨天的情景与诗人内心的困顿感连接了起来。

第三，从"网"字表达的思想情感内涵来看，它暗示了诗人对春色将逝的失落感。春被困住，也折射出诗人处境与心境之困。

第二小题，从"情绪"方面来看，"表现了作者政治上失意后的寂寞以及感叹世态炎凉的情绪"，这个说法是无可挑剔的。答题必须注意提问的限制。根据题目的要求，答出"情绪"即可，不屑世俗、性格傲岸之类，就不必答了。

**【参考修订】**

参见"答案评析"。

# 二　高考真题演练与拓展训练

**第一组　高考真题演练**

1. 阅读下面一首宋诗，然后回答问题。

### 葛溪驿 （王安石）

缺月昏昏漏未央，一灯明灭照秋床。
病身最觉风露早，归梦不知山水长。
坐感岁时歌慷慨，起看天地色凄凉。
鸣蝉更乱行人耳，正抱疏桐叶半黄。

（1）本诗首联描绘了一幅画面，请为这幅画面拟一个小标题。

（2）诗人的心绪集中体现在"乱"字上，全诗是怎样表现的？请简要分析。

2. 阅读下面一首宋诗，然后回答问题。

### 夜归 （周密）

夜深归客依筇行，冷磷依萤聚土塍。
村店月昏泥径滑，竹窗斜漏补衣灯。

【注】筇：此代指竹杖。

（1）本诗是怎样以"夜归"统摄全篇的？结合全诗简要赏析。

（2）"竹窗斜漏补衣灯"这一耐人寻味的画面中蕴含了哪些感情？请简要赏析。

3. 阅读下面这首诗，然后回答问题。

### 秋思 （张籍）

洛阳城里见秋风，欲作家书意万重。
复恐匆匆说不尽，行人临发又开封。

王安石评论张籍诗歌的风格是："看似寻常最奇崛，成如容易却艰辛。"试析张籍此诗写了生活中哪个"寻常"的细节？表达了他什么样的情感？

4. 阅读下面这首宋词，然后回答问题。

### 鹧鸪天 （晏几道）

十里楼台倚翠微，百花深处杜鹃啼。殷勤自与行人语，不似流莺取次飞。

惊梦觉，弄晴时。声声只道不如归。天涯岂是无归意，争奈归期未可期。

在这首词中，作者为什么要描写杜鹃的啼叫声？最后两句是什么意思？表达了作者怎样的思想感情？

5. 阅读下面这首词,然后回答问题。

### 江城子 (五代·欧阳炯)

晚日金陵岸草平,落霞明,水无情。六代繁华,暗逐逝波声。空有姑苏台上月,如西子镜,照江城。

**【注】** 姑苏台:吴王夫差与宠妃西施长夜作乐之地,原址在苏州市西南姑苏山上。

这首词明写眼前实景,暗寓历史沧桑。词中"水无情""空有姑苏台上月"两句含有深意。试结合全词加以赏析。

6. 阅读下面一首唐诗,然后回答问题。

### 听蜀僧濬弹琴 (李白)

蜀僧抱绿绮,西下峨眉峰。为我一挥手,如听万壑松。
客心洗流水,余响入霜钟。不觉碧山暮,秋云暗几重。

**【注】** 绿绮:古代名琴。流水:借用"高山流水"典故。霜钟:《山海经》载,丰山有九钟,霜降而鸣。

(1) 诗的第二联中"一挥手"和"万壑松"分别表现了什么?
(2) 结合全诗谈谈你对第四联"不觉碧山暮,秋云暗几重"的理解。

7. 阅读下面一首宋诗,然后回答问题。

### 东溪 (梅尧臣)

行到东溪看水时,坐临孤屿发船迟。
野凫眠岸有闲意,老树着花无丑枝。

短短蒲茸齐似剪，平平沙石净于筛。

情虽不厌住不得，薄暮归来车马疲。

自唐以来，古人作诗主张"外师造化，中得心源"，即是说诗人既要以自然为师，从自然景物中捕捉形象，又要在内心深处引发思想情感。请指出在这首诗中最能体现这一主张的一联诗句，并说说它体现了作者怎样的思想情趣，又是如何体现的。

（1）最能体现这一主张的一联诗句：＿＿＿＿＿＿＿＿＿＿＿＿＿

（2）体现的思想情趣：＿＿＿＿＿＿＿＿＿＿＿＿＿＿＿＿＿＿

（3）如何体现的：＿＿＿＿＿＿＿＿＿＿＿＿＿＿＿＿＿＿＿＿

8．阅读下面一首宋诗，然后回答问题。

### 秋夜 （朱淑真）

夜久无眠秋气清，烛花频剪欲三更。
铺床凉满梧桐月，月在梧桐缺处明。

此诗无一"情"字，而无处不含"情"。请从三四句中找出最能体现诗人感情的一个字，并在对全诗整体感悟的基础上，简要分析诗人在这两句诗中是如何营造意境的。

9．阅读下面一首唐诗，根据提示，赏析第四句。

### 听邻家吹笙 （郎士元）

凤吹声如隔彩霞，不知墙外是谁家。
重门深锁无寻处，疑有碧桃千树花。

这是一首颇具特色的听笙诗。笙是一种由多根簧管组成的乐器，其形参差如凤翼,其声清亮如凤鸣,故有"凤吹"之称。传说仙人王子乔亦好吹笙作凤鸣,此诗有以此相喻的意思。

第一句,写宛如凤鸣的笙曲似从天而降,极言其超凡绝俗。"隔彩霞"三字,不直接描摹笙声,而说笙声来自彩霞之上,通过想象中的奏乐环境之美,烘托出笙乐的明丽绚烂。

第二句,紧承上句,写诗人对笙声实际来源的悬想揣问。笙声奇妙,引得诗人寻声暗问。这一句不仅点了题,同时也间接地表现了笙乐的吸引力。

第三句,承第二句而来,但诗情产生了跌宕。一墙之隔,竟无法逾越,咫尺天涯,顿生"天上人间"的怅惘和更加强烈的憧憬,从而激发更为绚丽的幻想。

第四句,_____

10. 阅读下面一首唐诗,然后回答问题。

### 次北固山下 (王湾)

客路青山外,行舟绿水前。潮平两岸失,风正一帆悬。
海日生残夜,江春入旧年。乡书何处达,归雁洛阳边。

【注】北固山,在今江苏镇江,北临长江。此诗或题《江南意》。

此诗第二联"潮平两岸失",有的版本作"潮平两岸阔",你觉得"失"与"阔",哪个字更好,为什么?

11. 阅读下面这首词,然后回答问题。

### 菩萨蛮 (李白)

平林漠漠烟如织,寒山一带伤心碧。暝色入高楼,有人楼上愁。
玉阶空伫立,宿鸟归飞急。何处是归程?长亭更短亭。

（1）古典诗词特别讲究炼字。请简要分析"空"字在表情达意上的作用。

（2）关于这首词表达的内容，有人认为是"游子思归乡"，有人认为是"思妇盼归人"，也有人认为二者兼有。你的看法如何？请简要说明理由。

12. 阅读下面这首诗，按要求作答。

### 春行即兴 （李华）

宜阳城下草萋萋，涧水东流复向西。
芳树无人花自落，春山一路鸟空啼。

（1）三四句用了哪种修辞手法？请具体说明。

（2）古人在谈到诗歌创作时曾说"作诗不过情景二端"。请从景和情的角度来赏析这首诗。

13. 阅读下面一首宋诗，然后回答问题。

### 雨后池上 （刘攽）

一雨池塘水面平，淡磨明镜照檐楹。
东风忽起垂杨舞，更作荷心万点声。

（1）简析这首诗是怎样表现雨后池塘水面的平静的。

（2）试从"静"与"动"的角度对这首诗进行赏析。

14. 阅读下面一首唐诗，然后回答问题。

### 竹窗闻风寄苗发司空曙 （李益）

微风惊暮坐，临牖思悠哉。开门复动竹，疑是故人来。
时滴枝上露，稍沾阶下苔。何当一入幌，为拂绿琴埃。

【注】苗发、司空曙是李益诗友。

（1）诗以"微风"开头，并贯串全篇。请对此作具体说明。

（2）"时滴枝上露，稍沾阶下苔"两句渲染了什么样的氛围？表达了作者什么样的心情？

（3）诗中哪一句可以使人联想到"知音"的故事？

15. 元代马致远的杂剧《汉宫秋》第三折戏中，汉元帝在灞桥送别王昭君出塞和亲时，有下面一段曲词。阅读这段曲词，然后回答问题。

### 《汉宫秋》 第三折 〔梅花酒〕

呀！俺向着这迥野悲凉。草已添黄，兔早迎霜。犬褪得毛苍，人搊起缨枪，马负着行装，车运着糇粮，打猎起围场。他、他、他，伤心辞汉主；我、我、我，携手上河梁。他，部从入穷荒；我，銮舆返咸阳。返咸阳，过宫墙；过宫墙，绕回廊；绕回廊，近椒房；近椒房，月昏黄；月昏黄，夜生凉；夜生凉，泣寒螀；泣寒螀，绿纱窗；绿纱窗，不思量！

【注】寒螀：寒蝉。

（1）有人赞赏《汉宫秋》的词曲"写景写情，当行出色"。这段曲词描写了汉元帝所见、所想的哪两种情景？表现了汉元帝什么样的感情？

(2) 这段曲词中运用了对仗、顶真的修辞手法，试简析它们各有怎样的艺术效果。

16. 阅读下面的宋诗，然后回答问题。

### 春日登楼怀归 （寇准）

高楼聊引望，杳杳一川平。野水无人渡，孤舟尽日横。
荒村生断霭，古寺语流莺。旧业遥清渭，沉思忽自惊。

【注】此诗约作于980年，诗人进士及第，初任巴东知县。旧业：这里指田园家业。清渭：指渭水。

(1) 请写出这首诗颈联中一组对仗的词语。
(2) 从首句的"聊"到末句的"惊"，反映了诗人怎样的感情变化？请联系全诗进行分析。
(3) 北宋翰林图画院曾用"野水无人渡，孤舟尽日横"作为考题，夺魁者画的是"一船夫睡舟尾，横一孤笛"。你认为这幅画能表现这两句诗的内容吗？请说明你的理由。

17. 阅读下面这首诗，回答以下问题。

### 粤秀峰晚望同黄香石诸子二首·其一 （谭敬昭）

江上青山山外江，远帆片片点归艭。
横空老鹤南飞去，带得钟声到海幢。

【注】艭：小船。海幢：即海幢寺（寺院名）。

(1) 诗中哪些意象体现了题目中的"晚望"？请分别从"晚""望"两个方面回答。
(2) 简析诗中"带"字的妙处。

18. 阅读下面这首宋词,然后回答问题。

## 南柯子 (王炎)

山冥云阴重,天寒雨意浓。数枝幽艳湿啼红。莫为惜花惆怅、对东风。

蓑笠朝朝出,沟塍处处通。人间辛苦是三农。要得一犁水足、望年丰。

【注】三农:指春耕、夏耘、秋收。

(1) 上阕中"数枝幽艳湿啼红"一句展现的是一幅什么样的画面,作者写这句是为惜春伤怀吗?为什么?

(2) 试分析下阕的内容,以及作者在词中所抒发的思想感情。

## 第二组 拓展训练

1. 阅读钱锺书《谈中国诗》选段,回答问题。

一位中国诗人说:"言有尽而意无穷。"另一位诗人说:"状难写之景,如在目前;含不尽之意,见于言外。"用最精细确定的形式来逗出不可名言、难于凑泊的境界,恰符合魏尔兰论诗的条件:

那灰色的歌曲

空泛联接着确切。

这就是一般西洋读者所认为中国诗的特征:富于暗示。我愿意换个说法,说这是一种怀孕的静默。说出来的话比不上不说出来的话,只影射着说不出来的话。济慈名句所谓:

听得见的音乐真美,但那听不见的更美。

我们的诗人也说,"此时无声胜有声";又说,"解识无声弦指妙"。有时候,他引诱你到语言文字的穷边涯际,下面是深秘的静默:"此中有真意,欲辨已忘言。""淡然离言说,悟悦心自足。"有时他不了了之,引得你遥思远怅:"美人卷珠帘,深坐颦蛾眉。但见泪痕湿,不知心恨谁。""松下问童子,言师采药去。只在此山中,云深不知处。"这"不知"得多撩人!

【注】"美人卷珠帘,深坐颦蛾眉。但见泪痕湿,不知心恨谁。"这是李白的诗,题目是"怨情"。"松下问童子,言师采药去。只在此山中,云深不知处。"是贾岛的诗,题目是"寻隐者不遇"。

(1)"富于暗示"和"一种怀孕的静默",两种说法的内涵基本一致,但有无细微的差别?"换个说法"有何作用?

(2)根据你的看法,在文学艺术中,"淡然离言说,悟悦心自足"是可能的吗?为什么?

(3)李白《怨情》:"美人卷珠帘,深坐颦蛾眉。但见泪痕湿,不知心恨谁。"作者说这首诗"不了了之,引得你遥思远怅",请解释此诗为何能引人"遥思远怅"。

(4)贾岛《寻隐者不遇》:"松下问童子,言师采药去。只在此山中,云深不知处。"作者认为这"不知"很"撩人"。试说明"撩人"在何处。

2. 默写杜甫五律《旅夜书怀》,并回答下面的问题。

本诗颔联,景象阔大,有人认为与全诗的情感基调显得不和谐。你的看法是什么?为什么?

3. 阅读下面一首宋诗,回答问题。

### 登快阁 (黄庭坚)

痴儿了却公家事,快阁东西倚晚晴。
落木千山天远大,澄江一道月分明。
朱弦已为佳人绝,青眼聊因美酒横。

万里归船弄长笛，此心吾与白鸥盟。

（1）简要概括本诗表达的思想感情。
（2）试比较"落木千山天远大，澄江一道月分明"与杜甫《登高》"无边落木萧萧下，不尽长江滚滚来"，说明其意境的区别。

4. 读下面一首唐诗，回答问题。

### 在狱咏蝉 （骆宾王）

西陆蝉声唱，南冠客思深。那堪玄鬓影，来对白头吟。
露重飞难进，风多响易沉。无人信高洁，谁为表余心？

（1）"南冠客思深"，"深"又作"侵"。你认为哪个字更好？请说明理由。
（2）说明三四两句对比反衬的表情达意效果。
（3）解释五六两句的双关义。

5. 读下面一首唐诗，回答问题。

### 望洞庭湖赠张丞相 （孟浩然）

八月湖水平，涵虚混太清。气蒸云梦泽，波撼岳阳城。
欲济无舟楫，端居耻圣明。坐观垂钓者，徒有羡鱼情。

"气蒸云梦泽，波撼岳阳城"，与杜甫"吴楚东南坼，乾坤日夜浮"同为咏洞庭湖名句。试对这两联诗句的异同进行比较。

6. 阅读下面的诗歌，回答问题。

## 月夜 （杜甫）

今夜鄜州月，闺中只独看。遥怜小儿女，未解忆长安。
香雾云鬟湿，清辉玉臂寒。何时倚虚幌，双照泪痕干。

（1）有人说："对面着笔，不言我思家人，却言家人思我。又不直言思我，反言小儿女不解思我。"请分析说明这种写法有何特点和好处。

（2）有人说，"'独''双'二字，一诗之眼"。这个说法的道理是什么？

（3）纪昀说"言儿女未解忆，正言闺人相忆耳"，朱竹垞说"颔联发独看意"。试根据这两种说法，解释颔联的表达作用。

（4）颈联两句，"湿"字和"寒"字用得很好，好在哪里？

7. 阅读下面的诗歌，回答问题。

## 游园不值 （叶绍翁）

应怜屐齿印苍苔，小扣柴扉久不开。
春色满园关不住，一枝红杏出墙来。

钱锺书《宋诗选注》云："这是古今传诵的诗，其实脱胎于陆游《剑南诗稿》卷十八《马上作》：'平桥小陌雨初收，淡日穿云翠霭浮；杨柳不遮春色断，一枝红杏出墙头。'不过第三句写得比陆游的新警。《南宋群贤小集》第十册有另一位'江湖派'诗人张良臣的《雪窗小集》，里面的《偶题》说：'谁家池馆静萧萧，斜倚朱门不敢敲；一段好春藏不尽，粉墙斜露杏花梢。'第三句有闲字填衬，也不及叶绍翁的来得具体。"

（1）本诗第三句比陆游"新警"在何处？

（2）据钱锺书所说的"第三句有闲字填衬"，请找出"闲字"，并说明为何是"闲字"。

8. 阅读下面的诗歌，回答问题。

### 惠山烹小龙团 （苏轼）

踏遍江南南岸山，逢山未免更留连。
独携天上小团月，来试人间第二泉。
石路萦回九龙脊，水光翻动五湖天。
孙登无语空归去，半岭松声万壑传。

朱光潜说，"独携天上小团月，来试人间第二泉"，这两句诗很妙，"含混中显得丰富"。

（1）"独携天上小团月，来试人间第二泉"，本指什么事情——换句话说，剔除艺术表现的因素，这两句诗写的是什么事情？

（2）结合朱光潜先生的说法，从联想和想象两个角度，分点分析"独携天上小团月，来试人间第二泉"两句诗的妙处。

# 参考答案

### 第一组　高考真题演练

1. （1）驿站秋夜难眠图（或"缺月残灯图""秋夜羁旅图"等）。（2）本诗以"乱"为诗眼，情景交融，抒写了诗人的家国之思。首联借残月、滴漏、昏暗的灯光暗写诗人心烦意乱。颔联直写身体之病、羁旅之困、怀乡之愁，点明"乱"的部分原因，为进一步写"乱"蓄势。颈联用衬托手法，借疏桐蝉鸣将诗人的烦乱渲染到极致。

2. （1）本诗写景扣住"夜"字，写情扣住"归"字。首句直接点明"夜深"，刻画出"归客"拄杖而行的疲惫之态。随后，诗人以"冷磷""萤""月"等意象渲染夜色的凄凉，以夜深仍在田塍、泥径中孤身前行的艰难表现出归家的心切。而最末一句以深夜犹见"补衣灯"的感人画面收束全诗，与先前的艰难和凄清形成反差，更烘托出游子深夜归家的复杂心情，意味深长。（2）这幅画面描绘的是诗人想象（见到）的情景：竹篱茅舍中，一缕昏黄的灯光从竹窗里斜漏出来。青灯之下，诗人日思夜盼的妻子（母亲）正在一针一线地缝补着衣服。诗人那怀乡思归的急切心情，家中亲人对游子的关切和思念之情，正从这幅画面中流溢出来。

3. （1）诗中作者写了这样一个细节：家书将要发出时，又觉得有话要说，故"又开封"。（2）作者客居洛阳见秋风起，心绪重重，客居洛阳的风尘之苦，思念亲人的乡关之愁，千言万语，诉说不尽，所以又打开信封补写。

4. (1) 因为：①杜鹃"声声只道不如归"，它的啼叫声好像在说："不如归去！不如归去！"这首词的主题是游子思乡难归，从描写杜鹃的啼叫声入手非常适宜。②杜鹃啼声哀愁，有利于表现游子难以归家的哀伤情绪。"殷勤自与行人语，不似流莺取次飞"，在游子眼中，杜鹃是有情之物，殷勤相语，饱含相互体贴的情感。(2) 最后两句是说：不是不想回家，只是自己不能决定回去的日期。(3) 表达了作者无法主宰自己的生活，浪迹天涯有家难归的感慨。

5. (1) "水无情"明写落日余晖中金陵城外长江浩荡东去的景色，暗指六朝帝王被历史无情地淘汰，曾经的繁华一去不复返。(2) "空有"句明写六朝繁华已去，只剩月亮高挂，暗寓宇宙永恒而人间享乐终如云烟的沧桑感。

6. (1) "一挥手"表现了蜀僧弹琴的姿态自如（动作自然、技艺熟练）；"万壑松"既写出了琴声如松涛的韵味，更表现了蜀僧弹琴之时，天籁与人的演奏相互呼应的意境。(2) ①写出了曲终时的景色。②写作者沉醉于琴声之中而不觉时间流逝，侧面表现了琴声的魅力。

7. (1) 野凫眠岸有闲意，老树着花无丑枝。(2) 在大自然中感受到的闲情逸趣和诗人积极乐观的心态。(3) 结合景（"野凫眠岸""老树着花"）和情（"有闲意""无丑枝"）加以分析即可。

8. (1) "凉"或"缺"。(2) ①"凉"字。既写天凉，又写心境的孤寂（或心凉）。由床上之月写到天上之月，过渡（顶针）巧妙；愁情、凉床、月影和梧桐，共同营造出孤寂（离愁别怨）的意境。②"缺"字。"缺"就是不圆满。为何夜深难眠，为何"铺床凉满"，都是因为与所思之人不能团圆。"梧桐缺处"，象征性地暗示了人的缺席和心理的亏缺感。"缺"实为床"凉"和心"凉"的原因，因此最能体现诗人的感情。

9. 写诗人寻访不得之后的想象。与首句呼应，仍然从奏乐环境着笔，通过花的繁盛烂漫，写出乐声的明丽、热烈、欢快；一个"疑"字，写出了似真似幻的感觉；以视觉意象写听觉感受（通感），别具一格。"碧桃"更有"别有天地非人间"的暗示，使得这里的乐声亦真亦幻，听邻吹笙，如闻仙乐，拓深了音乐神奇的意境。

10. 三种成立的答法：(1)"失"字更好，因为它生动地描摹了江岸因春潮高涨而与水面平行看上去似乎消失了的主观视觉形象。(2)"阔"字更好，因为它表达了春潮把江面变得渺远无际，所以视野十分开阔的强烈感受；从构图看，"阔"为横向延展，与"悬"的纵向耸立形成很好的对应。"失"字很能吸引人去想象水面的宽广景象，它的问题恰好就在于把人的注意力过多地吸引到景物上面去，而不是像"阔"那样把读者的注意力吸引到诗人对此一阔大景象的主观感受上面去。仔细体味，本诗写景寓怀，风韵洒落，用字平和，"失"字就算佳妙，也不如"阔"字来得平常自然。(3)如果说两个字都好，而且把各自的妙处都体会得比较准确，也应给分。

11. (1)"空"字表达了苦苦等待而没有结果的孤寂、惆怅，增添了全词的"愁"味，使主题更加鲜明。(2)①游子思归乡：一二句是游子眼前所见之景；三至六句是游子触景生情，设想家人盼望自己归去的情景；最后两句游子感叹旅途漫漫，归乡无期，更添愁苦。②思妇盼归人：上阕写思妇见晚景而生愁情；五六句写思妇伫立玉阶，见鸟归而怀念游子；最后两句写思妇设想游人归途艰难，感叹相逢无期。③二者兼有：全词以游子思归乡和思妇盼归人相互渲染，传达了"一种相思，两处闲愁"的情思。

12. (1)修辞方法：对偶。"芳树"对"春山"，"花"对"鸟"，"自落"对"空啼"。(2)这首诗写了作者"春行"时的所见所闻：有草有水，有树有山，有花有鸟，可谓一句一景。但诗又不是纯粹写景，而是景中含情，情景交融。诗中"花自落""鸟空啼"之景显出了山中的宁静，"自""空"二字，更透出一丝冷落之感、寂寞之情。

13. (1)诗的一二句，描写了雨后池塘水面的平静。"水面平"是说此时没有风；水面如同"明镜"，能够"照檐楹"，是进一步描写水的平静，表明水流静止，无有涌动。这样，从侧面暗示水面无风，水无涌动，就表现了水面的平静。（2）一二两句以"水面平""明镜""照檐楹"等写出了荷花池塘雨后的平静。三四两句用"忽起""垂杨舞"及垂杨叶上的雨滴被风吹到荷叶上发出"万点"声响，表现了雨后池上的动态之美。诗由静态写到动态，以静显动，又以动衬静，动静结合，组成了一幅雨后池塘春景图。

14.（1）诗的首联以"微风"开头，接下来的几联，均有"风"的因素。颔联：微风吹开门，吹动竹子（引起怀念故友之情）；颈联：微风吹落枝上露水（滴在阶下青苔上）；尾联：希望微风吹进帘幔（拂去尘埃）。（2）氛围：清冷、幽静。心情：孤寂、无聊。（3）"为拂绿琴埃"。

15.（1）第一问：旷远悲凉的深秋塞外景况；凄清阴冷的秋夜王宫景象。第二问：感叹昭君远去塞外的艰辛，伤心离别；想象独自返回王宫的凄凉，痛感孤独。（2）①对仗：显示了语言的对称美和韵律美。本曲中对仗与排比和顶真结合了起来。对仗结合排比，有利于扩大描写面；结合顶真，则更多了一层回环之美。②顶真：具有回环跌宕的旋律美，表现了汉元帝离恨未已相思又继，愁绪千结百转。

16.（1）"荒村"与"古寺"（"断霭"与"流莺"、"生"与"语"）。（2）诗人登楼远望，本是闲情，却触景生情，联想起家乡，当他从乡思中醒悟，发现自己身在异乡，心中不由一惊。这前后的感情变化，突出了作者的思乡之情。（3）画上只有小船和船夫，而没有行人，表现了"野水无人渡"的情景，而船夫睡在船上，衬托出过客稀少，凸显出小船"尽日"等待的漫长和寂寞。从画面可以揣摩，船夫边吹笛边等渡客，久久无人过渡，困倦不堪，只得放下笛子，自己睡去。这幅画传神地表现了诗句内容。

17.（1）"晚"：归艭、钟声。"望"：江、青山、远帆、老鹳、空。（2）一个"带"字，把无形的钟声物态化，使得钟声成为似乎可携带的有形之物，把听觉对象转化为视觉印象。这也是化虚为实的手法，耐人寻味。

18. （1）①一幅几枝鲜花的花瓣上沾着水珠楚楚堪怜的画面。②不是为惜春伤怀。从两方面可以看出：首先作者紧接着"数枝"句说"莫为惜花惆怅、对东风"；其次在乌云密布、寒雨将至时，作者更关心的是"要得一犁水足、望年丰"。（2）①描写了农民不避风雨、辛勤劳作的生活，发出了"人间辛苦是三农"的感叹，表达了农民盼望风调雨顺、五谷丰登的心情。②通过对农民辛劳生活的感叹，抒发了怜悯农民的思想感情。

### 第二组　拓展训练

1. （1）①两种说法有微妙的区别。所谓"富于暗示"，是指用"说出来的话""影射着说不出来的话"，落脚点在包蕴着难以言说境界的语言上；"一种怀孕的静默"，落脚点不在语言上，而在无言而有意的境界上。【提示】改换说法，并非玩弄文字游戏。仔细揣摩，会发现两种说法的意思重心有所区别。②"换个说法"的作用：a. 从意义的角度看：更明显地指向"不可名言、难于凑泊的境界"，诱导读者更深入地理解中国诗的暗示性。b. 从修辞角度看："一种怀孕的静默"，不但隐含着"怀孕"的比喻，更具形象感，而且较机智幽默。

（2）在文学艺术中，"淡然离言说，悟悦心自足"是不可能的。因为文学艺术是语言的艺术，文学不可能脱离语言而抽象地存在。诗人纵然领悟到"淡然离言说"的意境，也必须通过文字才能指示或暗示出来。【说明】这是一个开放性问题，根据自己的体会回答即可，但要言之成理。

（3）李白《怨情》为何能引人"遥思远怅"，根据钱先生的意见，此诗最撩人处在于"不知"，而这个"不知"影射着诗人未曾说出的话。在诗中，我们看到了这个女人的幽怨，却看不到她幽怨的对象。由于"不知心恨谁"，我们可以猜测她怨恨的可能是她的丈夫，或者她的公婆，或者她的情人，甚至，读者可以把自己替代进去，也许某些读者会由此想到他自己曾经有过的一段负心的情感经历。由于"不知心恨谁",我们看到了这个女人的幽怨,却看不到她幽怨的原因。她为何幽怨?是由于情感的纠葛,还是日常的争执?如果是情感的纠葛,那么是与谁的——丈夫、公婆,还是情人?如果是日常的争执,又是与谁发生这种争执的?这些在诗句中都未明言。正因为没有明言,其怨情的幽微婉曲更能凸现,诗意于是更加含蓄丰富了。

(4) ①从主题方面说:很显然地,以"不知"收束,更突出了"隐者"的"隐",既突出了主题,也引发读者悠远的想象。②从意境表现方面说:"不知"的主语可能是"童子",也可能是诗人,还可能指隐者踪迹渺远——如此一切皆陷于"不知"之中,呈现出一片混沌和茫然的意境,引人回味。③从深层意蕴方面说:因"不知"而"问",最后仍然以"不知"告终,如此则引人深思:好奇的人们时时发问,想知道一切,然而等待人们的,只是永恒无解的迷惘。

2. (1) 默写略,见课文。(2) 颔联的景象阔大,正是用以表现天地宇宙的广大;用天地的广大,反衬出诗人自身的孤苦和漂泊感。仔细玩味此诗最后一句"天地一沙鸥","沙鸥"是诗人自比,突出自己在"天地"之间的渺小和漂泊流离;颔联具体形象地展现了"天地"的阔大。【提示】整体把握,句不离篇。

3. (1) 本诗通过公余登临快阁所见开阔高远,表现了厌倦官场的烦杂,抒发了作者希望摆脱官场束缚,追求单纯自由生活的心境。(2) 杜甫"无边落木萧萧下,不尽长江滚滚来",景象开阔,悲凉沉郁。黄庭坚不减其阔远,而且更为省净,勾勒出一幅高远明净的秋景图。杜诗沉郁,黄诗明朗。

4. (1) ①从押韵上说,两字皆可;从对仗的细密角度说,对应位置"唱"是动词,所以形容词"深"不如动词"侵"更好。②从用字上说,"深"不如"侵"。"侵"有凌迫之意,更能突出客思之深,且用字较为含蓄。(2) "玄鬓影"对"白头吟",一黑一白,对比鲜明,如此凸显了艰难处境中人的心情。这两句既是写蝉也是写人,"玄鬓影"也暗示了人的年轻,年轻即沦为囚徒,而有"白头吟",倍显绝望与哀伤。（3）五六两句是双关，既是写蝉也是写人。一方面说蝉，飞也飞不动，叫也叫不响，处境艰难；一方面说人，"露重"句暗指压抑和打击的力量很大，"风多"句暗指飞短流长多因而自己的声音容易被湮没。

5.（1）同：①两联诗句，都选择了阔大的意象，来呈现洞庭湖的广阔浩渺。②都用了具有力度的动词，来强化洞庭湖的气势。

（2）异：①从写景的阔大方面看，杜甫选取"吴楚""乾坤""日夜"等意象，比孟浩然更为开阔和有气势。②"气蒸云梦泽，波撼岳阳城"，被认为具有"盛唐气象"，孟浩然用意在于希望有所作为；"吴楚东南坼，乾坤日夜浮"，"坼""浮"分别有山河破碎、身世飘摇之感，暗含着杜甫忧时伤世的心境。

6.（1）①这种委婉曲折的写法，实际上是想象手法的运用。整首诗实际上都是写自己对家人情形的想象，处处都表现了诗人对家人的思念。②表面上看，诗人不写自己思念家人，而从家人思念自己的角度来写，这是侧面描写的笔法。③这种写法，使得诗人之情的表现，曲折婉转，既深情而又含蓄。（2）①"独"是整首诗情感的基调，诗人和他的妻子，由于分离而孤独，由于孤独而思念。②"双"字在诗尾出现，则点明孤独的诗人的期盼：结束分离，夫妻团圆。简言之："独"点出全诗情感基调，"双"点明诗人的心愿，因此此二字为"一诗之眼"。（3）颔联"遥怜小儿女，未解忆长安"，表明儿女尚未成人，不懂得父母离别的伤痛，因此"闺中只独看"，妻子独自望月怀人，更强化了妻子的孤独感。本联也是侧面描写的笔法。（4）"湿"字和"寒"字，描写妻子在月下思念丈夫，不能成眠，由于在户外的时间太长，头发已被雾气打湿，而手臂也生出一股寒意。这两个字，从侧面表现时间的流逝，进而暗示了妻子思念之苦，所以用得很好。

7.（1）陆游"杨柳不遮春色断"，意思是杨柳没有遮住春色，主要着墨于写景。叶绍翁"春色满园关不住"之所以"新警"，在于与陆游的"遮"相比，"关"字表现了人造的"墙"对"春色"的强力压制,而"关不住"则表明了大自然的生机是任何人力都无法压抑的深刻意涵。"遮不住"却没有这层含义。(2)根据钱锺书的观点,"一段好春"是"闲字"。钱锺书说"第三句有闲字填衬,也不及叶绍翁的来得具体",可见是着眼于是否"具体"来界定"闲字"的。"春"只是一个抽象概念,"一段好春"也不是具体意象;而"春色满园"却是形象化的——园子与"春色",都比"春"来得具体,"满"字也很实在,且与下句"一枝红杏"配合,能引发读者满园红杏、春意盎然的形象感受。

8.(1)带小龙团茶来,用惠山泉泡(或:惠山泉泡小龙团茶)。(2)①联想:"天上小团月"是由小龙团茶联想起来的,把明月照着泉水和泉水泡清茶联系了起来,强化了清沁肺腑的意味,也丰富了语意(单重语意变为双重)。②想象:诗句包含着自拟为仙人携月试泉的想象。这个想象暗示了此茶泡此泉的清凉意味,也折射出诗人心中高旷清凉的意境。

# 后　记

　　本书自2007年出版以来，不曾重印或再版。最近若干年中，一些热心读者向我询问从何处获取本书，许多朋友说他们只能网购到高价旧书或盗版或复印版。这让我想到有再版的必要。再版则须修订以求完善，否则对不住读者；但我又有一些撰述计划尚未完成，无暇顾及此事。近来四川人民出版社李淑云女士约请修订再版，我做了些修订和补充，并请彭粒、秦菁、冯胜兰三位老师帮我审读，于是本书有了跟读者再度见面的缘分。

　　修订时逐句审读，居然发现并无太多需要修正的。我为人散淡，但著书作文从不苟且；先前写书的劳神费思，看来还算值得。主要修订工作有三：审核全书文句，订正句读错谬；丰富第一部分内容，适度增加论述；根据鉴赏要求和考试需求，调整第三部分的试题与答案。

　　古典诗歌关乎语文素养，也关乎气质品位。诗歌表达方式是精粹的，学诗是提升书面表达的关键；文体是贵族化的，学诗是养成高格雅趣的路径。我相信这本书能给读者带去不小的收获，尽管这收获未必来自我对诗歌的讲解，而更可能来自诗歌本身。

　　本书初版时我正值壮年，如今再版时已临近退休。人生于世，忽然而已，真是令人感慨。但愿这些文字拥有比我更长久的生命，这能慰我长久的辛劳，也能利益更多的后生。

罗晓晖  
2022年5月